UP Collection

新装版

東洋とは何か

仁井田陞

東京大学出版会

UP Collection

WHAT IS THE ORIENT?

(WHAT IS ASIA?)

Noboru NIIDA

University of Tokyo Press, 2013

ISBN978-4-13-006507-8

著 者 遺 影　　1963年9月

目次

I　東洋とは何か

1　東洋とは何か

一　東洋はどこにあるか

これまで東洋は、ただ西洋と対照させた地理上の、または地域上の名称として、しばしば使われていた。学者は語源の上からも、オリエントとかアジアとかを問題にした。また、かつては航海の針路から見て東洋と西洋とが区別されたこともあった。しかしこの種の地理上の、または地域的な単純な分け方は、東洋をその本質から理解するという点にほとんど役立つところがない。

またある学者は、中国やインドなどの領域を中心とし、その領域内で文化交渉のあった点から、東洋を一つのものとしてとらえようとした。しかしこの種の文化交渉というような見方からは、中国やインドなどだけを、とくに他と区別して東洋とする理由に乏しい。

また世界の主要宗教の発生地盤となったという点で、東洋を宗教的精神的に一つのものとしてとらえ、その半面、西洋を物質的としてとらえようとするものもある。しかしたとえば中国が西洋よりはたして宗教的といえるであろうか。西洋が東洋に物質的に立ちまさったのは近代にはいってからのことである。しかも近代西洋が物質を動かし使いこなす精神のたくましさを見失ってはならない。

ヨーロッパ人から見て東方《オリエント》と呼ばれる古代東方諸国、さてまた東してインドと中国、これらは古くから没交渉ではなかったにせよヨーロッパ諸国相互のあいだに見られるほどの深い交渉をもたなかった。いわば孤立してそれぞれ発展の道をたどったといってよいほどである。日本とインドおよび東方《オリエント》諸国とのあいだでも同様である。したがって、中国史やインド史、また東アジア史とか南アジア史など、それぞれは成り立つけれども、それらを一つに含めた歴史、いわば東洋史というものは成り立たないという歴史家が現にあるくらいである。今、もしこれら中国、インドなどの孤立を連ねる共通の条件が欠けているとするならば、東洋とは、孤立した個々の歴史をもつものを一つにくるめた地域概念、つまり、ごろごろした芋、うり、なすびなどを一つに包んだふろしき包みにしかすぎないことになろう。しかし真の意味の東洋とは――西洋もまた――このように偶然な地域の区分にすぎないものであろうか。なお一言しておきたいのは、学校の歴史教程の上で、従来のように東洋史と西洋史とを引き離し、対立させることのよしあしをここでいうつもりは少しもないことである。

ところで、「アジアは一つ」――と、岡倉天心はいった。今度の戦争中、天心の言葉が新しく思いおこされ、子供もまたこれに和して歌った。東洋は「地理的断片」のよせ集めではない。東洋は近代西洋に対して共通の立場をもったものである。このように理解している限りでは、なるほど、いちおうそのとおりである。しかし近代西洋に対するこのような立場だけが、東洋についての問題ではない。ことに、あとで述べるように、天心の見方の根本には、ぬきさしならぬ深い誤りがあって、これをそのまま受けつぐことはできない。それは東洋を地理的に一つのものとし、あるいは中国、インドなどをばらばらなものとして見る見方などとともに、批判されねばならない。

「東洋とは何か」。わかりきったようなことでありながら、それに対する答は、人によって案外まちまちである。自分が現にその身を置いている具体的な生活環境――東洋――への反省と理解の仕方によって、全く別の答があらわれてくるのはむしろ当然であろう。

二　歴史の上での東洋

ここでもし、東洋をエジプトあたりから東といい、西洋をギリシアから西というとしても、それは単純に地域の上での意味ではない。歴史の上で東洋が東洋といわるべき第一の目標となるものをあげてみると、東洋には家父長としての配慮をもった専制君主、もしくは専制主義が久しく支配しつづけたことである。これと対立し区別して考えられる西洋では、奴隷制にささえられつつも、古代は古代ながらに自由が発見されていた。また近代を例にとれば、そこではルネサンスも宗教改革をも持ち得た。このルネサンスや宗教改革は、西洋近代化への基本コースの上の大きな波がしらであった。近代化し資本主義化した西洋に対して、東洋はまた等しく受け身の立場に立たざるを得なかった。近代西洋との対決――これは古いままであった東洋の共通の立場であった。それは東洋を著しく特色づけた基本的なものの一つであり、東洋が東洋といわるべき第二の目標である。東洋と西洋とは、古代から必ずしも一つの道をあゆんではいなかった。しかし西洋が東洋を大きく引き離したのは、西洋が近代に入ってからのことである。したがって地域というよりは、むしろそのもつ社会的特質、とくにその社会がになっている特別の課題と、その課題をになうにいたった歴史的条件こそが、西洋と東洋とを根本から分ち、東洋を東洋とするものではないだろうか。この性格と条件とから見ると、日本はもちろん東洋の内にある。それは日本が単に地理的にアジアの地域内にあるという意味ではない。

もっとも東洋的専制を目標にした場合、同じく東洋の範域内でも、時と場所によっては、東洋的な性格が弱まっていたこともあった。たとえば日本中世がこれである。かつ、東洋的なものは、時によっては、ギリシアから西の地域にもありうるわけであった。たとえば東ローマ帝国や、オスマン・トルコ帝国がこれである。しかし逆にギリシア的都市は、エーゲ海を渡って東にも建設された(ヘレニズム世界)。したがって厳密にいうと、社会の特質を目標にして見た東洋は、どこも等質であったというわけではない。またやかましくいうと、東洋、西洋といっても、いつも固定した一つの境界線でそれを区切ることができたわけではない。つまり東洋の範域は時代によってずれがあり、動いていたといってよい。また、むしろ東洋と西洋とは重なりあっていたということが適当な場合もあろう。ことに西洋の起原は、古代ギリシアと古代東方諸国との関係を断層のように断ちきって、古代ギリシアから書きはじめられないものとすると、古代ギリシアより前の時代の東洋と西洋とを分けるについては、その点の考慮が必要となろう。

三　自由と専制

さて、中国やペルシアが東洋のチャンピオンであるとすると、西洋古典古代のギリシアやローマは西洋のチャンピオンであった。古代のギリシアは、最も東洋に顔をむけていて、専制主義的東洋につらい相手をさせられてきた。ペルシア戦争は、ギリシアとペルシア、いい換えれば西洋と東洋との運命をかけた戦争であった。アイスキュロスがその戦争に取材した悲劇『ペルシア人』(前四七二年)の中で、サラミスの海戦(前四八〇年)に加わったアテナイ将士のために唱えた言葉は、

いざ行け、ヘラスの子供たちよ
行きて祖国の自由を守れ
わが子、わが妻のために自由を守れ
われらが祖先より伝えられし神々の社と
われらが祖先の墳墓のために守れ

いまこそすべてはこの一戦に賭けられた

というようなものであったと記されている（田中美知太郎氏による）。前五世紀にあって、ギリシア人はかくもはっきりした言葉で自由を述べた。しかもわが子、わが妻のために自由を守ろうとした。西洋でわけなく見つかるのは、ギリシアの自由をはじめとする自由である。――もっともギリシアの自由は市民のあいだだけの自由であり、それをささえたものは、古代奴隷制であった。したがって、古代の西洋と東洋との差を考えるについては、西洋的奴隷制と東洋的奴隷制との差を考えねばならない――。

　これに対して東洋でわけなく見つかるのは、専制的支配である。伝えいうことが真実ならば、中国の古典の書経は、あたかも前五世紀――ペルシア戦争と同じ年代――に孔子によって編纂《へんさん》されたことになるが、それに見える多くの例の中から、次の一つだけを引こう。伝えいう殷《いん》の湯王が夏の暴君を討つとき、人民に与えた言葉は次のようであったとされている。

おまえたちよ、予一人をたすけて、天の罰を彼に加えよ
そうしたら厚く賞を与えよう
信用せよ、うそはいわない
もしいうことをきかなければ
妻子と共に殺して

ゆるすことがないであろう

この内容は、アイスキュロスの悲劇『ペルシア人』とはまるでうらはらではないか。ギリシア人にとって、都市《ポリス》の独立は自由の基本条件であった。ギリシア人は「われら」自らその手その命で都市の自由をささえた。ところが東洋で自由なのは——ヘーゲルにしたがうと——君主一人である。まるで、ヘーゲルのいうことを裏書きでもするように、書経には「予一人をたすけて」と書いてある。戦争の主役は君主一人である。書経のなかで「おまえ」とか「おまえたち」とか呼びかけられている人民は、政治の客体であって、いつも奉仕を強要され、恩賞によってか刑罰によってか心ならずもかりたてられる。恩賞はあてにはならないが、刑罰はまちがいない。人民は首になわをかけてまで引っぱり出されかねない。君主もそのかりたてをうながすために、恩賞を与えることにうそはないと念をおしている。都市を自らささえるギリシア人には、恩賞の約束があるわけはない。中国でのように、君主——他人への奉仕であってはじめて恩賞が必要となる。

ギリシアではわが子、わが妻の自由を守り、中国ではまかりまちがえば、わが子、わが妻も殺されてしまう。書経の一つの解釈では、命令に従わぬものは、奴隷とされるだけであって、妻子までが殺されるわけではないという。しかしいずれにしても、人民の自由が考えられているわけではない。しかも中国のいわゆる革命は、天の命が革まることであり、暴君に天の制裁を加えることである。ギリシアのように自由を守ることなどは同じ世の沙汰とは思われていなかった。書経が事実上、後世の人の手によって編纂されたにしろ、これが聖人孔子が編纂したものと久しく信ぜられていた儒教の経典であり、右に引く古典の内容が、今日では伝説の上での帝王の事跡とせられるにせよ、これが聖人の列に入れられた湯王の行為として、長く疑われなかったところのものである。およそ儒教の道徳思想ないし権威主義とはどんなものであったかがわかるであろう。

四　専制君主と人民

ヘーゲルは世界の歴史の発展、つまり彼のいわゆる自由の発展の第一段階として東洋世界をおいた。彼はいう、太陽はまず東洋からのぼりはじめると。東洋の人々はその荘厳に立ちのぼる太陽を見て、喜び驚き、そして無限な自己忘却の境に入るばかりである。太陽が上昇し終ると、人の目はおのずから自分に向けられてくる。西洋は世界史の終極である。物理的な自然の太陽は西洋に沈む。しかしそこでは自然の太陽にも増して崇高なかがやきをもつ内心の太陽がのぼりはじめる。東洋世界につぐ第二の発展段階は、ギリシア・ローマ世界であり、第三のそれはゲルマン的キリスト教世界である。東洋では一人の専制支配者、家父長的君主があって、人々はただそれに隷属し、西洋で良心に従属させているものを、その一人の君主の支配にゆだねている。そして中国にせよモンゴリアにせよインドにせよペルシアにせよエジプトにせよ、東洋の君主の権力は、単に世俗的統治を握っているばかりでなく、同時に宗教的統治をもそれと不可分離に掌握し、神人の支配、神的王の支配を実現していた。そのいわゆる神政《テオクラシー》は濃淡の程度の差こそあれ、その傾向としてあらわれている点では同一であるという。

東洋がいつまでもこうした世界史の初めの段階にくぎづけにされているとするのではたまらないし、ヘーゲルの歴史の見方に一つ一つ賛成できるわけではないが、過去の東洋世界の著しい専制的性格は、西洋と対比して示されているものといえる。

月の世界からでも見えるかも知れぬほど、長くまた大きい万里の長城や、ピラミッドも、こうした神的王の支配の産物である。しかし少なくともギリシア建築の内には、このような支配の産物は何一つとしてないといわれる。ギリシアでも早い時代に王政はあった。しかしそれは主として軍事と祭祀《さいし》をつかさどったもので、東洋的専制とはまるで性格を異にした。したがってアリストテレスもその点を明らかに意識していて「アジアの王は暴君に似ているが、アジアの人民はギリシア人よりも従順なために、かかる王政が合法のものとして世襲されて存続する」と説明している。アジアの君主がより権力的といわないで、アジアの人民がより従順といっているのは、さすがにうがった見方である。ローマにもいわゆる帝政時代はあった。しかしその帝王も市民の一人であった。

従順と見られた東洋の人民は、君主の前にはいつも何もかぶらず、自然の頭をさげがちであった。それがエジプトでいう「黒頭」であり、中国などでいう「黎民《れいみん》」「黔首《けんしゅ》」である。黎も黔も共に帽子をかぶらぬ黒い頭を示したものといわれている（村川堅太郎氏）。全バビロニアを統一したハンムラピ王（前二〇世紀）は、統一法典をも編纂し、それを碑に記した。それが今日に伝わる法典の内で世界最古のものである。そしてハンムラピ王もまた次のような意味のことをいっている。

「朕は完璧無双の王ハンムラピである。黒頭どものためにはおこたりなく幸福の場所をさがしもとめ、切実に苦難を切り開き、敵を打ち平らげ、安全な住所に住まわしめ、不安ならしめたことはない。そして黒頭どもに正を得させ、姦悪を根こそぎにするために法を碑に記した」（原田慶吉氏による）。

ハンムラピ王の自信と、受け身な人民「黒頭」に対する態度とは、東にあってはさしづめ秦の始皇帝にそれを見出すであろう。始皇帝は天下統一の後、全国をあまねくめぐって、行くさきざきに自己の功と徳とを石に刻んだ。その碑文の一節にいう。

「黔首をうれいあわれみ朝夕おこたることなく、法を定めて禁を犯すをはばからしめた。かつ、世の害悪を除き、世の福利を興し、黔首をして安らかならしめた。天地四方の内はすべて皇帝の土であって、人跡のいたるところ臣たらざるはない。功は五帝の功をおおいかくすほどであり、恩沢は牛馬にまでも及び、何もかにもすべてその住所に安らかならしめた」（史記）。

始皇帝もまた人民管理のために統一法典を制定したが、これも彼の自讃する功徳の一つであった。時間や空間の上で離れたところであっても、共通の地盤の上に立ったものは、結局、同様なもののいい方、考え方をするのであろう。

五　自ら守る法律と守らされる法律

法律といえば、ギリシア人やローマ人はさすがに自ら守る法律をもっていた。たとえばヘロドトスは、ペルシア王クセルクセスとスパルタの一亡命者との対話をしているが、王はスパルタ軍が専制的支配者に率いられていないから恐れるに足らないというのに対して、亡命スパルタ人はこのように答えた。

「なるほどスパルタ人は自由ではあるが、彼らには法があり、陛下の臣民が陛下を恐れる以上にその法をおそれ、かってなふるまいはできない」。

つまりギリシア人がその法を守る基礎にはギリシア的自由があったのである。また、ローマの十二表法も貴族と平民との階級闘争を通じて平民がかち得たものといわれる。これに対してバビロニアのハンムラピの法をはじめ、インドや中国など東洋の法律がいかに古い歴史をもっていても、このようなことはたえてなかった。

また中国の刑法の歴史はその古いことで世界有数である。しかし中国の刑法は、人民が自らを守るためのものであるよりは、むしろ上からする人民管理のための法であり、人民を支配し人民が守らされる法律であった。インドでもそれは同様であった。マウリア王朝時代の宰相カウチルヤの政論書を見ても、マヌーの法典を見ても、いな、インドの固有の思想では、刑罰は王権の中枢であり、人民管理の最上の手段であった。

六　東洋的「自由」の境地

東洋ではあるがままの秩序が尊重される傾向が強かった。ことに、古い中国では、君臣父子夫婦――そのあるがままの支配と従属とは、天と地というような自然関係に置きかえられた。君や父や夫は天であった。夫に対して婦は地であった。かくて、人倫はゆるぎなき宇宙的秩序法則に基礎づけられた。東洋道徳は東洋的専制の支柱であった。婦人は人に従うものであって「家にあっては父に従い、嫁しては夫に従い、夫死しては子に従う」ということ、つまり婦人の三従は、古代インドの経典の文であり、それがまた中国の古典の文である。この古典の一致ということには、文化交渉を考えた方がよいだろうか。それよりも、越え難いヒマラヤ山脈を互に背にして交渉を断ってはいても、条件の同じところには同じ道徳ができあがると見たほうがむしろよいであろうか。ギリシアにもこの種の婦人の道徳がないではなかった。しかし東洋ほど久しくこの種の道徳が人をとらえていたところはなかった。

東洋の聖人とは、このあるがままの秩序法則に順応できて、行いがすべてそれと衝突しないもののことであって、このように順応できるところが、東洋的自由の一つの境地であった。それは「己《おのれ》の欲するところに従って、しかものりを越えない」境地であった。東洋の聖人は、いわゆる自己修養によって、現世で現実にその境地に達した。儒教の合理主義ということがいわれるが、それはあくまで現世維持のため、つまりあるがままの秩序をいかにして持続させるかというところに、ねらいがつけられた合理化であった。このようにして古い中国では良心は押えられ、伝統は讃美された。そこには「のりをこえない」聖人まがいの孝行むすこはあらわれた。前二世紀の古い本にも、すでに次のようなことが書いてある。

「東の家の母が死んだが、そのむすこは型のとおりじょうずに泣くだけでいっこう心から悲しむ様子がない。それを見た西の家のむすこが自分の母にいう『おかあさん、早く死んでもかまいませんよ、おかあさんが死んだらわたしはきっと心から悲しんで泣きますから』」(『淮南子』)。

それは、前二世紀どころか、それから一千年後の本に書いてあったとしてもおかしくはない。むしろその時世にもふさわしいであろう。また、東洋では呪術や迷信もはびこるだけはびこった。権力者はそれを取り除くことなくむしろ利用さえした。呪術や迷信は、かえって権力の自己保存の目的にはかなったものであった。

東洋的自由の他の一つの境地は、現実の東洋的専制の支配の場から逃避し沈黙することであった。そして逃避は現世そのものを否定はしないが、現世を越える解脱と共に、「支配の原理」をかえようとする意欲をすてていた。

七　革命のない「革命」の歴史

およそこのように古い権威が全面的な、また、圧倒的な社会では、いちおう、革命からは縁遠く、ルネサンスや、宗教改革や呪術から解放された科学が発生する契機に乏しい傾向があった。歴史家はしばしば中国の宋時代を西洋的近世の起点とし、宋時代を中国のルネサンス期といっているが、外形上、似た点があるというのならともかく、西洋近世やルネサンスとその質まで同じだというのなら、それはでたらめもはなはだしい。革命。なるほど、中国には幾度か王朝はかわり易姓革命はとげられた。革命ということさえ中国古来の言葉ではないか。それはなるほどそのとおりである。一度天にかわって道を行う狂信者があらわれると、たちまちのろしがあがり、人民はこれに結集し、暴力は王朝をたおし、易姓革命がとげられる。しかし周、秦以来、いつ、いかなるときに東洋的専制の「支配の原理」がかえられたであろうか。「支配の原理」がかえられなかったという点からいえば、易姓革命とは、結局、ディスポチズムのリレーに過ぎなかったといえる。もっとも、東洋的専制とはいっても、その内部構造は六朝時代の貴族制と宋代の官僚制とでは差があったこと、つまり古代奴隷制と封建主義《フューダリズム》をいちおう成立させた中世とのあいだにひらきがあったことはもちろんである。

しかし、東洋社会に真実の革命を可能にする素地が内部的に欠けていたというわけではない。近代西洋資本主義攻勢の前についえ去ったとはいえ、太平天国戦争は農民戦争として最も大幅のものであった。また中国の歴史上も「下からの革命」の要素をそなえた民国革命が実現された。そしてその革命への波動はつぎつぎに伝えられて、真の革命はさらに深化してゆく。

八　フューダリズムと「封建」

東洋では――日本はしばらく除き――西洋中世的な意味でのフューダリズム（封建主義・封建制度）は不成立か未成熟かに終った。「封建」という言葉は元来中国語であって、古く周代の政治制度をいうのであるが、これを西洋史でいうフューダリズムの意味とするならば、それは誤解である。中国では宋代以後に地主農奴関係を土台とする意味でのフューダリズムは成立を見、中国社会発展史の上で古代と分界点をつくった。しかしそのフューダリズムでは、君臣個人間の関係を契約でつないだ身分階層構成まではつくられなかった。中国の周代にフューダリズムが行われたとする説は、インドやエジプトやバビロニアをはじめとする古代東方諸国（ことに新大陸のメキシコまで）に、フューダリズムが行われたとする説と同様、政治制度の外形上の類似をとらえて、むぞうさにそういっているまでのことである。「中国ではフューダリズムはすでに周代で終って、その後の中国社会は、フューダリズムを打破し、それをこえた」とするようなまちがいも、周代はおろか漢や南北朝の時代までもフューダリズムが行われたとするような誤りも、ともに早く直してしまわなければならない。

西洋のフューダリズムは、対等な間柄の独立の人間が、互に契約によって保護と奉仕を行う主従関係である。つまり臣下は君主から封を受け、またそれを再封できたが、封を受けるものはその受けるにあたっては、騎士としての勤務とか地代支払など各種の勤務をあらかじめ約束したものである。このような君臣関係は、命令とか自然的血縁が君臣両者をつないでいるところの、中国周代をはじめ東洋のいわゆる「封建」にはとても見られなかった。したがって君主が契約の義務に違反する場合――たとえば契約以上の租税のとりたて――には、臣下が君主の行為を契約の限界までひきもどし、君主にその義務を再び確認させようなどということは、東洋のいわゆる「封建」では夢にも思いおよばぬところであった。

九　自由のない都市

イスラムにしても、インドにしても、中国にしても歴史上いわゆる都市はあった。しかし西洋中世都市とはその質の上で全然異なっていた。自分たちの手に自分たちの裁判所と法とをもっているかどうかが、自分が自由をもっているかどうかの大きな分れ目である。西洋中世都市の市民は、自己の手に裁判権を有し、立法権を握っていた。また、行政権を獲得し、自らの軍隊をもち、外国や他の都市とも自由に条約を結び、およそ封建領主の権力を都市の地域から追い出して自ら主権者となっていた。したがってこの都市に逃げ込んだ農奴も、一定期間がたてば自由人となることができた。東洋の都市は、その都市に自らの特別な都市裁判所と法とをもったものではなかった。東洋の都市では、都市に居住し営業する住民はいても、西洋中世都市の市民はいなかった。東洋では官吏がなげやりにしておく行政を、やむを得ず自分で引受けることはあっても、真の意味の自治は一般にはなかったといってよい。その間にあって、日本中世の和泉の堺、摂津の平野、伊勢の桑名などは、あたかも西洋中世都市に似て、自らその手に都市支配の権力を握ったことがあった。それは歴史上特筆すべきことではあるが、しかしその権力を守り通せなかった。

一〇　とざされた村落

それでは東洋的専制はどのような条件の下に成り立ったのであろうか。これについては種々の見方がありながら、まだ十分な解決がつけられていない。しかしその見方のうちで有力と見られている一つは、東洋の社会が無数の孤立し閉ざされた村落から成っていること、つまり東洋の村落の孤立閉鎖性が東洋の村落の特殊性であって、それが東洋的専制成立の基礎条件であると見る説である。東洋の村落が経済的にも自足性をもち、他の村落との依存関係なしに対立し、村落と村落とのあいだに少しの結集も行われず、それどころか互に相排斥しあっているならば――社会がこうした無数の細胞集団から成り立っているならば――専制主義にとってこんな都合のよい地盤はないであろう。

村落に限らず、およそ分裂状態の上には専制主義が安楽に腰をすえる。

しかし中国の村落についてこうした孤立閉鎖性は程度問題であって、あまり強調しすぎることは、歴史の現実からも社会の実態からもはなれてしまうおそれがあろう。前二世紀も昔に書かれた史記でも、早くもかかる度を過ごした強調を問題にしている。もっともイギリスは、インドを支配してはじめてその村落の自足性と孤立性の前にはさすがに驚いた。村落の自足性と孤立性をこわすのでなければ、イギリスはインドを商品市場とすることもできず、そこで商品作物を作らせることもできなかった。一九世紀の後半、メインがインドに行った当時、彼の目にうつったことは、インドは封建時代のヨーロッパよりも統一がないことであった。

しかしこのような村落の状態が、時を越えて久しく続いたにもかかわらず、インドの歴史上、中国の集権――政治権力の集中――に比敵できるほど強大な集権を成立させたのは、マウリア朝やグプタ朝やムガール朝などの間だけであって、強大な集権の期間は全体に短かった。これで見ると、集権を成り立たせるかそれとも分権を成り立たせるかということには、村落の孤立性閉鎖性は必ずしも決定条件とはなっていない。もっとも分立したインドの各国家をとって見れば、その地域内では小型ながらに集権的であったし、小さいながらに東洋的専制が見られたということはできるであろう。

しかしなお問題となるのは、村落が互に結合力をもたず依存関係のない細胞集団であり、経済も自給性が強かったということは、何も東洋の村落だけの特色ではないことである。西洋でもかつてこのような村落をもっていたのであり、それが早目に解体しただけのことである。東洋的専制の基礎を東洋村落の孤立閉鎖性に求める説については、この点から見ても大きな問題が残っているといえる。

二　灌漑農耕の世界

東洋は主として人工灌漑農耕の世界であった。したがって学者のあいだに東洋的専制の基礎を灌漑農耕に求めようとする説がまた有力である。世界の農業は、その農耕の型から見て雨水だけにたよる天水農耕と、灌漑排水を人工的に行う灌漑農耕との二つに大きく分けられる。そして東洋は灌漑農耕の地域であり、西洋は天水農耕の地帯である。この東洋では一般に超地域的な人工による灌漑排水、つまり大がかりな治水事業を必要としたが、広い範囲にわたって支配する権力によらなければその事業の成果が収められない。したがってこの大公共事業は政治権力を一つに集中する集権的な仕組みをつくりあげることとなったと説明されている。近ごろあらためていわれている「アジア的生産様式」論によると、国家権威が形成される初期の過程、いいかえればまだ社会が共同体的経済制度の上にたち、奴隷制も未発達であった時期にあって、すでに人工的灌漑排水という社会上の職務を行う役割をもったものが、政治上の支配権をにぎるようになっていたという。ここで「アジア的」というのは「社会発展の諸段階」の一つについていうことであって、次に述べるウィットフォーゲル教授の「アジア的」とは同一でない。教授が「アジア的」というのはかかる段階ではなくて、発展を見ない停滞的な農業社会であり、灌漑農耕をもった東洋社会の型を示す言葉である。人工灌漑排水の理論をたてて、東洋社会にすぐれた分析の手を進めたのはウィットフォーゲル教授であった。教授の見方の影響は今日はなはだ大きい。東洋社会を新しく見直し、考え直すためには同教授の説の検討が必要であり、問題はそれからはじまるといってよいくらいである。

教授によると東洋の灌漑農耕では、農耕の方法が自然に園芸的に集約せられて、生産の成功不成功が、働くものの注意力と勤勉さとに大きく関係していた。そのために仕事に不注意であり怠けがちな奴隷労働よりも、むしろ農民の家族労働が生産過程の上で重きをなした。したがって生産様式の「アジア的」な型はここから西洋の「古代＝奴隷的」な型とは縁がきれる。また、東洋では灌漑と同時に治水の必要にせまられる。中国もインドも、古代東方《オリエント》諸国のエジプトやバビロニアも、ともに灌漑農耕地域であると同時に超地域的な大規模の治水を必要とした。そしてここでは東洋独得の集権制——東洋的専制——を成立させた。それは分権組織の封建国家の成立をはばむ方向をもつものである。この東洋的専制の下に置かれた農民型の生産者は西洋古代の奴隷でもなく、中世＝封建領主の下の農奴でもない。もちろん東洋にも奴隷はあったが、それは主として家内奴隷に過ぎなかった。かくて「アジア的」社会は、「古代＝奴隷的」社会と同時に「中世＝封建的」社会ともまた縁が切れているという。

教授によれば西洋は天水農耕の地帯であり、アペニン半島を含む西ローマはその典型であった。そこでは主として雨水にたよるだけで人工灌漑はなく、したがって農耕は集約的でなくて粗放的であり、大量な奴隷労働の可能性が生じてくるのである。ことに奴隷市場が奴隷の供給を続けている限り、奴隷を農業の支柱的要素とすることは不可能でなかった。もっとも山地の多いギリシアでは、奴隷の主要な職場は工業であって、アペニン半島でのようには奴隷農耕の発展は十分見られなかった。また、西洋には東洋のような大河川が少く治水の必要はおこらなかった。おこったにしてもその規模は問題でなかった。したがってそこから国家秩序が分権の傾向をもつことができ、フューダリズム発生のみちはさまたげられることがなかったという。

また同教授によると同じくローマでも東ローマ――ビザンチン――帝国はその主要な領域が、エジプト、シリアおよび小アジアのように灌漑農耕地帯であった関係から、その基礎の上に東洋的専制を再編成するにいたった。したがって東洋的社会はもっぱら東洋にだけできたものではない。しかしそれを「東洋的」というのは、それが東洋で最も優勢な形態をとったからであるという。同教授はさらに日本の場合についていう。日本は灌漑農耕の地帯に属することからいえば、たしかに「アジア的」である。しかし日本は大規模な排水灌漑の公共事業をもたず、集権の諸関係を成立せしめなかった。ただ地方的な灌漑経済の基礎に立って「アジア的」な着色をもっただけであった。

日本はそこから封建国家組織への発展を可能にした。西洋のフューダリズムから見れば、日本のそれは東洋的であり変異であったという。

一二　東洋は停滞していたか

ウィットフォーゲル教授の説にはいちおう分析の鋭さがありながら、いくつかの疑問がもたれてくる。日本および中国など東洋古代の農業生産の上にもっていた奴隷の役割は、たとえ西ローマの完全奴隷の役割と異なってはいても、それほど過小評価してよいものであろうか。東洋古代社会もまたそれなりに一つの奴隷制社会であったのではなかろうか。つまり東洋の農業社会は「古代＝奴隷的」なものと縁がないと見てよいのであろうか。また、日本はフューダリズムへの可能な道をもっていたことはウィットフォーゲル教授も認めている。その理由は治水の規模が他の東洋諸国に比して小さかったことである。日本古代の治水規模の問題については教授と別な意見もないではない。しかしそれはともかく大がかりな治水の規模をもっていた中国にあってさえ、宋代以後はフューダリズムへの傾斜をもったといわれ、農奴型の生産者を発生させ、中世社会をいちおう成立せしめた。そしてこのことについては教授の見方からは十分な解決が得られないであろう。ことに教授は東洋社会については分権型の成立をあまり重く見ないが、実は大規模な公共事業さえ、必ずしも集権型をつくりあげる条件になるとは限らなかった。中国の歴史の上では、それがかえって地方の独立性を強めて統一の破壊に役立ち、分権の基礎条件となったことさえある。外敵防衛のための軍事力の必要が集権成立の条件となるという説があるが、これに対すると同様の批判が、この治水集権説にも加えられるわけである。インドの場合は治水と外敵防衛の二条件をともにそなえながら、中国の場合よりももっとはなはだしい分裂状態となっていた。したがって人工による灌漑排水のような公共事業も、外敵防衛のための軍事力の必要も、集権を成り立たせる可能性を与えているだけにすぎない――という説に耳を傾けないわけにはいかないであろう。

要するに教授は「アジア的」な型をつくりあげることによって、それと「古代＝奴隷的」「中世＝封建的」な型とを対立併行させたまま、その間の連絡を切りはなしているが、その点に大きな問題がある。もっとつきつめていえば、教授は西洋には古代＝奴隷社会から中世＝封建社会へ、中世＝封建社会から近代＝資本主義社会へ「発展」の理論を与え、東洋にはこうした発展を否定した「停滞」の理論を与えて、東洋と西洋とを分けたところに根本問題がある。東洋的専制、東洋のたちおくれの条件を指摘することは誤りではない。しかしそれがために東洋の発展を否定するとははなはだしい見当ちがいである。これはウィットフォーゲル教授についてばかりいうことではないが、東洋の水が東洋を永久に決定するといったような風土的な必然論は、東洋の過去のみならず現実の状態にはもちろん適応していない。東洋の水は東洋を永久に決定するものではなく、東洋の水は東洋を理解する「一つのかぎ」ではあっても、その「万能のかぎ」ではない。

一三　近代西洋との対決

東洋社会ないし東洋的社会ということばは、発展のない停滞社会の代名詞のように使われている傾向がないではない。もちろん、この社会であればとて、いつも発展の運動が古いものの方向へ押し戻され、前進ではなくて循環ばかりが行われていたというわけではないことは前節に一言した通りである。——西洋都市と東洋都市との間に差はあるといいながら、中国の宋代都市の繁栄はやはり生産力の発展の上にきずかれたものといえるであろう。——しかし停滞ではなくて発展、足ぶみではなくて前進ではあったが、その発展前進のテンポは西洋に比べてはおそかった。西洋近代の資本主義がインド洋をわたり、あるいは太平洋の波をこえて西と東とからせまるまでは、インドでもトルコでも中国でもフィリピンでも、自主的な力で近代へ社会を十分発展させるまでにはいっていなかった。日本もせいぜい近代への夜明けをもっただけであった。

西洋の近代以前についていえば、東洋の科学は西洋に劣っているどころか、ある点では立ちまさってさえいた。それはあながち中国のいわゆる四大発明（紙、印刷術、火薬、羅針盤）についてだけいうことではない。イスラムの科学は西洋近代科学の源流とまでいわれている。しかし東洋の科学が伝統や宗教などの呪縛から解かれないでいる間に、西洋ではかえって宗教的権威から科学を解放することに成功した。また、富の蓄積の意欲自体は、東洋が西洋に立ちおくれていたわけではない。

しかし蓄積された東洋の富は科学と結びつくべくもなかった。これに対して西洋では富は科学の発展と結びついて、否、科学的精神、合理主義と結合して、無限に自己増殖の途を見出し、産業革命にまで発展する。

鉄鉱をとかす石炭、多軸紡績車、蒸気機関等、そのおどろくべき生産の仕組みと生産のたかまり。かくて西洋は押し売りの役割を、東洋はいやおうなしに買う役割をふりあてられた。畜力どころか人の体力で車をまわしていた東洋は、西洋近代資本主義から見て利潤追求の好目標とならざるをえなかった。今までいちおうの交渉はあっても、それよりはむしろ「ばらばらであった」とまでいわれた東洋を、世界史の環境の内に一つ立場につないだものは、西洋近代資本主義の東洋攻勢であった。東洋は近代西洋の前に、ひとしく立ちおくれていた意味で共通の立場をもった。また、この立ちおくれた東洋がいやおうなしに近代西洋との対決をせまられ、近代化をとげ、この近代をも越えんとする課題をになった意味で、新しく共通の立場をもつこととなった。東洋近代化の道は西洋の場合と同じことを要しないであろう。ことに植民地にささえられた西洋近代を今後の東洋に求むべくもない。しかしともかく西洋近代資本主義とめぐりあった以後の東洋は、共通の課題をになっているゆえにこそ、東洋なのである。現実の歴史をはなれて、単に地域の上に東洋は求められない。

ところで対決とは「茶の湯」など、ある国民的限界をもった特殊な生活様式をもち出して、もの好きにも西洋文化と対照することではない。それはまた東洋のいわゆる「精神文化」と西洋のいわゆる「物質文化」との折衷といった風のこと、つまり東洋の伝統的文化にいすわったまま西洋文化を利用することではない。

人あるいはいう、――「歴史上、東西をつないだものは近代西洋の攻勢に始まるのではない。たとえばスキタイ文化における、また、ギリシア文化における、その東西の交渉を見よ」と。しかしここで問題にするのは、近代西洋と近代以前の東洋との次元を異にした二つのものの対決であることに注意を請いたい。タゴールはかつて次のような意味のことをいった。――

「インドはその歴史の初期におけるあらゆる戦争と陰謀と瞞著に対して超然としていた。インドの家庭も田畑も礼拝の殿堂も信心と学修も、単純な法律と平和な行政によった自治村落も――一切が真にインドのものだったからである。ただその主権はインドの関心事ではなかった。それはインドの頭上を通りすぎた時には絢爛たる深紅色を呈し、時には霹靂をはらむ黒雲のようだった。それはしばしば、彼らの目ざめに荒廃をもたらしたが、自然の変災の跡が間もなく忘れられるように忘れられた。しかしこのたびはそうではなかった。このたびは西洋の「国家」が機械の触手を地中深くさし込んできたのである」（『東洋と西洋』宮本正清氏訳参照）。

対決をせまるものは、まさにこの近代西洋である。まかりまちがうとインドはイスパニアに滅ぼされたインカ帝国の二の舞となりかねなかったろう。

一四　東洋の自己批判

さて、ナポレオン三世が、イギリスと共に中国に遠征軍を送って北京をも攻め取り、しかも世界四大建築の一つといわれる「円明園宮殿」を焼き払った当時（一八六〇年）のことである。カルメンの作者メリメは、中国人を保護する方法には、グラモン法といわれる家畜虐待防止法しかないとて次のようにいった。

「あの哀れな中国人に対するわが国の大勝利はご承知でしょう。なんの害も加えなかった人間どもを、あんなに遠くまで殺しに行くとは実におかしなことではありませんか。中国人はオランウータンの変種なんですから、彼らのために加護を祈り得るのは、まずグラモン法以外にはありますまい」。

メリメであるからこの位の表現ですまされたであろう。そしてヨーロッパ人から見れば、完全に植民地化されたインドの人々については、オランウータンどころの話ではないであろう。「蹂躙された東洋にとっては、ヨーロッパの光栄はアジアの屈辱に過ぎぬ」と岡倉天心はいった。

もちろん天心の思想のすべてに誤りがあるわけではない。たれしも自己の国土、政治、経済、文化を守って悪いわけはない。しかしここで大切なのは、西洋への批判と同時に、東洋の自己批判である。

天心は東洋のかくも立ちおくれたわけを見なかった。否、見ることができなかった。天心は東洋の過去のすべてを美化するあまり、立ちおくれそのもの——ことに東洋流のあるがままの秩序、東洋的専制——さえも、かえって東洋の理想として見た。古い東洋をその根底からゆりうごかし、何を残すべきか何を克服すべきかを考えて、その再編成に向かう代りに、古い東洋そのままをもって近代西洋に身構えた。天心は古い東洋そのままの内に、西洋にたちまさった東洋共通の意識を認め、そこに「アジアは一つ」とする根拠をすえた。そして「もしアジアが一つであるならば、アジア民族が単一の力強い織布を形成することもまた真理」であるとした。その単一を形成する原動力は天心によれば日本にあった。インドの理想と中国の倫理とをうけいれる容器ともなり、また淘汰器《とうたき》ともなり「二つの源泉から来るものを吸収してアジア意識のすべてを反映する能力を付与」された日本に、その原動力があるものとした。しかし吸収とはいっても、歴史の真実からいうならば、日本は好む要素をまた好む形に変えて吸収したに過ぎなかった。今、それを問わぬとしても、ともかくも古いものをそのあるがままに肯定した天心の理想は、今日、その末路を現実に見とどけないわけにはいかなかった。「アジアは一つ」という限りでは、それは十分に理由がある。しかしその「一つ」という根拠に、大きな問題が残されていたのである。天心に限らず、東洋の過去の克服すべきものを克服することなく、かえってその過去へ理想を追い求めているものは、新しい意味での東洋をついに見ることはできない。

かつてタゴールもまた世界史における日本の登場を、「無名の海底から」偶然浮び上がって、たちまち消えてしまうつかの間の出現ではないと見て、その根拠を次のようにいった。日本は「東洋古代文化の遺産をもっていて」「古くもあり同時に新しくもある」。つまり「一言にしていえば近代日本は記憶されぬほど古い東洋から出てきたのである。あたかも蓮が地底ふかくしっかりと根を張りながら安らかにも優雅に花を開くのと同様である」(『東洋と西洋』前出)と。しかし日本はタゴールの言葉を裏切った。古いものにいすわっていた日本を優雅な花にたとえたタゴールの側にも誤算があったのである。

2　真に歴史的なもの

一　真に歴史的なものは最も現実的なもの

東洋の歴史ばかりのことではないが、歴史は自己の身をおく具体的社会環境の認識なしには考えることができない。魯迅は在来の学者流のまわりくどいいい現わし方をやめて、もっとぴったりとしたいい方があるのだといって、中国の歴史について次のようにいっている。中国の歴史の上で人民は奴隷ならまだしも、奴隷よりも下落した時代が少なくなかった。強盗が来ても官軍が来ても、どっちみち殺されるか奪われるかするのは人民である。人民のただ一つの願いは、ひとりのはっきりときまった君主があって、かれらを奴隷にしてくれること、それも厚かましいなら牛馬にしてもらうことであると。かくて魯迅は、

「一、奴隷になりたくてもなれなかった時代。二、しばらく無事に奴隷になれた時代。このような循環が『先儒』のいう『一治一乱』でもある」

といった。この魯迅の言葉は、人民が政治の主体たることなく客体であって、西を向くにも東を向

くにも、権力その他暴力の前にはいやおうなしにいいなりにならなければ、生きていけなかったとのようにとれる。もちろんこれは中国人どころか、われわれをふくめた東洋人の生き方にあったことなので（否、それは日本では今でもあることなので）、それはそれとして十分に考えなければならない深い意味をもつ。魯迅は「牛馬にしてもらう」といいはしたが、東洋的専制権力の下では、牛馬にさえなれるとは限らない。

「けれど、こんど生れかわるならば、私は日本人になりたくはありません。いや、私は人間になりたくはありません。牛や馬にも生れません、人間にいじめられますから。どうしても生れかわらねばならないのなら、私は貝になりたいと思います。貝ならば海の深い岩にヘバリついて何の心配もありませんから。何も知らないから、悲しくもうれしくもないし、痛くもかゆくもありません。頭が痛くなることもないし、兵隊にとられることもない。戦争もない。妻や子供を心配することもないし、どうしても生れかわらなければならないのなら、わたしは貝に生れるつもりです」（『あれから七年』――学徒戦犯の獄中からの手紙――）。

しかし、これも人間性と自由の肯定者でこそあれ、否定者ではない。人間性と自由をまもろうとする意志の主体にしてはじめて、かくも深淵のような心の深さをもつことができるのである。魯迅もまた決して人間のあきらめを説こうとしていたのではないし、また現在に不満のために、かつてあったといわれる「太平の御代」にあこがれたのでもない。魯迅はさきの言葉に続けてこういった。

「もちろん、われわれも現在には不満だ。だが振りかえる必要はない。前方にも道路があるからだ。そして、この中国歴史上かつてなかった第三の時代を創造することこそ、現代の青年の使命である」（この点、竹内好氏訳参照）。

このように自己の生きる具体的環境をみつめ、現在未来に生きようとする強い希望とひろい展望をもっていてこそ、それと対立的に、自己がこえねばならぬ旧社会的諸前提の認識が生じるのである。しかし、今日、中国でこえねばならぬとされ、現に克服しつつある封建制社会も歴史的には必ずしも低い段階ではなかった。奴隷制社会は単にヨーロッパだけのものではない。中国でも奴隷制社会とそれをこえた封建制社会とをもった。中国史は決して停滞的に扱うべきではなくて、古きものをたえず後へ後へ――歴史的後景へおくりつづけてきているのである。中国をふくめた今日の東洋社会は、過去と対決し過去のうちから何を克服すべきか、その克服の上に何を発展せしむべきかを考え、未来への展望をもちつつ、歴史的発展のうちに位置しているのである。歴史とは単純に過去の事象ではなく、歴史学とは単に過去の問題のせんさくではない。歴史も歴史学も自己の現実に生きる道の追求をはなれては存在しない。この意味で真に歴史的なものはもっとも現実的なものであり、真に歴史的感覚といえるものは、すなわち、もっとも現実的感覚なのである。もちろん、ここで歴史的というのは、必ずしも時間の上で古いこと（ばかり）ではない。それと同時に現実的というのも、時間の上で必ずしも新しいこと（ばかり）ではない。

二　三重の革命

今日、封建社会はこえねばならぬとされる。しかし、その封建主義の性格内容は、はなはだ問題である。わたくしはかつて中国の新しい革命は三重の革命であるといった。中国の封建体制はそれとして封建体制たることはまちがいないけれども、それはいわば古代にも見られたような家父長制的家内奴隷制的関係との内面結合をもった意味での封建体制であった。したがって革命が封建体制をきりくずすということは、家父長制的家内奴隷制的体制の完全清算をもねらわねばならぬ意味で、二重の負担を負っていることとなる。また、革命が封建体制をやぶるということは単に近代資本主義体制の形成を意味していない。搾取の体系としての資本主義を、そのまま東洋社会に形成結実させることはすこぶる問題である。自由と平等な社会と考えられていた資本主義社会は、いわゆる市民階級がえがいた夢にしかすぎなかった。かくて東洋社会は、今さらこのような夢を単に追いもとめることなくして「いわば、一九世紀的、ヨーロッパ的なものを越えた新しい社会秩序への推進」（飯塚浩二氏）という重大問題をもつにいたっていることを見落してはならない。このようにして、東洋とくに中国の革命は、封建主義をこえるとともに、資本主義をもこえねばならない意味で、二重はおろか三重の革命となるのである。

中国は異民族との対立抗争の長い歴史をもっている。たとえば四世紀以来行われた民族大移動期における北方民族の侵入、ことに一〇世紀以降におけるツングースやモンゴル等諸民族による侵略などこれである。そして侵略をうけるやその都度、中国人に本来ひそんでいた民族の意識の目ざめをもたらし、近来の中国人の場合でも「優勢な異民族の侵略にあい、危機に陥るとたちまち目ざめ、あのような力を発揮するものである」とみる歴史家がある（貝塚茂樹氏）。この見方は必ずしも誤ではないが、このままでは読者に循環論と受取られかねない。最近百年の中国史において、対決をせまり来ったものは、近代西洋及びその延長であり、対決をせまられたものも新しい社会の転回点に立った中国であること、つまり侵略者も従前のそれと異質的であり、中国も従前の中国でないことについての見落しがあってはならない。いわゆる列強の植民地支配及びそれと利害を共通にする軍閥や買弁（中国経済をくいつぶす外人のための御用商人）の搾取のもとにありながら、中国民衆の自己解放の自律運動はいよいよ深められた。それは異民族侵略の前にあえなくも膝を屈したこれまでの中国とは社会の次元を異にしていた。しかもそこに行われたのは単に侵略者への抵抗だけではなく、侵略者と利害を共通にした封建主義への抵抗が一貫作業としてなされねばならなかった。そのためにエネルギーの消費量はいよいよ加重されていた。

　五・四というと、一九一九年五月四日に始まるいわゆる五・四運動を意味する。当時その運動に参加したある一七、八歳の学生に向かって、その父親は、「上を犯し乱をなさん」とする（論語の文句）暴挙として、かんかんになってどなりつけた。

「青島《チンタオ》のことをいうなら、日本がドイツから取ったとき、わが中国はまだ中立国の地位だった、理屈からいえば、当然日本のものになるはずだ。だのに日本は、われわれと共同管理にしようとまでいってくれた、真に情義を尽しているんだ。現在わが政府の経費は、なに一つとして日本から借りてないものはない。こうして急場を救ってくれる友だちに対して、身がってな失礼ができるか。この友情がみすみす、おまえたちのおかげで台なしにされちまう。日本軍がやってくりゃ、どうせおまえたちだって逃げるばかりだ、責任はやはり政府が負うんだ。さすがお前ももう文句が出なくなったね、自分で考えてごらん。お前たちのしていることは理屈に合うかどうか？　恩を仇でかえすんじゃないか？　大局を考えないんじゃないか？」（謝冰心「あわれこの身は朽ちはつる」『中国新文学大系』）。

その父親のいい分によると、山東のドイツ権益を日本に譲渡し旅順大連の租借を九九ヵ年に延長すること等をふくむ対華「二十一ヵ条条約の廃止」を要求し、「パリ平和条約を拒否」し、「死を誓って青島を奪回せよ」ということきは、中国に金を貸し急場をたすけてくれている日本の「友情」に対し礼を失した忘恩行為である。子が父に対する恩と同様、国も異国から金を借りていれば――それが国を植民地化し隷属化しようとする相手国からのむりじいの押し貸しであろうと――それは恩をうけたことになるのであって、恩をうけた異国にも父に対すると同様、恭順でなければならないとなる。全く封建意識よりももっと古い奴隷意識さえそこに見られるが、それは何も一九一九年代の中国だけに限って見られた特殊の現象ではない。その父親は白装束をつけた息子を頭からつまさきまで見まわし、あざ笑っていった。「よくも白装束まで身につけやがって、それこそ『父を無《な》みし君を無《な》みする』（孟子の語）の証拠じゃ」。

わたくしはこのような父親の意識を引き合いに出して、五・四運動期の中国解放運動の若々しいエネルギーを低く評価しようとするつもりは少しもない。それよりもその後星霜は移って二〇年、抗日戦争期となってくると、解放の自律運動が五・四期よりもさらに一般に著しく変化していたことを示そうとするのである。抗日戦争期のいわゆるゲリラ地域の農村では、救国者のためにものを集めて歩く若い女の姿がよく見られた。オルガ・ラングの知人の妹もこうした女性のひとりであったという。ラングはその知人にたずねてみた「あなた方のおかあさんはそういうこと（若い女性がものを集めて歩くこと）に反対しませんか？」。ところが、その知人の答はこうだった。「いいえ、母はいま中国人にとって大事なことは『礼』ではなくて『抗日』なのだというのですよ」と。このようにして抗日戦争は中国の解放過程であるとともに、子女を「家」に隷属させることを不可能にする事態にまで追い込んでいっているのである。そして中共軍の勝利の過程は、さらにこの傾向をおしすすめ、質的にも発展せしめていった。中国に浸潤する外来思想も、中国に迫りくる侵略者も、中国解放のテコの働きをした。しかし外来思想や侵略が中国を解放したのではない。「中国の革命は、民族に内在する本源的な力の発露であって、たとい外の力を借りていても、運動自体はつねに自律的であった」（竹内好氏『現代中国論』）。

三　昆虫戦争

中国の古語に「八政は食にはじまる」とか「八政、一に曰く食、二に曰く貨」とかいうのがある。それは「政治は人民が食えるようにするのが先決問題」という意味であるけれども、中国の長い歴史を通じてこのような政治がこれまで現実されたためしはなかった。

飢饉は東洋的社会の現象であるらしい。飢饉にしたところで、洪水にしたところで、自然現象であるよりは社会現象である。飢饉は、外から閉された一つの社会が凶作の場合ばかりでなく、その社会内で収穫もおいつかぬほど取り上げられる場合には発生しないわけにはいかない。まして取り上げっぱなしで予防方法も講じられていないときはなおさらである。飢饉や洪水が慢性的におこるということは、そこでの政治が慢性的に投げ出されている証拠である。「犬が人の食物をたべても取締らず、塗《みち》に餓莩《がふ》（餓死者）があっても救うことをせず、それは自分のせいではない、年（凶年）のせいだというのは、人を刺し殺しておいて殺したのは自分でない刃物だというに等しい」という政治批判が、中国の古典（孟子）にでていることをかねて承知していた。しかし路上にほこりをあびて真黒になった餓死者を現実にそして毎朝のように見たのは一九四三、四年の北京においてであった。当時、北京の市民も街路樹の葉や広場の草を食って飢えをしのいだ。小麦粉の色はまぜものによって褐色を呈し、しかもその価格は朝な夕な騰貴を続けていた。それでいて小麦粉等の大量の買占めが行われ、たまにそれが摘発されて市場に出たとなると、北京の小麦粉はその色の白さをとり戻した。食糧の欠乏は農村においてはさらにはなはだしかった。アメリカの社会学者ジャック・ベルデンは中国近年の飢饉を目撃して、実感に満ちた中国農村の報告を次のようにおくってきている。

「抗日戦争の行われた一九四一年から三年にかけて中国北部地帯をおそった飢饉は、この百年間、見たこともないほどひどいものであった。太行山脈と太岳山脈とには凶作が、河北省の南部には洪水がおこり、河南省にはいなごの害があった。このいなごの害はあとでは四つの省の全域にひろがり天日をくらくし、いっさいの植物の生命をくいつくした。河南の国民党地区からは飢えた百万の難民が黄河を渡って共産党の辺区におしよせてきた。河南では太行山脈へと通じる道路はどれもこれも行き倒れの死体でいっぱいになった。一九四二年の春には木の若芽は食いつくされ、皮ははがれ、木の幹は着物をはがれた裸の人間のように奇妙に白い風景をあらわした。ところによっては住民は蚕の糞を食い、あやしげな白い土を食べた。しかも餓え死を二、三日延べさせただけであった。女たちは子供を易えて食べた。ある死にかけた男は自分で穴を掘り、死んだら土をかけてくれとまわりの者にたのんでその中にすわり込んだ。しかしまわりの者も死んでしまうか、土をかける気力のあるものもなかった。ひでりが幾月も続く中で、人々は、頭上の空に燃えあがる焼けつく太陽をみつめ、足許にひびわれている地面をみつめて、人々はいうのであった

『わしらは天罰をうけているのだ』。神様をたよりにし、雨ごい、宗教的なざんげは続けられたが、なんらききめはなかった。若い者たちの中には『人間の力は天の力に打ち勝てるものだ』というものもあれば、『毛沢東は救いの星だ、毛沢東に救ってもらおう』というのもいた。神様などよりは自分自身と毛沢東とをたよりにしたほうがましだという結論に達した村人たちがあらわれた。いなごの襲来は飢饉の苦しみをたえきれないまでに大きくした。いなごの害は共産党の地区でもまぬかれなかった。共産党員たちは八ヵ年の抗日戦争の期間中やりとげたあらゆる行動の中でも、この三ヵ年間の苦闘の中から勝利をかち得たやり方を最も誇りとしているようであった。かれらは敵と戦うだけでなく、田畑を耕したり灌漑や作物植付けをやったり、わずかな配給で食いつないだり、昆虫戦争（いなご退治）をしなくてはならなかったし、昆虫戦争はそのうちでも最も苦難な仕事であった。一九四一年ころは飢饉が始まった当時であり、ひどいひでりがおこっていないところは少なくなかった。しかし農民は祖先の田地を見捨てて去って行く。なぜ田地が見捨てられているのか最初わからなかった。しかし軍と徴税吏とから収穫以上の穀物が要求され、要求額に収穫が追いつかないでなぐられたり、牢屋にぶち込まれるのでは、どうして働くことができようと農民たちはいった。何がそのおおぜいの男女を殺したのであったか。ひでりと凶作とが殺したという人もあろうが、役人や地主や徴税吏たちの間で食物の不足で死んだものはひとりもいなかったし、気候もひでりも同様な条件の共産党地区では人民はそんなにも多くは死なないかった。『国民党地区での農民も無感動ではなかったはずだ。死ぬことも望んではいなかったはずだ。どっちみち死にかかっていたからにはなぜたたかわなかったのか』――という疑問をもつ人がいるかもしれない。しかし、かれらはやったのだ。一九四二年に日本軍が河南省に侵入したとき、数千の農民は国民党の軍に食ってかかった。そして中国の民族の敵（日本軍）と手を握った。日本軍が国民党の軍隊よりわるいにきまっていたといえるであろうか。国民党支配の地区では小作人は収穫高の五〇％から九〇％を地主に与え、その上政府に税金を支払った。ところが解放区の農民は収穫高の八％から一五％を政府に納めただけでよく、地主にやる小作料はなかった」（ベルデン『中国は世界をゆるがす』安藤、陸井、前芝氏訳）。

ベルデンは新しい解放地区での歌にこういうのがあると紹介している。

豆をうえよ、豆がとれる
すいかをうえよ、すいかがとれる
うえたものがとれるのだ

ベルデンはこれを生産指導のために農家の子供に与えた歌といっている。「なんだそんなくだらないこと」という人があるかも知れない。しかし、このような歌を心から農民が歌ったというより歌えた時期がかつてあったろうか。自己の労働がそのまま自己の収穫になる喜びと希望とのない場合には、こうした歌をうたえといったとて心からうたえるわけがない。「いささか信じられなかったのは」とベルデンは次のようにも辺区のことを報告する。「女や子供たちは一番よいものを政府に納めるためにも穀物をふるいわけ、近隣の人に見せて上質の穀物でないといわれると、またえり直す農家があったことである。しかし、これを信じられぬと考える人は、民衆はその穀物が町の商人や腐敗した役人たちの手に入るのではなく、自分たちのむすこや愛人たちがたたかっている軍隊たちに渡されることを知っていたことを思い出していただかなくてはならない」と。それは、ベルデンさえもはじめ「信じられなかった」ほどの新しい生活意識、現に生きている時代のにない手の意識の現われであるならば、中国社会は古い社会の次元をこえつつあるものと見られるであろう。しかし、そのような見方を疑問とする人にあっても、次のことだけは否認できないであろう。

似たような現象が大昔にあったからとて、必ずしもいきなり近来の現象の引き合いには出せないことであるが、礼記《らいき》という中国の古典に次のような話がのっている。それは礼記のしかつめらしい味気のない記述のなかでは、珍しくも含みのある内容のものである。孔子が泰山のそばを通ったとき、ひとりの婦人がその声かなしくも墓場で泣いていた。孔子は弟子にたずねさせていうには「あなたの泣くありさまは、全く何度も同じ悲しみに出あったかのようである」。婦人は答えて「おっしゃるとおりです。むかしわたしの舅は虎に（食われて）死に、夫もまた同様に死に、今また子も同様に死にました」と。孔子がききかえしていうには「それではどうしてここを立ちのかないのですか」。婦人答えて「ここには苛政《かせい》がないからです」と。そこで孔子は門人に向かっていうには「おまえたちよ、このことをおぼえておきなさい。苛政は虎よりも猛《たけ》しいということを」。圧政からまぬかれるなら、中国の人民は虎の住む里といえどもあえて行くことを辞するものではない。

飢饉は決して自然現象ではない。飢饉は東洋的社会の現象ではなかろうか（村川堅太郎氏によると、西欧中世にも東洋でのような飢饉の現象はないようであるとのことである）。飢饉がおこるということは人民が政治から完全にほうり出されている証拠である。飢饉をも解決しうるものこそが、中国の新しい政治の担当者に外ならない。しかし「洪水を治めるものこそが、天下に王たることができる」というような、あるひとりの非凡な能力に対する民衆の信仰を基盤にもったいわゆるカリスマ的支配または伝統的支配を、ここで連想することは問題である。飢饉を前にして神様がたよりにならぬことは、神様の信仰に対して去就を決するに役立ったが、しかし神様にかわって「毛沢東が救いの星だ」ということが、もしカリスマ的なものとして或は伝統的権威としていわれるとしたなら、中国の解放はまだ遠いといわなければならない。あの「昆虫戦争」いな戦争全般を勝利にみちびいたものが、たくましい新たな次元の合理性であり、その合理性こそが新たな中国人の素質となってゆく限りにおいて、新たな社会建設の希望がもたれるのである。そして祖国愛の意識もその希望のうちにつちかわれてゆくのである。

四　古い共同体的集団からの解放

マクス・ウェバーによれば「プロテスタントの成就した巨大な客観的効果は、血族的紐帯の破壊であり、倫理的生活共同体の血縁共同体に対するはるかな優越的地位の形成であった」ということである。しかしこうした血縁主義を破るものは、プロテスタントに限ったことではない。まして資本主義の精神のみが、この種の役割をもつものとは思われない。

古い中国では血縁はただ血縁なるがゆえに血縁をたすけ、地縁は単に地縁なるがゆえに地縁をたすけ、自分の属する身近な狭い共同体的集団の範囲をこえては、その道徳を及ぼす必要はなかった。道徳関係は血縁の尽きるところで尽きる未開社会の集団にもその点が似て社会的連帯性はいたるところで断絶していた。

しかし新しい社会創造の過程では、血縁や地縁のような古い共同体的体制のわくにたよりそれに隷属することによってこれまで生きてきた人々が、もうそうした状態では生きられなくなっているのを発見する。――これは中国社会の史的過程における偉大な発見であり、それは祖国愛のしっかりした地盤である（後節七「祖国愛」参照）。しかもそうした血縁や地縁は、もはやたよりになるどころか無意味とさえなっている。

湖南・江西をはじめ長江流域以南の地帯では、父系血族集団たる同族部落が多く、一村民すべて一つの姓はおろか、数村をつらねて一姓のところさえ少なくなかった。そして同族の利害にかかわるところとなると、道理があろうがなかろうが、自分がその村に生れたという偶然によって、自己の部落のためにたたかうのが道徳であった。否、生れる前の祖先の時代から歴史的な恨みをもった宿命の部落が少なくなかった。そうした部落では異族と武器（械）をとって戦うこと（械闘）さえあえて辞するものではなかった。ことにくじびきで部落のために生命を投げ出すものを前もってきめたときは、そのくじをひいたものは一命を投げ出すのがあたりまえであった。

　またこれらの地帯には土客械闘といって、もとからその土地に住んでいた土着民と、他の地方からやってきた客民とのあいだにも同様に命がけのたたかいが起るのが常であった。

　土着民は、湖南・江西でいえば、その平原地帯を占め、山岳地帯によっている客民に対する圧迫は激しかった。このような場合、こうした血縁や地縁の対立を改めさせようと外から説き聞かせたくらいでは、容易に改めさせることができなかった。

　しかしそこでの人民が権力に対する共同の闘争のなかで、共通の利害を身にしみて感じるようになって、はじめて対立が破られ社会的連帯が広汎にひろがってゆくのである。こうしたことは革命根拠地をうちたてた原初的な時期——井岡山《せいこうざん》の闘争過程——において早くも出現した現象であった。上海労働者のストライキが、最初は江蘇帮《パン》（江蘇人仲間）のストライキであり、広東帮（広東人仲間）のストライキであって、たがいに対岸の火災であったものが、後には共通の目標をもって結合するようになったばかりでなく、仲間的なわくそのものが破られていったというのもこれと同質の現象である。血縁主義の類を破る能力のあるものはウェバーのいわゆるプロテスタントの倫理のみではない。課題はすべて解決したわけではないが、閉鎖主義、分裂主義がやぶれセクショナリズムがこえられてゆく一過程としてこのことは見のがし難い。

古い中国社会の血縁主義、地縁主義は、職場では縁故者びいきを発生させていた。ある職域の首脳となったものは、縁故者の能力や能率におかまいなしに地位を与えることが道徳であり、縁故者はその地位を得るのが当り前のように思われてさえいた。役所である首脳が変れば、小使にいたるまで新首脳の縁故者で変えられることは、別段不思議の現象ではなかった。老舎の小説に『離婚』というのがあるが、これは解放前夜の旧中国官吏生活の裏面をえがいている点でも見どころがある小説である。その一節には市長が変ったときの吏員のあわてぶりが次のように書いてある。

「市長は人事異動を行わず、私人を用いないと宣言したが、各局各所の空気はいっそう緊張した。宣言はきまり文句にすぎないことを、たれもが知っているからである。翌日には局長から雇員・給仕にいたるまで全部変ってしまった」。「新しい市長はわっちの郷里の人でさあ。よいめぐり合わせになってきた。『ひょっとすると秘書くらいにはなれるかも知れない』と、みなのあわてるのをしり目に涼しい顔をしているものもいた」。

この情景は全く清末の小説『官場現形記』と少しも変らない。

しかし新しい革命はこうした縁故者びいきを清算しつつあるようである。三反五反運動の過程のなかでも、それをきびしく批判こそすれ、少しもなおざりにしてはいない。毛沢東は湖南人であり、湖南人仲間にささえられ、湖南人仲間も毛沢東を中心に結合しているという人もあるようであるが、もしそんなことをしたら、新しい中国はくずれるのみであろう。新しい社会では縁故者をひいきして能率と力量とを無視したのでは立ちゆくべくもないであろう。

五　新しい兵隊

中国の革命をおしすすめるについて大きな役割をもったものは軍隊である。

革命軍の将領、朱将軍はその幼時（清朝末期）の思い出をスメドレーに語った。あるとき兄が「帰ってこい！　早う早う！」と叫んだ。兄は弟（将軍）を引きずって家の中ではなしに、家のうしろの竹やぶの中にはいっていこうとした。弟は虎とか何とか口走ったのだが、兄は虎じゃなしに、兵隊めらがやってくるんだから、その大口にフタをしろ、としかりつけた。兄がやっと弟を竹やぶで押えつけて寝かした刹那に、再び恐ろしい叫喚怒号が空をつんざいた。朱将軍によると「そのころには、帝国の兵隊どもは、『怒鳴り行進』というのをやって、人民をおどかし、追いちらすのであった。そういう習慣が、いったいどこから起ったかは不明だが、想像するところでは、おそらく清朝が中国を征服したてのころ、兵士と人民とが親密になるのを防ぐために始められたことだろう」

という。「叫びがうんと遠くなってからはじめて、二少年は、はい出して、思い切って大街道のほうをのぞきおろし、それからやっと、おとなの連中が話をしているたんぼに向かって走った。父は、兵隊たちを宿無し亡者とか因業な亀の卵（王八蛋《わんぱたん》――性的けじめのない馬鹿野郎）とか、小便の種とか、淫売屋やばくち場から引っぱってきた猿とか、とののしっていた」。その後の年々にも朱将軍はたびたび清朝軍を見たということであって、将軍によると「かれらは卑屈な奴隷だった。低い将校ほど、いばっていた。しかし、上官が近づいてこようものなら、部下の兵ともどもに道端に飛びのいて、片ひざをついて、片腕を垂れ、頭を低くして、清式の敬礼をするのだった。農民の前では虎のようにたけだけしかったが、金や力のあるものに対しては、しっぽをたれる犬でしかなかった」（スメドレー『偉大なる道』阿部知二氏訳）。「人民をおどろかし追いちらす」軍隊、人民から「宿無し亡者とか王八蛋」などとののしられる軍隊、「権力者の前では卑屈で人民の前では虎のようにたけだけしい」軍隊――これが清末の軍隊であったという。

中国の古いことわざには「よい人は兵にならないし、よい鉄はくぎにつくらない」（好人不当兵、好鉄不打釘）とか「食いつめてほかに生きる道がないときには兵になる」（鉄到了釘、人到了兵、小孩子到了売焼餅）というのがあった。

兵隊にはならず者か、食いつめ者がなるのが相場とされ、軍隊生活内でも、兵隊は悪人扱いにされ、給与などもろくろくもらってはいなかった。「兵隊なんかそんなによい人間ばかりいるわけはありません。悪いやつと思って見られればきっと悪いにきまっています。悪人扱いにしていじめられ、そのうえ、給料は天引される。時には不渡りとくる。これでは心服する道理がないでしょう」（『官場現形記』岡本武徳氏訳）というのが兵隊の側での自己弁護であるが、ともかく世評ははなはだかんばしいものではなかった。

近来にいたるまで兵隊は土匪《どひ》の集団であるとまでもいわれた。兵隊は「すべては師団長の腕にたよってこしらえ上げることになっていた。師団長は……河南北辺一帯の土匪たちにいくらか顔を売っていたので、もっぱら、これをもとでに師団長に任命されたわけ」といわれるようなぐあいである（趙樹理『李家荘の変遷』）。「兵隊になるのも強盗になるのも、本来はなんの相違もありゃしないんだ。ただ看板がちっとばかりまともだもんで、白昼公然と略奪ができるというだけだ」（落華生『巣の中の蜘蛛』千田九一氏訳）と小説家が書いたのも、兵隊には暴行略奪がつきものとされていたからである。

暴行略奪は、平素軍隊の構造の最底面におしつけられ、しいたげられていた兵隊たちの欲望満足の場でもあったし、天引されたり不渡りだったりする給料はこのときこのような仕方で回収が行われるのである。全くひどい目にあうのは良民であった。

こうしたことを現に見聞きしてきた人々にとっては新しい帰国者から次のような体験を聞いても、ほとんど信じられないほどのちがいを感ずるであろう。

「解放軍の人は決して卵一個だってだまって持って行ったりしない。必ずお金を払うとか、泊っても必ず御飯たきから水くみ、そうじまでちゃんとやる。とくに女の人に対してははっきりしている。だから危険など一つもない」(「新しい中国」『朝日新聞』、帰国者石橋政子さんの体験)。「その激しい戦闘が終って、人民解放軍が朝になって私の家の付近でそこらの負傷した人たちを手当したり、激しい戦闘のあとの疲れを休めていた。最前線の戦士だから、武器以外の余計なものは持っていない。それで私たちの近所の家へおちゃわんだとか、はしだとかいうものを借りにきた。やがて一休みして前進するとき、彼らはどうしたかというと、その方々から借りたおちゃわんをちゃんと覚えていて、一つ一つ返し、はしなどもちゃんと勘定してきちんと返し、お礼をいって、また前線へ進んでいった。この態度は実にりっぱだった。

解放軍は人民の軍隊であり、人民を絶対苦しめてはならない、人民に服務するための軍隊だから人民にはあらゆる迷惑をかけない、人民からいろいろなものを絶対にもらってはならない、そういう規律を実に完全に実行しているのである。だから中国の人たちもそういう軍隊にまず接して、まるでいままでの軍隊というものとちがった非常にわれわれのことを考え、残酷なことをしない、人民のための軍隊だということがまずわかるわけである」(木村荘十二氏「中国では楽しかった」『中央公論』一九五三年五号)。

しかし、これは帰国者のひとりやふたりの感想ではない。四川省の達県の農村での実見を福地いまさんも次のように語った。

「中共軍が全国的にその勢力をおしすすめ、重慶から六百里もはなれた四川省の達県にもくるというので、どうなるのかある種の不安があった。ところが兵隊が村についたその日から道路をきれいにそうじする、用水を家庭ごとに無償で届けてくれる。——その地方の家庭では水が不便で河水を汲んで来なければならないが、それにはなかなか労力のいることであったので、兵隊のこうした行為はその土地の人々をひどく驚かせた」。

福地さんのところは大きな屋敷なので、兵隊が一五〇人も宿泊した。

「しかしそこでも規律は厳粛であった。ことに子供が病気していたので、家に泊った兵隊は、病人にさわるといけないといって、ことに静粛にした。このように兵隊たちのほうで、細かい心づかいをするのである」(福地いま『私は中国の地主だった』岩波新書)。

ベルデンもまたいっている。

「村の幹部や地方の民兵のなかには、人民にひどい仕打をした者もあったが、同じことは八路軍についてほとんどいえぬことだった。八路軍兵士たちは、その規律および人民との親密な関係を大きな誇りにしているところに、特色があったからである。こういう親密さの端的なあらわれは、兵士たちが農民に向かって使う『大姉』とか『弟』とかいうような特殊なことばのうちにも認められた。しかし、こうしたことを何よりもよく示しているのは、戦闘区域近くの農民たちが、一

○マイルも一五マイルも戦線まで豚や雞を運んできて、それを兵隊にやったり、婦人たちが夫のためでなく、軍隊にいるいとしい人のために、くつを縫ったり、同じく婦人たちが一つしかない寝床を、行軍中の兵士の安眠のためにとっておいたり、スカートを裂いて包帯にしたり、軍隊の戦勝祝賀会に参加したりするのを見ることとであった」(『中国は世界をゆるがす』前出)。

このような兵隊のことは、実はエドガー・スノー(『中国の赤い星』宇佐美、杉本氏訳)がもう何年も前に報告していることとなのである。そしてまたそれは江西での革命の原初的根拠地にあってもすでに同様なのであった。

新しい中国の軍隊のなかで軍紀がまもられてきた根拠は、兵隊生活が外からのわくで物理的にしめ上げられているのではないこと、生活が人格の平等によってささえられた地盤をもっていること、何よりも一つの使命観をもった農民や労働者出身の兵であり、そしてその行く手にひらかれた展望をもっていたことである。

新しい軍隊であれ古い軍隊であれ、それを生み出すには、ともに生み出すべき社会的な地盤がある。「どうしてあなたたちは共産軍に負けたのかい?」と、福地さんは共産軍に敗れた中国の古い兵隊に聞いてみた。そしたらその答はこうだった。「ほんとうは共産軍なんかに負けるなんて恥かしい話なんだけれども、実際は戦っているときに、共産軍はマイクロホンの前で銀貨をじゃらじゃらやって、『おい、みんな月給をもらったかい』といったんです。その言葉を聞いたときは、寒くて、ごはんも食べられなくて、月給はもらっていないしで、すっかり戦うのがいやになってしまったのです」。軍隊の素質というものは、なにもそれに属する兵士だけの素質のことではない。また、兵士や軍隊だけの素質をよくしようとしたとて、それを生み出す社会がもとのままでは、よくすることがむずかしかろう。

六　婚姻の自由と土地改革とのつながり

これまでは主として中国の顔と心とに応接してきたが、それでは少し日本の顔と心とにも応対して見よう。

岩手県水沢町付近の農家では、いろり端のねこのすわる座をねこ座といっている。それで「今度家でねこッコ借りるごどにしあしたがら、お暇つぶすでがすぺども、まんま食うにきてくんせや」「それアよがしたね、どこがらでがすぺ?」というような会話を聞いていると、ほんとのねこの貸し借りの話ででもあるようである。しかし実は「嫁を迎えることにした」という案内を「ねこッコ借りることにしあした」というのであって、いろり端で嫁のすわる場所はねこのすわるねこ座と同じである。これは『岩手の保健』という近ごろの雑誌にのっていることであるが、また茨城県のある農村で、近ごろ聞いたといって、『家族法講話』(川島、来栖、磯田氏著)にこんな話が書いてある。結婚式をすませたが、新郎は新婦がメッカチだといっておこっている。「見合いはしなかったのか」

と聞くと、「見合いはするにはしたが、停電だったのでよく見えなかった」のだと。

しかし、これはまた農村に限った現象ではない。戦後、日本で時折、ことに若い女性から「『結婚』という言葉はよいが、『嫁入り』という言葉はいけない」ということを聞く。しかし「婚」とは男女が婚姻の目的物であり、婚姻の主体が親であった時代に、男女の親または家をさした言葉であり、「結婚」とは男女の結合ではなくして、男女双方の親または二つの家の結合をさした言葉である。「嫁入り」がよくないということなら、「結婚」はなおさらである。結婚という言葉のよしあしもさることながら、結婚の内容に新しい意味を実現させることこそが必要である。「嫁入り」がいけないというなら、「嫁入り」を実質的に清算することが必要である。戦後、東京あたりで結婚式場に行ってみると、戦前と同様に、「某々両家の結婚式場」という看板が立ててある。何とか会館とか記念館などといわれる場所では、そうした札がずらりと並べてかけてある。そして神前結婚式場では、式の前に神主が新郎のところへ来て、神前で読む誓詞に新郎の氏名を書き込ませる。しかも、ついでに新婦の名も書き込めと強要する。日本新民法の規定で「夫婦は婚姻の際に相談してどっちか一方の氏名を称する」ことになっていようといなかろうと、神主は新婦の氏は当然に新郎の氏になるものと心得ているらしく、新婦の氏は新郎と同じものを書くように指定する。新郎は神前で両腕をのばして自分の目より誓詞を高くあげて読むことがまた神主に要求されそのようにする。新郎も新婦もまるででくの坊である。来る日もまた次の日も同じことがくり返されている。式が終って、新郎新婦それぞれ控席にもどると、二つの控席のあいだにしきられていたカーテンがとり去られ、新婦は新郎の「家」の人々のあいだにおし込まれる。つまり新婦は新郎の属する社会単位にとり入れられる。そこにも「嫁入り」意識がないといえようか。結婚披露宴では媒人がまた「御両家」の結合を披露する。客人はまた「両家」に祝詞をのべる。媒人も客人もともに新郎新婦の「和合」を説く。こうした「和」とは夫が妻を従属させる――その逆もあるかもしれない――意識であり、いわゆる「同体主義」(Coverture Scheme)であることに気がつかぬ人が多い。「和」とは古い嫁入り意識と離れたものではない。「嫁入り」という言葉を拒否する女子大学出のインテリといったとて、実質的に「嫁入り」が否定できているかあてにはならない。ことに披露宴で新婦が着物をきかえてみせるにいたっては、女は親とか家の世間体のための道具であって全くあきれた光景である。その点、新しい中国の結婚式とは全く対照的である。わたくしは新憲法や新民法をもった一九五〇年前後の日本社会でも、都市と農村を通じて、依然「嫁入り」風景が珍しくないことを、来るべき新しい時代との対比のために記録にとどめておきたい――と、このように原稿を書いていたある日の夕方、妹が外から帰ってきてとたんにいった、「春野花子さんは結婚してからも春野さんなんですって。秋山太郎さんと春野さんとは結婚後、どちらの姓にするかじゃんけんできめたのですって。春野さんが勝ったので秋山さんのほうが春野さんになったのよ」。なるほどこれは、現在の日本社会では、帰宅後すぐ話題になるほどの問題であるわけである。

近ごろできた日本のことわざ集をみても、新しい質の、そして新しく発生したことわざは一つものっていないし、またわたくし自身新しい質のことわざを見聞したことがない。今の日本社会に新しくできたことわざといえば「戦力なき軍隊」「学力なき学生」「乗客とみたら強盗と思え――自動車運転手」のような、全くはかなくも救いのないことわざばかりである。ことわざがその社会生活の生きた問題点をおさえてできた言葉であり、社会の質的表現である限り、新しい社会にはそれにふさわしいことわざが生れてしかるべきであろう。したがってもし新しい質のものが生れていないとするならば、社会の地盤にあまり動きがないことを示しているものといえる。これに対して新しい中国では、新しい質のことわざがどんどんできていて、社会の流動が感じられる。河南省魯山県《ろざんけん》の余荘郷では、新しい婚姻法に関連して次のようなことわざがはやっている。

「婚姻法はなまけ病をなおし、食糧をふやす」

そしてこのことわざのいわれを聞くと、村人はきまってこんな話をしてくれる。この村に馮宗義《ふうそうぎ》という男がいた。かれは親がかってにおしつけた妻に愛情をもつことができず、毎日がおもしろくなくて生産にも身がはいらないし、ののしり合う声のたえ間がなかった。同じ村に鄭桂香《ていけいこう》という娘がいたが、村の悪ボスにむりやりに妾にされ虐待されていた。一九五〇年五月新しい婚姻法が施行され、若い男女に力を与えた。愛し合っていた馮宗義と鄭桂香とは、それぞれ古い婚姻関係を解消して、あらためていっしょになった。新しい妻を得た馮は人が変ったように生産にはげみ出した。

結婚後、日が浅いのに淮河《わいが》の治水にも志願した。鄭桂香も日照りで村が抗旱闘争《こうかんとうそう》（日照りとたたかう）をはじめると、先頭に立って働いた。若いふたりの力を合わせた積極的な生産で、一九五二年の秋には、とうもろこし五〇〇〇斤（昨年より一五〇〇斤増）の収穫をあげ、牛一頭、豚一頭その他農具も買入れた。前にむすこの離婚に大いに反対した馮の父も「毛主席はわしらに土地や食糧をくれた上に、こんないい嫁をくださった」というようになったという（新島淳良氏による）。

新中国の婚姻法の目標は、人間解放にあるには違いないが、新しい社会の経済建設にたえずねらいがつけられている。いな、人間解放と経済建設とは分ち得ない関係をもっている（その点は土地改革法と婚姻法との関係も同様である）。新しいことわざには、社会生活のこうした積極面の裏づけがあるのである。

これまでの中国で、婚姻の自由のさまたげは、またとくに家族労働力の規律の上からも考えられた。役畜《えきちく》も養えず、家族外から労働力を容易にとり入れ得ない農家にあっては、婿取りや嫁取りで目当とするのは労働力である。農家ではよく働く女、子（男）を生む女がよい女である。したがって家男がどんなにある女が好きでも、家父長の目がねにかなわない女を任意に妻として選択することは許されない（これは日本農村の場合と同一である）。貧しい農家では、将来、家の男の子の妻とするために買ってくる幼女（童養媳《トンヤンシイ》）も珍しいことではなかった。女も大人になってからでは値段が高いし、小さいうちから家内奴隷として使役もできるので、こうした一挙両得が考えられたのである。

旧来、女は婚姻の自由がなかったばかりでなく、婚姻生活上、男と対等の地位に立つことができなかった。河南省魯山県地方などのことわざに「夫は（妻の）頭上の一層の天」というのがある。このことわざの出典は紀元前数世紀も前の儒教の経典、たとえば儀礼にいう「夫は妻の天」にあるのであって、ある特定地方だけのことわざではない。中国社会の支配権力には三つのものがあるといわれた。その一つは国家権力、その二つは家父長権力、その三つは冥界を支配する神権である。ところが、女子の場合には、夫権を加えて四つの権力に服することになるという。妻は夫の私的制裁に服した。姦通の場合、夫は妻を殺すか殺さぬかその任意であって、殺した場合も罪とはならなかった。夫は妻をなぐるほうが世間体がよく、ひどくなぐらなければ世間の物笑いになり、世間体が悪かった。「めとった妻、買った馬は、自分で乗ろうが打とうがかってだ」がことわざであった。

しかし、いわゆる解放前までは、このようになぐられても女は離婚するすべがなかった。慣習の上でも、女はその一方的意思で離婚することは許されなかった。そればかりでなく女は離婚した後には食ってゆくだけのあてがなかった。このようなところに離婚の自由のあるはずがない。旧来の離婚法及び慣習のあいだでは、夫のみが離婚権をもち、その一方的意思のみで妻の追い出しが許された。もっとも中国の農村社会では、貧困のはなはだしい農民は、年をとるまで結婚できない、否一生涯結婚できないでいるものが少なくなかった。結婚できない男は人妻を質にとり、あるいは賃借りするものもあるほどなのであるから、いったん、めとった妻をそう安々と追い出せるわけがない。追い出して損するものは、追い出したその場から家族労働力を失い、子を得る見込をもなくしてしまう夫の側である。金をかけてめとった妻を、姦通したからとて追い出し、また新たにめとる(買える)あてがないのでは、そろばんに合わぬのは夫の側である。かくて離婚がたやすくできるのは、地主富豪などゆとりのあるものだけであり、妻の地位はその場合、貧農の妻の地位より不安定的であった。かくて貧困者のあいだでは、経済問題が婦人の地位を守り、離婚をはばむ原因とさえなっていた。ただこのような事態も、婚姻離婚の自由をもたらさず、女は男と対等たりえず、婦人の地位の本質的な改善には役立たなかった。

ところでフランス革命の場合でも、ロシア革命の場合でも、革命事業の最初に婚姻法の本質的な変革が行われ、古い婚姻制度はいち早くかなぐり捨てられた。中国の場合もまた例外ではなかった。戦後、中国で刑事法よりも他の民事法よりもさきがけて、一九五〇年五月一日公布施行せられたのは新婚姻法であった。それればかりでなく、革命政府が江西に根拠地をすえた革命の原初的な時期に、何よりも早く制定施行した法律はやはり婚姻法であった。一九三四年一〇月、革命政府が江西省の瑞金《ずいきん》を出発し、いわゆる大遠征によって陝西《せんせい》省の延安にその根拠地を移してからも、新しい婚姻法が施行せられていたのである。

このような解放地区では、生産や労働の問題、まきや米や塩や油も買う家計の問題、子供を生む問題、病気や衛生の問題など大衆の実生活の問題、ことに経済問題が解決される中で、婚姻の問題——婚姻の自由、男女の平等——が解決されてゆく過程をとった。農民は、婚姻の自由が経済的な裏づけをもって実現することを身にしみて理解するのである。女にとっての離婚の自由の地盤も、客体的条件の変革化、たとえば土地改革などに伴って作られてくる。女にとっては離婚しても独立して食べられるということ、つまり経済的自由を得ることによってはじめて離婚の可能な道が開かれる。土地改革は地主小作関係を清算し、農民を解放したばかりではない。女も男と並んで平等に土地の分配をうけるのであり、性別年齢別によってなんらの不利益をうけない。かくてこのような条件のもとに、女側から裁判所にもちこまれる離婚請求（不合理な婚姻の解消要求）は激増した。婚姻および離婚の自由は、単に客体的条件の変革化によってのみ作られるとは限らず、自由をささえる精神の変革化が行われ、それがまた最大の保障とならなければならないが、客体的条件の変革化のない、経済的隷属のもとではそれは実現しうべくもない。

このようにして新婚姻法は、男の側に一方的に都合よくは作られていない。それどころか離婚によって男は法律上、女に財産の多くのものを分たねばならない。家庭の労働力を失うことにもなる。しかも、こうした脅威に直面しながら、法は女の味方である。男にとってたよるものとしては、自己のもつ暴力以外にはない。村の男は往々共同して自己の利益をまもるために、暴力をもって、男から別れようとする女を押えにかかる。ひとりの女を押えることによって威嚇を村内に行おうとするのであるから、ことはいよいよ重大となる。そしてこうした事件はよく新聞にも掲載されている。新しい中国では「臭いものにふた」ということはなく、教育にぜひとも必要な前提として、欠点はすべて明るみに出されるようである。隠蔽は政治に自信あるもののやることではない。

今日、中国では「土地改革と婚姻法とが失敗すれば革命は失敗だ」といわれている（福地いま氏談）。土地解放と人間とくに婦人解放とはそれぞれ解放問題として重大であるばかりでなく、どちらか一つ失敗しても他もまた失敗に帰せざるを得ない。そればかりかひいては新しい経済建設はほとんどすべてその望みを失うといってよい。婚姻法が法律のうちで何よりもさきがけて制定施行せられた意味も、その先決的な重大さにかかっているのであり、新婚姻法実現化の成否は、革命の運命を左右する。

近代的よそおいをもった婚姻法は、中華民国政府もつくっていた。もちろん中華人民共和国政府のそれとは、内容上も同視すべきではないけれども、政府がそれを実現化しようとする意図においても、両者間に大きなへだたりがあった。いかに理想的に見える法律がつくられても、その法律が社会の現実に無関心なものであっては、その実現化はむずかしい。それを実現化しようとするについては、また単にスローガンを掲げただけではどうにもならない。陝西省延安における共産党の支配が一二年もつづいた後においても、なお婦人の売買結婚は村でかなり行われており、村民の新思想に対するかなり根強い頑強な抵抗が行われ、やがて共産党は新しい方法を採用せざるを得なかったといわれる。このような体験にもとづいて、蔡暢《さいちょう》女史は語るのである、「農村におけるわれわれのスローガンは『結婚の自由』『婦人の平等』を再び繰り返しかかげてはならない。それよりは『子供を救え』『家庭を繁栄させよ』でなければならない」と。「家庭を繁栄させよ」のスローガンの下に家族の着物を作り、糸を紡ぐ方法を婦人が学ぶことが奨励され、彼女たちは経済的に家庭における地位をたかめた。「子供を救え」のスローガンのもとに、婦人の衛生常識や育児知識が教育され、かくて彼女たちの家庭における重要性がたかめられたといわれる（『中国解放区の現地報告』岩村三千夫、加島敏雄両氏訳参照）。心をくだいたきびしい内省をつづけつつも、新しい婚姻法の実現には、今もって努力が継続されているのである。

七　祖　国　愛

「祖国を愛し、人民を愛し、労働を愛し、科学を愛し、公共の財産を愛護するのを中華人民共和国の国民全体の公徳とすることを提唱する」。

これは、中国人民政治協商会議共同綱領第四二条の規定であって、新中国の新しい倫理の指標である。

しかし、祖国愛をはじめとするこの五つの愛の公徳は、単純な提唱であってはほとんどなんの役にもたたない。その実践のためには客体的諸条件とともに、それをささえる中国人の新しい精神が最大の保障であらねばならない。徳目は五つといってもそれらはばらばらなものではなく、その間に一貫性がある。それを貫くものは新しい中国社会のイデーである。その徳目実践の中心は、新しい社会の建設を目標にもった等質・対等なそして何人にも隷属しない新しい中国人である。政治をたれか権威者にあずけたり、それにたよって救ってもらうというのではなしに、自ら政治の上でも主体となった新しい中国人である。

中国の古いことわざに「三個の中人は一官に当る」（三個中人、当一官）とか、「三人のばかも一人の物識りに当り、三人の物識りは一人の県知事に当る」（三個愚人当個明人、三個明人当個知県）とか、「三人の靴工は孔明にまさる」（三個臭皮匠、勝如諸葛亮）というのがある。

ここでは農夫や靴工が一官にあたるというのではない。『三国志』の諸葛孔明を引きあいに出しても、それはせいぜい「三人よれば文珠の智恵」というほどの意味である。ところが社会が変ればことわざも変り、「三人の農夫は一官に当る」「三人の靴工は一官に当る」といわれるようになった。かつての中国民衆は、政治や法律や裁判といえば、おそれて敬遠していた。それどころか憎悪を加えていた。それが農夫や職工みずからも今や、政治や裁判のにない手をもって任ずるにいたったことを、そして法律も自らのためのものであり、自分の手になるに至ったことを新しいことわざは示している。

五つの愛の徳目は、こうした「新しい人間」の行動法則であり、社会的に約束されたものである。

したがってその徳目は五つといいながら、従前の儒教道徳の五倫（父子、君臣、夫婦、長幼、朋友の間の人倫）、五常（父母兄弟および子としての徳目、または仁義礼智信）とは全く質の違ったものである。この五倫五常は独立した対等、等質の人間のあいだの関係を示したものではない。五倫五常はあるきまった人間のあいだの依存的隷属的または上下的関係であり、いわばゲマインシャフト的ないしは支配団体的関係である。君主や官僚を「民の父母」（中国の古典の言葉）とする意識の支配的な社会での関係である。それは、日本の政治家や役人が人民に対する手心、恩恵を親心といい、サービスの意識がさらになく、親心という以外にサービスということをあらわしようのない非民主的な社会の関係と共通性を有する。そしてこうした関係の間に独立的意識を入れることは反逆である。古い社会では人間は生まれながらにしてこうした秩序のなかに入り込む。このような関係のところでは伝統的な支配が行われても合理的な支配は行われない。

今日の日本社会では、親心の期待もできないときは、哀訴するか、哀訴もできなければ、だまって「泣き寝入り」する事態が多い。花村芳樹氏の報告によると、戦後、土地改革の行われた日本の農村社会においても、農民のあいだには実に恭順——否、恭順ではなしにこの「泣き寝入り」の事態が多いということである。しかも恭順と泣き寝入りと実質的に同じであることはめずらしくない。また戦後日本で親殺しがしばしば起っているが、これも一つには、権力の前に合理的解決の道が押えられている点があるからではなかろうか。「出刃包丁」は「泣き寝入り」の不幸な帰結である。

わたくしはこのような「出刃包丁」にも賛成できないが、しかし世界人権宣言（前文）が、「人間が専制と圧迫とに対する最後の手段として、反逆に訴えざるを得ないようになるのを防ごうとするならば、人権を法の支配によって保護することが肝要である」。

といっている意味をよく熟読玩味すべきである。人民を「泣き寝入り」させてばかりいるような政治家や役人に、愛国心とか祖国愛がわかるわけがなく、そのような政治家や役人の説く愛国心や祖国愛の説教には、人民側からすれば、全く牽引力がない。愛国心や祖国愛は、人民から超越した国家や、人民と対立的な権力への奉仕ではない。

さて孫文の三民主義は中国の固有の団体、つまり家族および父系血族団体（宗族）のごときを善用し、その結合の上に一大民族団体を形成しようとした点で、まだこうした血縁主義的関係が残されている。しかもこれによって国民的連帯性がつくられていったか疑問であって、依然としてセクショナリズムは破ることはできなかった。

蔣介石の『中国の命運』（波多野乾一氏訳参照）における倫理建設の主張でも、救国の道徳は五千年来の固有の倫理を回復拡大することで「国家のために忠を尽し、民族のために孝を尽し、公にして私を忘れ、国のために家を忘れるのは、実に中国の忠孝の極致である」。「古人曰く『戦陣勇なきは孝に非ざる也』と。今日の戦争で最も重要なものは空軍の搭乗員に越すものはない。青年にして志を立てて軍人になるものは、航空員になるべきである」。「中華民国が永久に世界に生存し、再び異民族のために役使されたり滅ぼされたりすることがないようになる」には「三百年来の怯懦萎靡《きようだいび》の風を去り、四千年来の民族固有の偉大なる精神を回復し、国家至上民族至上の新倫理の基礎を建設する」にあると鼓舞激励している。『中国の命運』の倫理建設にも中国解放のための情熱が見られるが、新しい五つの愛の徳目の前提とは大きな対照を示している。

もっとも五つの愛の徳目が前提としている倫理にあっても、決して親に対する愛情を否定するものではない。しかしその倫理は従来のような一方的支配、一方的従属——恭順——というような上下の縦の関係であることがないというだけである。

さて五つの愛の公徳の第一にあげてあるのは祖国愛である。思えば百年の植民地支配から祖国をとりもどした中国人にとって祖国愛は限りない喜びのひびきをもっている。その祖国は国土とその国土の上に生きる独立したひとりひとりを含む人間の集体である。その祖国はひとりびとりを超越し、かつそのひとりびとりを支配するための対立的存在ではない。したがってその祖国愛は自己を超越した祖国への従属の道徳ではない。また、この徳目が示すところは、これまでの古い中国社会でのように、家族とか血縁とか地縁とか、自分に身近かな集団への愛が、祖国への奉仕に優先したのとは全く異質的である（前節四「古い共同体的集団からの解放」参照）。

かつて、清末、太平天国の動乱のとき、湖南で募兵を行った曾国藩《そうこくはん》は、国家のためではなくて、「湖南の郷党のため」といわなくては募兵の目的を達することができなかった。また、三民主義を説いた孫文は、列強の侵略を防ぐために同族的なまとまりと他の同族のまとまりとの全国的一大結合の必要を説かねばならなかった。孫文の段階は曾国藩よりは一歩進んではいるが、まだ血縁主義を足がかりにしている点で、血縁主義そのものを破ることができなかった。

北京綜合病院の医師劉真は、パール・バック女史近年の作品『キンフォーク』（一九四九年、石川欣一氏訳では『郷土』）にでてくる一人物であるが、彼は中国革命政府支配下の故郷をぬけ出してきた後で、友人のアメリカ人医師に中国共産党について次のようにいっている。「連中は僕に僕の手を血にひたし、何事かを誓えと要求した。……——忠誠、同志愛、永遠の信仰——すべてはギャングの普通の誓いだ、だが僕は人間全体に対しては忠誠を誓ったことはあるが、そのどんな一部に対しても誓ったことはない、僕は連中にそういった。すると連中は僕を銃殺しようとした。そこで僕は夜、抜け出したのだ」と。もっとも、バックも、ギャングまがいの同志愛の誓いの方式が、実際に彼等のあいだで行われていたとか、加盟しないものを殺そうとしたとかいっているわけではない。しかしもしもその同志愛が、そういう古い伝統のわくや性格から解放されていないならば、祖国愛への道は前途はなはだ遠いといわねばならない。

新しい祖国愛は、古くから不易の道徳のように持続され、あらゆる道徳に優先してきた血縁的道徳その他集団的道徳のわくをこえている。そして古い社会では、道徳は集団ごとに対立し、道徳の数は集団の数ほどあるといってよかった。しかし、新しい祖国愛は集団への対立的な愛情——集団的利己主義の否定である。しかし、また階級は倫理を分つ。倫理は階級によって分裂的である。現在の中国社会の段階では、内部の対立は完全に解消していないけれども、現段階では現段階なりに一つの目標を立てることは不可能ではないであろう。五つの徳目をかかげた共同綱領は、新しい中国を支持する人々の意向の最大公約数であり、それらの人々の共同の綱領である。それは一党専制の綱領ではない。

3　中国古典をどうよむか
――論語と老子を中心として――

一　まえがき

「厩火事《うまや》」という落語がある。その落語の出典はもちろん論語〈郷党〉であって、倉石〈武四郎〉さんの訳によると「厩が焼けた。先生〈孔子〉はお勤めからさがって『人にけがはなかったか』といって、馬のことは尋ねられなかった」となっている。落語の場合は右のような読み方と一致する。ところが、原文の「不」を「否」の意に解して「人にけがはなかったか、どうか」と人のことを尋ねた後に「馬を問う」たのだとする読み方もあれば、人によっては「人にけがはなかったのかどうか馬に問う」たのだと読んでいる。「馬に問う」では変だという人があったとて、原文はそう読めるから一応致し方あるまい。しかも細かくいうなら、この論語の一文についてさえ、人々の理解についてニュアンスの差があって、同種の読み方の間にもまた必ずしも統一はない。このようなことは、論語に限らず、老子の理解についてもやはり同様であって、解釈のアナーキズムということは、どうにもしようのないことのようである。しかし大づかみにいって中国の古典の内容をなす思想は、その時代の条件からまぬかれてひとり歩きをしていたわけではない。したがって少なくとも、そうした条件づけを無視した任意の解釈はゆるされないであろう。

それに加えてわれわれ日本人が中国の古典を考えるについては、また一つの用意が、つまり心がまえが必要であると思う。江戸時代に、なぜ、儒学とくに朱子学が尊重されたのか、また明治時代以降なぜ中国の古典が尊重され、どんな意味をもって受けとられ、読まれていたのであろうか。そうしたことの反省もなしに、ぼんやり中国の古典を扱うことはできない。つまり中国の古典の内容をはっきり受けとることなく、ことに内容の理解をそらしたり、ずらしたりすることは考えものである。江戸時代に儒学とくに朱子学が受け容れられたのは、封建イデオロギーとして適格性があったことはもとより、社会的にも受け容れの素地があったことに外ならない（丸山真男氏『日本政治思想史研究』）。竹内〔好〕さんの『現代中国論』によると、明治初期、ヨーロッパから帰り外国語学校長となって日本の教育方針を変えようとした中江兆民も「官立の外国語学校で、仏教を用いることもできねば、耶蘇教を用いることも勿論できぬ、我国民の道徳を維持し、人格を高くするのに最も適当なのは、孔孟の教えである、故に孔孟の書を以て、此学校の科程の一に加え」ようとしたということであって、中江兆民といえども孔孟の教えを借りる以外に国民道徳の建設には手がなかった。幸徳秋水さえ教育勅語と無縁ではなかったとまで竹内さんはいう。中国の古典の教学的役割は戦時中までつづくのである。

戦後は、これまでのように中国の古典を教学的に役立てることは——まだ絶無ではないにせよ——少なくなっているであろう。しかし、それだからとて、論語によって孔子におけるギリシア的人間主義を説いて見たり、紀元前数世紀の中国に言論の自由があって見たり（吉川幸次郎氏『中国の知慧』）、論語や孟子のうちに、普遍的人間愛や、権利思想ことに人民の基本的権利を見出して見たり（重沢俊郎氏『中国の四大思想』『原始儒家思想と経学』）、老子のうちに、もとでいらずに幸福感を得る方法を見出して、老子を弱者の味方に仕立てて見たり（阿部吉雄氏「無為思想の成立」）するのはいかがなものであろうか。私はこのように中国の古典内容の理解をずらした解釈を行うより、中国古典には論語と老子とを問わず、権威主義ないし権力主義が貫かれている点をはっきりさせ、旧来それが日本社会にうけいれられる地盤のあったこと、否、今もってそのような地盤が必ずしも変えられないでいることを明瞭にし、自分自らごまかしたり、人々にごまかされたりしないようにした方がよほど意味があると思う。

今日の役人は、しばしば民衆へのサービスの意識をもたず、サービスということばも「親心」（上から下への恩恵）という以外にあらわしようもなく、流行歌手と著名力士と野球選手との間には、あたかも美風であるかの如く義兄弟の誓いが行われ、イェーリングが八〇年前にいった「権利のための闘争」とは全く逆に、自己主張を否定する「調和」とか「和」の精神がやたらにとなえられ、その他、行為のはしばしに無意識に権威主義、血縁主義があらわれていても、人々はほとんどそれに気がついていない。それどころか、それをあたり前ぐらいに思っているようである。しかしわれわれは如何なる場合にも現在の日本における権力支配体制および現在の日本社会にある普遍的思惟様式としての権威主義、血縁主義を、たえず反省しておくことは必要である。同時に中国古典に対する場合にも、古典のもっている意味と作用を正確にとらえて、いつも思考態度の備えをしておかねばならない。

中国の古典の思想の権威主義、ないし権力主義について、諸先輩は認識していたのであって、その認識は私は正当にうけつがねばならないと思う。中国の古典の思想の権威主義ばかりでなく、権威主義一般への批判をずらしてしまうような意識には、明日の新しい歴史を約束することができない。しかもそれは新しい歴史のための妨害物である。

中国では古典の再評価が行われている。しかしまたそれだからとて、それをそのまま日本に引きつぐわけにはいかないであろう。中国では、五・四以後とくに古典批判の時期を社会的にもった。こうした時期を自らもつことなく、しかも中国と同じ条件のつくられていない日本に、それをそのままうけついだとてなんの意味があるであろうか。それよりはもっと自分の問題を自分なりに考えた方がよいであろう。中国の古典を日本人自ら再評価するならそれをあながち悪いとはいわない。しかし古典の問題点としての権威主義をずるずるとごまかして通りすぎてはいけない。再評価するなら問題点をはっきりとつかんだ上でやってもらいたい。

『思想の科学』で今回（昭和二九年六月号）、「アジア古典への視角」を課題にすることになって、私に中国の古典の場合があずけられた。私のような素人の意見も、ときに何かの参考にならぬこともなかろうと思って、敢えて課題をお引きうけしてみた。もっとも立案者の鶴見俊輔さんは、中国古典における新しい意味の発見に期待をかけられたようである。しかし私のいうことは立案者のねらいからはずれている。「ねらいをはずしたままでもそれを書け」ということなので、問題の多い論語と老子を中心に、無遠慮にこのような書き方をして見た。この方面の研究者は、吉川（幸次郎）、重沢（俊郎）、阿部（吉雄）、板野（長八）の四氏に限ったことはない。しかし四氏は共に今日学界の第一線に立ち、年齢も私とあまり隔っていない方々なので、ただそれだけの理由で、この機会をかりて、四氏とお話してみようとしたまでのことである。

二　論　語――吉川・重沢両氏の見方について

論語は儒家の祖と仰がれている孔子（紀元前六・五世紀）が、弟子たちに語った言葉をもととしてつくられたといわれている。論語は日本でも旧来とくに親しまれた書であって、「ふるきをたずねて新しきを知る」とか「雞をさくになんぞ牛刀を用いん」とか「女子と小人とはやしない難し」というような言葉は、みなこの論語からでている。ところで論語については色々な見方があるが、近頃の学者の見方で特色のあるものの一つとして吉川さんの『中国の智慧』（昭和二八年）をとってみる。さすがに吉川さんは、論語や孔子に吉川さんらしい明るさを与えている。しかし吉川さんのいいなりに孔子や論語を考えるとしたら、大層あかるい孔子や論語をうけとることになろう。

吉川さんによると「論語をつらぬいて流れるもの、それは要するに、ふてぶてしいまでの人間肯定の精神、更にいいかえれば人間の善意への信頼であると、感ぜられる。……孔子の教えが、もし今の世の教えとして、不適当なところがあるとするならば、それがあまりにも厳格な教えであるためではなくして、むしろあまりにも人間を肯定した楽観的な教えであることにあると、私は考える」という。かくて吉川さんは孔子が「人類の運命に対して、楽観的であったこと」の証として論語の挿話を引用される。挿話によると、孔子がかつて今の河南省の匡という町で、とんだ誤解のために弟子と共に生命の危険にさらされたとき、孔子は弟子に向って「文王、既に没す。文はここに在らざらんや。云々」といったということである。それについて吉川さんは、「文王、というのは、孔子に先だつこと五六百年、周の国家を建設した天子であり、周の時代の政治と文化の父である。その文王はすでにこの世にいまさぬ。だとすると、文化というものは、この私自身の上にあるのではないか。私自身が人間の文化の正しい継承者なのである。私はそう信ずる。かりに、天が、人間の文化の絶滅を欲しているとしよう。もしそうならば、私はじめ後世のものたちは、文化の伝統に参与することが、そもそもできないはずだ。またもし人間の文化の絶滅を天が欲していないとするならば、この匡の土地の人間が、何をたくらもうとも、この私をどうすることもできないはずだ」

という風に論語を解する。そして論語の「この言葉のなかにまずあるものは選ばれた人間としての自己、それに対する自信である。しかしそれと共に、強くあらわれているものは人間の文化というものは、決して絶滅しないであろうという、人間全体に対する自信である」と吉川さんは見る。しかし私は吉川さんのような「精神」や「信頼」や「自信」や「人間全体」などをここにくみとることができない。孔子のあまりりきみ返った身構えなど却ってそらぞらしくさえ感じられる。これは私一人の考え方ばかりではない。『歴史学研究』の最近号（一六九号）に出ている小倉芳彦さんの書評によると、「吉川氏の論旨には何か一つ、大きく私をそうだとうなずかせるような、そういう強い説得力に欠けているような気がしてならない。……『ふてぶてしいまでの人間肯定の精神、更にいいかえれば人間の善意への信頼である』とか、絶望を超えた善意というような表現に対して、そういう表現が本来もつべき切実さ、深刻さを感じ取れないのである。……吉川氏の考える孔子は、ほどほどに絶望し、次の瞬間には、ほどほどに信頼を恢復して、絶望にも信頼にも徹し切ることがなさそうに思える」という。小倉さんによると、吉川さんのあのような考え方は「氏が、東洋とくに中国を、西洋とはひどく異った、或は時にひどく劣った文明の国であると考えがちな世俗の通念に対して中国も決して捨てたものではないということを再認識させようとされる態度に関係がある」と見てとっている。吉川さんが中国古典での良心（孝悌など）とギリシアの良心の事例とを比較し、「良心のないものをにくむ精神、責任をはたさないものをにくむ精神、それはギリシア人の専売ではない」と結んでいるあたり、小倉さんのいう通り、「良心とか責任とかいう観念は、ギリシアの伝統をうけつぐヨーロッパの特産物で東洋には縁がないものだ」と片付けられることを、吉川氏がひどく嫌っていられるのがわかる。文明から中国だけが仲間はずれになってはいないという吉川さんの心組みは、吉川さんの書物の最後の言葉「いなひとり中国ばかりではない。……文明は、人間とともに、儼然として生きつづけている」という口吻からもうなずけるであろう。

しかし、私がここでさらにいいたいのは「良心」とか「責任」とかいうことはなるほど「ギリシア人の専売」ではなかろうが、ギリシア的自由意識に支えられた良心と責任をかかる意識の支えなき中国古代社会の場合と無条件的に等位において対応させていることが如何にも不自然であるということである。自由な主体的意識がないならば、各人の行動もその制限も、自らの良心と責任とにおいて行わるべくもない。さきに記した「孝悌」（親に孝行、兄に従順）であることと「良心」と「責任」において行うこととは別問題である。いわんや「孝悌」が家父長制的集団内での支配従属の道徳であるにおいてをやである。このような肝心な問題点をずらしてしまってはいけないと思う。

同じような問題はこの本ばかりでなく吉川さんの書物にはしきりにあらわれる。その例をもう一つこの本からあげておこう。孔子の生きていた周の春秋時代（紀元前六・五世紀）には君主の殺害がしばしばおこっている。かつて天下に覇をとなえた斉の桓公の子孫の荘公は、その重臣の崔杼に殺された。このとき斉の国の史家の示した態度は「言論の自由を守り通した美談として有名である」

（傍点筆者）と吉川さんはいう。一人の史官が「宮廷の記録に『崔杼、その君を殺す』と書きつけたので、崔杼は腹を立ててその男を殺した。するとその弟の史官が同じことを書いた。かくて史官の兄弟三人がつぎつぎに殺されたが、四人目の弟も態度をかえなかった。崔杼もついにこれを殺さなかった」。吉川さんは、これを「言論の自由を守り通した美談」といわれる。生かすも殺すも君主の恣意にかかっていて、事実としての抵抗があっても、法律として権利のない社会に、「言論の自由」などありようがない。君主が殺すのがいやになったり、思いとまらなければそれっきりである。現に人が何人も殺されているのであって、それでもなお「言論の自由」とは如何になんでもどうかと思われる。中国の古典がこのように条件をとり去った見方でなで斬りにされたのでは、中国の古典にはギリシア的自由だろうが近代的自由だろうが何でも発見されるに至るであろう。狩野〔直喜〕さんの『中国哲学史』が最近、吉川さん等の骨折で出版された。孔子の仁と孝悌との関係その他、われわれ後輩が見て参考になるところが、かえってこうした古い先輩の説に少なくないことを感ずる。

『中国の四大思想』（昭和二三年）は、重沢さんが中国思想の四大系譜についての所見を要約された著述であるが、その後、その趣旨を多少変更されたと思われる『原始儒家思想と経学』（昭和二四年）も公にされている。『中国の四大思想』の考え方については、私は前に小著『東洋的社会倫理の性格』（『東洋文化講座』三、昭和二三年）や、『中国法制史』（昭和二七年）のなかで述べたことがあるから、それについてその要点だけを記しておこう。

重沢さんは孔子の仁を根源的に普遍的人間愛と見、「孝悌こそ仁の本である」という有若の言を引用されつつ「こうした道徳的秩序は苟しくも人類社会に関する限り原則上時間と空間とを超越して妥当する筈のものである。肉親愛から導き出された仁の道徳こそはその自然性、普遍性、絶対性の故を以て社会秩序の原理として最も根本的にして且つ強力な権威といえる。しかも時間、空間の制約を超えて失われることのない権威である。かかる権威によって支持される社会こそ最も理想的な社会といわなければならない」というふうに、孔子の提唱した仁(孝悌)の倫理、家族道徳が、どこまでも時間空間をこえた永久にして普遍の倫理——つまり古今に通じてあやまらず中外に施してもとらざるものであることをくり返し強調されている。また「孟子の道徳、思想は基本的には孔子と異る所はない」ということである。しかし果して仁は普遍的人間愛なのであろうか。それは時間空間をもこえて、いつにもそしてどこにも通用する自然法的原理なのであろうか。私はそうした見方には賛成できない。このような仁(孝悌)は近代以前的倫理にしかすぎないからである。殊に重沢さんは「元来仁といい孝悌といい、飽くまで平等な(『原始儒家思想と経学』では「平等な」は「非階級的」となっている)個人相互間に於ける自然発生的なものである」とされるが、仁とか孝悌が平等な個人的なものであろうか。それらは身分的支配統属の権威主義秩序構成の精神的支柱ではないのであろうか。重沢さんはさらに祖先祭祀をもって孝が家庭から社会へと空間的にも拡大せられ、かつ、時間的にも殆んど無限にその領域を拡張したものと見られる。しかし祖先祭祀の対象は決して不特定的一般的人格ではなく、あくまでも親であり祖先であり父系的血縁であり、祭る者もまた同様に一般性がなく、あくまでも特定の人の子孫である。そこには普遍性はでてこないのではなかろうか。むしろどこまでも閉鎖的な家族なり血縁なりのワクの中のもの、固定身分的なものにしかすぎないのではなかろうか。そのいわゆる孝が「最も拡張」したところで、原則として祖先（血縁）を対象とするだけにしかすぎない。重沢さんは『原始儒家思想と経学』でも『中国の四大思想』におけると同様の見方をしておられる。

マクス・ウェバーは、プロテスタントの精神の偉大な効果は血縁的紐帯をやぶったことであり、かかる精神なき東洋社会では血縁主義がこえられぬように見ているのは、新しい東洋社会の発展の事態の前には非現実的であるにはちがいない。しかし、それにしても、単に血族主義ないし血縁主義が展開したからとて、古い紐帯の破られるわけがないのは、東西を問わず事実であると見てよい。それどころか血族主義、血縁主義を否定し、このような伝統と断絶するのでなければ、普遍的人間愛に到達する道は開かれないであろうし、孔子、孟子のいう仁（孝悌を基とする支配従属道徳）だとて、古代社会の閉鎖的倫理の一型態にしかすぎない。

孟子の中で問題となる一点はその革命思想である。商の湯王や周の武王のように聖人といわれるものたちが、暴君といい条、自己の君主であるところの夏の桀王や殷の紂王を討伐したことについて、臣にして君を弑するのは反逆でないかとの質問を孟子が斉の宣王からうけたことがあった。それに対する孟子の答弁はこうである。「仁義をそこなう残賊の人を匹夫という。匹夫の紂を誅したことは聞いたが君主を殺したということは聞いたことがない」と。これについて重沢さんは『中国の四大思想』の中で、国民は君主に対して絶対自由な立場にあり、かつ、尊厳なものであると見る。そればかりでなく、孟子の武力革命の是認は人民が随時その好まざる支配者を駆逐して好む所の支配者を迎える権利の保障を明瞭に宣言した点において、中国思想史上画期的な意義を有するものであり、放伐は「人民最後の権利」であるとせられる（傍点筆者）。しかし古い中国で人民が自由や権利の所有者であったためしはなく、人格的尊厳が保障されたためしはない。孟子は竹内好さんのいうように、中国史上、革命に一つの拠点を与えはしたものの――そしてその点は見のがしてはならぬとしても――「人民の権利の保障宣言」をやったためしはないようである。孟子の主張は自由や権利ではなくして、実力による現実の抵抗である。そこに今更幾千年の自由と権利なき苦難を経て近代革命を成し遂げ、否それをも越えようとするわけがあるのである。儒教の説く君臣父子夫婦などの間の五倫的身分秩序の如きも、あくまで権利の否定であり、否、権利以前に外ならない。『原始儒家思想と経学』のなかでも、重沢さんは、しばしば古代中国における君臣の「権利義務」を説き、孟子にいう革命を「人民の放伐権」の発動と見、革命をもって人民の基本的権利として承認する思想が古典の世界にあったとまで見られている。それは、重沢さんが中国の古典に民主的政治の思想があるとすることと関連する。しかし一二、三世紀の農奴制社会はおろか西洋の資本主義の波濤が中国の沿岸を洗うに至っている一九世紀になっても、このような権利思想は中国にどれほど自生していたであろうか。重沢さんが権利義務思想が紀元前何世紀も前の古典の世界に実現したとすることは、私の到底想像も及ばぬ学説といわねばならない。そして儒教の古典で「民主的」と見える場合があっても、それは結局、治者の天性の資質にたよる人格主義的政治理想のあらわれにすぎない。もしこれをデモクラシーとする人があれば、それは間違であるといわねばならない（仁井田『中国法制史』）。重沢さんには重ねがさねの妄評となったこと、特に御海容をお願いしたい次第である。

三　老　子——阿部・板野両氏の見方について

老子は楚の国苦県（今の河南省）の人で、周の春秋時代（紀元前六・五世紀）、周の史官となった。孔子が礼のことをたずねたのに対して彼は「良賈は深く蔵して虚《むな》しきが如く、君子は盛徳あっても容貌は愚なるが如し云々」と答えたそうであるが、その後、周の王室の衰えを見て、世をのがれる志をいだき、函谷関を過ぎたとき関尹（関所の役人）のもとめに応じて五千余言（書物としての『老子』）を著し、これを渡して去ったと、史記は書いている。郭沫若さんの「老子、函谷関に帰る」（『歴史小品』平岡武夫氏訳）もこのことに関連した作品である。しかし史記の記述はお話であって、老子がいたにしても孔子よりもずっと後の戦国時代（紀元前四世紀）の人物のようであるし、その著したという書物の『老子』も、人物の「老子」の中心思想があらわれているだけで、彼一人の思想というわけではなかろうとのことである。

老子は「人為」をしりぞけて「無為自然」の道を求めたが、それは人為的な文化を排して自然にかえり、政治的には、人為によって汚されず支配・被支配の場から超然として理想郷を示したものであり、社会的には不安な社会での柔よく剛を制する処世術が説かれ、哲学の上では玄妙な深みを、そして文学芸術の上では幽玄な趣きを与えたものといわれ、中国思想史の上では、儒家・儒教とならんで二大潮流をなす道家・道教の始源と見られている。しかし老子のもちまえは、果してこのようなところにあるのであろうか。

昨年〔昭和二七年〕、公刊された『中国思想史』〔東大中国哲学研究室編〕のなかで、阿部さんは「無為思想の成立」として老子を取扱っていられる。ここにかつて阿部さんからもとめられていた拙評の機会を得て、平素の友情に答えたいと思う。阿部さんの論文の書き出しによると「思想文化が爛熟し、その進歩発展に一まつの不安が感ぜられるとき、人は自然に帰ることを思い出す。老荘の『自然に帰れ』の主張も高度の文化社会の産物であると思う。老子は無為自然の主唱者である。彼は知識の進歩に疑惑をもち、礼楽文化を否定し、仁義道徳をしりぞけ、政治的権力を排除している」というのであるが、私はこの最初の文句から、「はて」と思った。ことに老子が「政治的権力を排除している」というに至っては、私はこれを肯定しがたい。

阿部さんによると「老荘思想は爛熟した文化の中から生れた反逆児であると共に、こうした隠者、敗残者（春秋戦国時代の無数の没落貴族や失意の知識人――筆者）の咲かせた涙の花とも見られるものがある。しかしいかなる時代でも人生は意のままにならぬものであり、老少不定は世のならいである。世の敗残者ならずとも、有為転変の世に処して焦燥を去り安心を得ようと思うのは当然である。そこで最も資本いらずに幸福感を得、安心感を得る道は、人生や禍福に対する心の持ち方を変えることである」という（傍点筆者）。しかし「心の持ち方を変える」ことによって幸福感、安心感を得られるというのは一つの妄想である。悲惨を現実に幸福に変えるには現実的に解決する以外に道はない。それを観念的世界への逃避によって解決しようとするのは、権力支配にとって思うつぼである。しかし思想そのものは必ずしも人を物理的に動かす力はない。権力的背景――国家的機構――をもたずして人をこのような境地におとし込むことはできない。阿部さんが老子の思想では「政治的権力を排除している」といわれたが、もとでもいらずに人の心の持ち方を変えさせることにねらいがつけられている権力思想は、中国の歴史上、老子の思想を除外して果してどこに見出せるであろうか。論語のなかでも「無為にして治まるのはそれ舜か」（衛霊公）といっているが、儒家側での無為は決してもとでいらずではない。このように老子はたくましき権力支配の思想であるが、それがどうして敗残者や世をはかなんだ人達の思想なのであろうか。人民の抵抗をすべて排除し、対立を悉くすてさせ、人民の意識において対抗する一切のものを権力の前になげうたせるしむけをしている権力的背景――国家の権力的機構――を見ずしては、老子の本領はほとんどとらえることはできないと思う。

阿部さんは老子を次のようにもいう。「一、世間では無より有を貴ぶ。しかし老子は……無こそ有用であることを強調する。例えば家を造る場合、人は戸や窓を大切にするが、家で最も大切なものは何もない空間であり、いわば無があってこそ有も役に立つという。……二、世間では弱きものより強きものを愛する。しかし老子は柔のよく剛を制する理を説く。……三、老子は動より静を、満より虚を、進より退を、巧より拙を、雄より雌を、おとなより嬰児を、すべて持てるものより持たざるものを偏愛する。そうしてその隠れたる意義を明らかにした。老子は実に偉大なる無の発見者であり、か弱き者、持たざる者の味方であった」と。しかしかかる説も結局、人民をしてすべてをすてさせるしむけでしかないと思う。これが「か弱き者、持たざる者の味方であった」とは私には思えない。老子についての阿部さんの理解は一面、失敗であるらしく私には見える。しかし阿部さんのように老子を受けとらせることができた老子自らは却って成功を収めているのであると思う。われわれは老子に乗ぜられることなく、老子の底意を見破らなければならない。まことに老子にあるように「道は常に為すことなくして為さざるなし」、人民をしてすべてをすてさせる限り、権力支配はとことんまで貫徹する。まさに「為すことなくして為さざるなし」というわけなのである。

阿部さんは「老子の無為にして化すの教は、後世に意外の共鳴者を得ている。唯『賢を尚ばざれば民をして争わざらしむ。得難きの貨を貴ばざれば民をして盗を為さざらしむ、欲すべきを見《あらわ》さざれば民心をして乱れざらしむ、是を以て聖人の治……常に民をして無知無欲ならしめ、かの知者をして敢て為さざらしむ』の一節を文字通りに解釈し、また法家の説を通して理解して、愚民政策を実施した秦の始皇帝の如き者もあらわれたが、それは老子の精神とは違っている」といわれている。このようにしてみると、私もまた始皇帝の仲間と阿部さんからいわれるに違いない。

しかしここでもまた、先輩が老子をどのように見ていたか、以下に小柳〔司気太〕さんの『老子講話』（昭和九年九月）を引合に出して見よう。

老子に「『聖人の治は其の心を虚くしてその腹を実たし、その志を弱めてその骨を強くす』とあります。聖人が天下を治めるときには人の心を邪道に導くような、奢侈贅沢、学問、知識その他一切の文化をばことごとく止めてしまう。そして、その人民の心を虚しくする、無智無欲にする。その代りに『その腹を実たす』――つまり腹一ぱい御飯を食べさせるということであります。人間というものはお腹が空くからして不平をいう。お腹が充実すれば何も不平をいうことはない。それから『その志を弱くする』ということは、たとえば学問をやり知識を得るようになると人間が皆傲慢になります。なまじっか法律上の知識などをもっていると、すぐ権利だとか義務だとかいうようなことをいいます。ところがそんな知識のない人は極めて柔順なもの。たとえば田舎にいるお爺さんお婆さんのような人を見ますと法律上の知識など何もない。従って極めて淳良なものであります。他人のいうことは『ご尤でござりまする』とこういう風な状態であります。これが『その志を弱める』という意味であります。また学問や知識は我々の体を弱くするものである。百姓でもやっていますと、そんなことは何でもなくなって体格がよくなり体が丈夫になります。だから『その骨を強くす』とこう申しましたのであって、つまり老子の政治は自給自足の田舎を中心とした生活である。田舎にいて農業をやり……麦飯でも腹一ぱいたべ、塩引の一片でも十分に味わってごろりとそこに一寝入りしようという調子。そうすればこれほど天下泰平なことはない。権利とか義務とか資本家とか労働者などとお互にいって威張りくさり喧嘩口論するよりも、いっそ畑へ出、野良の仕事をしてそうしてすがすがしいところの空気を吸って自分の肉体を丈夫にする。そうすれば何の不平もない。これが真の政治である。国家を治めるには、そういう風に仕向けてゆくべきものである」（傍点筆者）。小柳さんの以上のようないい方には粗雑な点があるのはまぬかれないが、しかしやはり私には老子の思想の本領をある程度まで正直にいい当てているように思う。小柳さんは権力支配とかいう言葉をつかっていないが、このように見事に「麦飯」論をもって権力支配をいい得ているのである（同氏『老荘の思想と道教』にも同種の説が書いてある）。もっとも武内義雄さんの『老子の研究』（昭和二年）によると、小柳さんの論じている老子のこの部分には老子以外のものの語が入っているようであるが、老子の思想体系から見て不統一さがあるようには思えない。

私が阿部さんの見方について異見をさしはさんだのは、小柳さんと同時に板野さんの見方を参考にした上でのことである。板野さんの説は「老子の無」(『オリエンタリカ』二号、昭和二四年)に出ている。その肝心な点の一節を引用すると次のようである。「老子の無為は一見消極的の如くであるが、しかもそれは聖人王者の万能を意味する。『無為にして為さざるなし』とはまさにこれをいうのであって、そこには限界性や消極性の片鱗をも認めることはできない。即ち聖人は制約されることなき絶対者そのものである。韓非子が『老子』第三十八章を解した一節……は、右の如き老子の無為の正しい解釈というべきである」。

板野さんの見方では、老子によると「民は全く自律的であり、自由であるかの如くである。そして聖人は民の自由にまかせ、いわゆる性に任じて、民の自主性を全的に認めたものの如くである。しかしそれは民が自ら進んで聖人の支配下に参ずることであり、且つ聖人に支配されることが民自らの欲する所を得る所以であるという意味においてである。そこには民が聖人に対するその独自性、自主性を全く喪失して、聖人に帰一したところに成立する、いわば観念的な自由しかあり得ない」。

人民がその行為のあらゆるイニシアチブを自らの意志におきさえすれば——阿部さんのいわゆる「心の持ち方を変えること」——すべてその意志だけは解放されていて自由であるというようなわけにはいかない。隷従の道しか進まないものが——自ら隷従たることをも意識しないならなおさら——自由であるわけはない。人民が現実の対抗の場から逃げれば逃げるほど老子の思想的意図が勝利を得てゆくはずである。かくて板野さんはいう。「従って支配される側からいえば、本来其の独自性や特権がないのであるから、実際には支配されながらもその支配を意とせず、かえってそれを当然とする状態が出現する訳である。これが老子の政治、即ち無為の化の実体であると考える。かく観察するなら、老子の無為の政治は被治者即ち民の積極性、自主性を否定することによって成立するところの絶対専制君主の政治であったと考えられる」。板野さんは権力者と人民とのつながりばかりでなく、さらに大国と小国との関係についても同じ理解をはたらかせている。老子の「小国寡民」ということは、普通、老子のえがいた村落共同体の理想郷と解されているが、しかしそれはそんな意味の楽土ではない。

板野さんの老子の思想に対する史的構想は、その思想が周のいわゆる「封建制度」(一種の血縁主義)から「郡県制度」(一種の地縁主義)への転形期、つまり政治の集権的支配の成立過程に対応するものとする点にあるのである。しかも老子の人為否定には人間をしてその自然性への復帰があるばかりで、動物性への後退の可能性さえあり、より新しいもの高次のものを生み出す力はなかったとする。かくて「老子の思想を承け継いだ韓非子の理論が、郡県制度の確立者にして覇道の完成者たる秦の始皇帝の専制政治の指導原理となったこと、及び老子に関連をもつ黄老の道(黄帝・老子のいわゆる虚無主義)が、人間の自然性を全的に肯定し、官能的欲求をも無限に追求したと共に、それが秦の始皇帝や漢の武帝に信仰されたのも、故なしとしない」ということになって、板野さんは阿部さんとは全く逆な結論を導き出している。かくて板野さんもまた阿部さんから見れば始皇帝の徒となるわけであろう。

私は儒家の血縁主義は一つのイデオロギーなのであって、それが、現実面とどうつながっていたか、板野さんの研究ではもっと分析的考慮を払う必要があることを考えるものではあるが、そして権力に隷従をしむけられる側の取扱いが板野さんの場合、やや手薄の感じがするが、いずれにしても板野さんの老子の思想の見方には、肯定すべき点が多い。もっとも鶴見さんの話では、天皇制の理解に老子の思想をもってした方(伊福部隆彦氏、本荘可宗氏)があるそうである。私はまだその考えの内容をくわしくしらないが、板野学説の先輩がいるのかも知れない。板野さんにもそのことの検討をお願いしておきたい。

4 孫　文

一 清末の革命運動

清朝が革命によって倒れた一九一二年ころまでには、孫文〈逸仙はその号〉の革命の同志はほとんど殺されていた。孫文もまた幾度か身を死地においたが、その都度それをくぐりぬけることができた。彼は植民地被圧迫大衆の友として、時の権力からは政治犯人と目されつつ、はらんに富んだ六〇年の一生を終えたのである。

孫文の家は広東省香山県のあまり豊かでない農家であって、彼がそこの二男として生まれたのは一八六六年〈同治五年〉であった。彼は少年のときハワイに渡り、その地でキリスト教の洗礼をうけたといわれる。帰国後、医学を志し、一八九二年まで香港の医学校でイギリス人カントリーに師事した。後日、孫文がロンドンに亡命中、謀叛人として逮捕監禁され、本国におくられようとした寸前、彼の救出にあらわれたのはカントリーであった。

さて中国はアヘン戦争〈一八四〇—四二年〉に敗れ、イギリスのために福州などの五港を開き、香港を割譲した。引き続いて起ったアロー戦争（一八五六―六〇年）でも英仏連合軍に攻め込まれ、政府はさんざんのていたらくであった。人民にとっては戦争は迷惑も甚しかった。『カルメン』の作者メリメが、中国人をオランウータンの変種とみて「中国人を救うのにはグラモン法という家畜虐待防止法以外にはあるまい」といったのはこのときのことである。

アロー戦争とほとんど同じころ、広東広西から出発した洪秀全らによって太平天国戦争が引き起されていた。それは十数年の長いあいだ（一八五〇―六四年）、華南華中はおろか、華北にまで及ぶ広い地域を動乱のなかに巻き込み、清朝の支配の線をずたずたに引きちぎり、清朝政府をゆすぶれるだけゆすぶった農民戦争であった。

それは外国の侵略の前に無能な清朝政府に対する農民必死の抗争であって、彼らは農地改革を目標にしたいわば農民政府をうちたてていた。清朝政府はこれを鎮圧する実力をもたず、湖南の義勇軍と列国軍隊の力とでやっととりしずめてもらった。それにもかかわらず、政府はこの農民戦争を広東人と湖南人との争いぐらいに思いなした。

孫文の生まれたのはこの戦争後二年目のことであったから、中国はそのころすでにヨーロッパ資本主義諸国による植民地化の運命が決定的となっていたのであり、清朝の衰えもようやく目立つようになっていた。

日清戦争のころ、彼は秘密結社「興中会」に加盟した。彼は一時マカオに医者を開業していたが加盟後はそれをやめてしまった。彼もまた魯迅と同じく初め医に志しながら、しかも医によっては中国を救うことができぬと悟ったのである。興中会は、列国が逐次中国を侵略していく危機にあたって、危機をのりこえる意図のない異民族朝廷を倒し、自ら民主的「合衆政府」をうちたてることをねらっていたのである。

孫文の第一次の挙兵は広東省城襲撃で、一八九五年（光緒二一年）孫文三〇歳のときに行われた。それは捨身の攻撃ではあったが、失敗に終り、孫文は辛くも死地を脱し、ハワイを経てロンドンに亡命した。その亡命中、彼は生涯の政治理論としての三民主義の構想を練ったのである。

日清戦争後、中国は、租借地や租界や鉄道や鉱山利権など次々に列国に奪われ、経済支配、金融支配は、次々に列強の手に渡っていった。このあいだに政府内部のいわば開明的進歩官僚は、必ずしも手をこまぬいて中国の運命を傍観していたわけではなかった。たとえば曾国藩や李鴻章らは、安慶や上海その他各地に官営の軍需工場などを興し、軍需を目標にともかく近代的産業に手をつけていた。しかし列国の集中侵略にはまだ十分な対抗力をもたず、しかもそれは彼ら官僚のふところを肥やす手段となりかねなかった。

日清戦争の敗北は、単に武器よりももっと根本改良の必要を進歩官僚のあいだに感じさせた。日本の明治維新を中国に実現しようとする「変法自彊運動」は、康有為、梁啓超らによって展開された。その主張の基本は清朝を倒すことにあるのではなくて、かえってそれを立憲君主制として建て直そうとすることにあった。ねらいは「維新」ではあるが同時に「保皇」なのであった。時に年少の光緒帝は周囲の諸条件から浮いていた意味で、純粋さというより単純さ、無性格さをもっていただけに、変法をむしろ懸念もなくしてそのままとりあげた。しかしこのように手ぬるく、しかも上からの改革さえ帝の叔母に当たる西太后を中心とする満州朝廷の実権者にとっては、彼らがはなはだ保守的であっただけに、衝撃がひどかった。一八九八年（光緒戊戌の年）西太后は帝をおしこめ、改革の指導者を逮捕して死刑に処し、たちまち新政を押しつぶした。「維新」はあえなくも百日維新に終り、康有為や梁啓超らはやっとのことで日本に亡命した（戊戌の政変）。

一九〇〇年資本主義列国の侵略に対して憤激した華北民衆は排外暴動を起した（義和団事件）。当時、教会は一種のアジールであって、教会に飛び込んでただアーメンと唱えさえすれば、それが火つけ強盗であっても何人も手のつけようがなかった。暴動攻撃の目標は、キリスト教民から外国人の住宅、教会、病院にまでも及んだ。清朝政府がこの暴動に便乗したまではよかったが、かえって列国の武力に屈服し、列国の前にさらに不利の条件で自らを縛らざるを得なかった。孫文らはこの事件の後始末がまだできないうちに、第二回目の挙兵を恵州に決行した。これには日本人宮崎寅蔵らの積極参加はあったが、計画の疎漏はまた挙兵を失敗に終らせた。

当時、東京は中国の亡命政客で賑わっていた。魯迅が日本に遊学して東京に行ったのもそのころである。興中会など革命派の主流の三派は、日露戦争中の一九〇五年の八月二〇日、赤坂の坂本金弥別宅で中国革命同盟会を結成し、孫文を首領に選びその綱領には三民主義をとった。三民主義の第一は民族主義であって、単なる排外主義ではないが、民族の解放が切実な問題であった。第二の民権主義は共和政体の実現がねらいであった。第三の民生主義は富の平等な社会の実現の法であった。しかし、革命派といってももともとその主張が違った。三民主義は他派には十分理解ができなかった。ただ満州朝廷をうち倒す一点にみなの力が結集され、そういう意味にその民族主義が理解されていた。革命派を支えたのは、たとえ、いわゆる秘密結社的な集団——つまり「会党」に属するものであったとはいえ、農民、労働者、手工業者などであり、また、華僑の勢力であった。

孫文はしばしば海外に華僑を説いてまわり、華僑の援助をその有力な足がかりとしていた。また反満的な地主や、当時ようやく頭をもたげかけた民族ブルジョアジー（民族資本家）も革命の側に立った。しかし当時、後者の生長はまだ微弱で、その独力で革命政党を築く実力をもたなかった。孫文もそれのみを頼りとしているわけにはいかなかった。魯迅の『阿Q正伝』にでてくる革命党のように、単に異民族の支配を倒して明の王朝を復興するのが目的であるような低い意識の「会党」であっても、清朝を打ちたおす力となるものはすべてこれを頼りとしないわけにはいかなかった。まして会党は全国的に結社の網を張っていて勢力が強かったにおいてをやである。

二　辛亥革命

同盟会結成後、各地で挙兵が繰り返された。そしてその都度失敗を重ねた。そのうちでも一九一一年（宣統三年）三月、広東省政府を襲撃した場合には、参加同志の大部分を失い、失敗はとくに深刻であった（黄花崗事件）。しかしこの挙兵が朝野に与えた影響もまた深刻であった。それはまさに革命の前夜を思わせるものがあった。

清朝政府は世論とは逆に歯車を回して、同年五月粤漢《えつかん》・川漢鉄道などを国有にし、民間の敷設権をとりあげ、その鉄道を担保に外国から金を借りようとした。これをみた投資家はもちろん、地元の四川省民は憤慨して暴動を起し、さらに湖北・湖南・広東へ暴動が拡がる形勢を示した。一〇月にはいって武漢三鎮は全く戒厳状態になった。ここに宣統辛亥の年一〇月一〇日夜、暴動は工兵隊によって火蓋をきられた。総督はじめ政府首脳部はいち早く逃亡し、日ならずして武漢三鎮は革命軍の手中に落ちた。武漢の勝利を合図に全国は革命に呼応し、独立宣言を発するものは十数省におよんだ（辛亥革命）。

清朝政府は一度追放した袁世凱を河南から呼び戻したが、彼は逆に清室の退位をもとめつつ、しかも自己支配下の北方勢力と列強の支援をたのみにして南方の革命軍をおさえつけ、革命の成果を横取りする態度に出てくるのである。

孫文は武漢革命成功のしらせをアメリカで受け取った。彼は列国の中立と援助とを得るためにヨーロッパに渡り、一九一一年末帰国した。翌一九一二年一月一日には選ばれて臨時大総統に就任、この日をもって中華民国元年一月一日と定めた。中華民国臨時政府は南京に成立したが、孫文は袁世凱と交渉し、袁には共和に賛成することと清朝を退位させることに同意させ、これと交換に大総統の地位を譲ることにした。この筋書どおり事は運んで、その年の二月一二日宣統帝は退位し、三百年の清朝支配はここで一応終りをつげた。

ついで国会は袁を臨時大総統に選び、臨時約法（憲法）を公布し、共和国の態勢を一応ととのえた。ところで革命派は、その臨時約法では大総統の権限を極力縮小し、これに反して国会の権限を大幅に拡げ、袁の独裁権力を押さえ得る仕組みができたと思って楽観していた。しかも民国二年の国会総選挙の結果は、袁とは反対の立場にたつ国民党の勢力は圧倒的で、袁には全く不利な情勢であった。

しかし、いずくんぞ知らん、袁は実力をもって国会弾圧の挙に出た。孫文は初め、袁と妥協の余地があるとみて呑気に構え、袁の手にろうらくされながら得意でいたが、孫文永年の同志が暗殺されるにおよんで、さすが呑気な孫文もあきれ返って目がさめた。袁と孫とはたちまち正面衝突し、反袁の火の手、つまり第二革命の火の手は全国各地に挙げられた。しかしいかにせん、武力闘争となると、袁とは初めから段ちがいで勝負にならず、孫文はまたもや日本へ亡命せざるを得なかった。

三　軍閥と列強

孫文と袁世凱との抗争は、要するに袁という軍閥――つまりその手中の軍隊を私兵化し列強の援護を背後にその支配領域をもっているいわば反革命勢力――との抗争であった。そして、軍閥が倒されてしまわないかぎり、たとえひとりの袁が倒されても軍閥との抗争は終りをつげることはない。こうして孫文は一生をかけて軍閥と戦い、その背後の列強と争った。孫文は袁を倒すために、一九一四年（民国三年）中華革命党を組織しその本部を東京においた。袁は皇帝となる野望をもったものの、さすがに全国的反対に抗しかね（第三革命）四面楚歌のうちに死んでしまった。しかし、とはいうものの、段祺瑞《だんきずい》はじめ第二、第三の袁世凱はその跡を絶たず、中央や地方に割拠して立ち現われた。どんな軍閥でも自己を束縛する約法（憲法）や国会を好むわけはなかった。孫文は「護法」をとなえ、広東に革命の根拠をつくって、非常特別国会をそこに召集した。その国会は孫文を大元帥に挙げた。

しかし、孫文も実は、護法の旗印の下に集まった軍閥と手を握らなければ、自分の目的を達することができなかった。それらの軍閥もまた自分の勢力拡張のために孫文を利用しているのであり、利害が反すればいつでも彼を蹴飛ばすぐらいのことはわけないことであった。こうして孫文も一九一八年（民国七年）には広東を追い出されて上海に去った。

上海での孫文は党を建て直して中華革命党を中国国民党と改称し、あくまで護法の貫徹をねらった。孫文の唯一の軍事的支柱ともいうべき陳炯明《ちんけいめい》が広東に入城した後、孫文はまた迎えられ大総統に選挙された。彼はそこを根拠として一九二二年（民国一一年）、北方にわだかまる直隷軍閥の巨頭呉佩孚《ごはいふ》らを討つために、再び北伐を断行した。しかし呉佩孚の背後にあったイギリスの勢力は呉を通じて陳を押さえた。そして陳は毎回孫文の北伐を妨害し、その二度目には反乱を起した。孫文は危急のぎりぎりまで陳の反乱を信じなかった。そのため彼は死地に追い込まれ、辛くも軍艦楚豫《そよ》で脱出した。しかし孫文はそれでも北伐の素志を捨てなかった。

四　中国のナショナリズム

孫文は幾度か日本に亡命し、日本を革命の根拠地とし、福本日南、内田良平、犬養毅、頭山満をはじめ、多くの日本人を友とし、心から日本と中国との結合を欲した。しかもそれが成功しないでロシアと提携し、世にいわゆる「大革命」――中国革命の高潮期――を前にして死んだ。それでは孫文があれほどまで希望した日本との結合がなぜできないでしまったのだろうか。中国の小説家はしばしばいった、「私は日本にいたために愛国を学んだ。それだから私はわが中国のために日本を排斥するのである」と。そのかぎりにおいて孫文の意図は実現される時はこない。

日本と中国とはともに、近代ヨーロッパ資本主義列強の攻勢によって世界的環境に無理に引き入れられた。その際、日本は産業技術と軍備とを急速に整えて国外への攻勢を準備した。中国は、日本と同じ立場にあったとしても、国外への攻勢をとるべき必然性をもったとはいえないが、ともかく中国に対する列国の侵略が時期的に早かったばかりか、改革運動が保守勢力にはばまれてしまい、列強の攻撃から身を守る受け身の態勢をとらされた。中国の小説家のいうところは、ヨーロッパ資本主義の攻撃の前に立った日本と中国と二つのナショナリズムが全く相反する方向において衝突していることを示しているのである。

「戊戌の政変」で東京に亡命していた梁啓超は、ある日、上野をぶらぶら歩いていた。そこを日本兵の入営を送る人々が「祈戦死」と書いた旗のぼりを立てて通るのを見て、驚いたまま立ち去ることができなかった。中国では、かの杜甫の詩（兵車行）にみられるように、兵の親も妻も子もともに路上に泣いてこれを送るのであって「なき声はただちに雲霄《うんしょう》に上る」とまでいわれたほどである。これと「大和魂」とを比較して梁啓超は「中国魂」いずくにあるかといい、ここでもまた彼一流の持論に立ち返って「富国強兵」を力説するにいたるのである。もちろん、梁啓超は「のれんのかげに伏して泣く、あえかに若き新妻」を知る由もなかったのであろう。当時の日本社会では「この世ひとりの君ならで、ああまた誰をたのむべき、君死にたまふことなかれ」（与謝野晶子）とうたったものもあった。そしてこのような歌人はその縁故者びいきが近代以前的なものとして、正当に批判される前に、石が投げ込まれ脅迫状が舞いこむことを覚悟しなければならなかった。

梁啓超は別として、そのころ、中国でいわれた「富国強兵」論は、一般に「旧学（中国の学問）を体となし新学（西洋の学問）を用となす」という張之洞の主張（勧学篇）にみられるように、産業技術とくに軍事目的だけに限定した洋学採用論であることが少なくなかった。彼らもさすがに列強の軍事力に徒手で立ち向かうほどに大胆ではなかった。曾国藩、李鴻章のような開明的進歩的といわれる中国官僚でさえも、中国が外国に劣っているのはただ武器や機械だけであり、「洋務」はこれを学ぶだけで十分とみているのである。その上、このような洋学をとり入れることにさえ世間をはばかるものは、コペルニクスの地動説も電気もみな中国の古典にあることだといって、弁解めいたことをいわねばならなかった。したがって彼らは物質文明は西洋に採っても、精神文明については中国の伝統を守ってこれを失うべきでないとした。

こうしてヨーロッパの政治制度や思想までも合わせて受け入れようとする梁啓超らの態度を、彼らは許すわけもなく、民衆はいつまでも暗愚のうちに放置しておいてこそ、彼らの政治は成り立つものとされたのである。彼らは西洋のいわゆる物質文明を動かすものが西洋のたくましい精神であることを見落しているのである。物質文明は単にそれだけを切り離して十分育て得ないばかりでなく、それに生長を許す限り、その育つ環境の変化はいつ彼らにしっぺ返しをしないとも限らない。

日清戦争後、中国の植民地化が急速に進むにつれて、一面、ナショナリズムと民族産業とが頭を次第にもたげてきた。しかしいかんせん、中国の工業生産における技術水準は低く、孫文自身が一九二一年に書いた膨大な産業計画書『建国方略』でも「今日なお手工業の段階から一歩も出ていない。産業革命の第一歩にも達していない」といっているほどなのである。しかも中国の民族工業は、軽工業に重点があって、重工業には力がはいっていない上に、列国資本による産業支配が圧倒的であった。産業の原動力たる石炭の埋蔵量は中国はアメリカに次いで世界第二といわれながら、近代的採掘法による大経営は、鉄の近代的経営とともに、外国とくに日本に支配せられ、中国産業資本はほとんど除外されていた。

中国の民族産業にとってさらに不利な条件は、アヘン戦争で中国が敗れてから後、列強の商品は綿布でもなんでも、ほとんど無税でどしどし海関を通過してしまうことであった。それらの商品は国内課税もまぬかれて辺境のすみずみまで流れ込むのである。ただでさえ立ち遅れている民族産業が、これと競争することなど思いもよらない。民族産業の発展にとって、不平等条約や外国資本の支配ははなはだしいさまたげであり、その克服が痛切に叫ばれる。列国の攻勢をくいとめる道はただ一つ、自ら近代的国家あるいはそれを越えたものとして生長することである。

一九一九年五月四日のいわゆる五・四運動は、不平等条約の廃棄、列国権益の返還を叫んだ学生群の反帝国主義的一大デモンストレーションであるが、それはやがて民族産業資本家に支えられたナショナリズム運動なのである。ナショナリズムは日本では対外問題として受け取られがちであるが、中国のナショナリズムは単なる対外ではなく、政治的な一体意識であり、植民地からの解放も、対外と同時に対内問題として当然問題となってくるのである。そしてこのナショナリズムの主張を貫くかぎり、清朝の異民族支配を除いたことだけで問題は片づくべくもなかった。ナショナリズム運動は、清朝の倒壊後すぐさま軍閥政府あるいは軍閥政治体制に根本的変革の要求をつきつけて、たち向かってゆく。ところで軍閥政治体制そのものが生きる道は、列強の帝国主義に結びつき買弁化すること以外にはなかった。彼らは列強の地盤を守り、その権益を拡張することによって自分の地位を守り勢力を拡張することができた。列国は有望と思う軍閥に金を貸し武器を与えそれを援けつつ、これを自己の支配下に置くのである。列強の商品を売りさばく手先としての軍閥は民族産業の発展を好まず、その発展をむしろ邪魔にする。このようにして軍閥を倒すことと軍閥の背後にある列国帝国主義を排除することとは、民族資本家にとって当然一貫作業となってくるのである。

孫文が日本に呼びかけたことは、被圧迫民族解放のための結合であった。だから孫文はその三民主義のうちでも中国だけでなく朝鮮の解放をも主張するのである。しかし日本政府は、孫文が倒そうとする軍閥を支援することによって、中国の資源を獲得し、行きつまった日本の国内市場――疲弊して購買力の乏しい日本国内の農村をすてて、国外市場としての中国へ商品を売り込んで利益を得た。こうして日本と中国との結合は孫文の努力にもかかわらず、実現の日を見なかった。中国の小説家のいわゆる「私は日本にいたために愛国を学び、それだから私は中国のために日本を排斥する」とは、またまさに中国産業資本家の切実な叫びであったのである。

五　「革命なお未だ成功せず」

中国にある列強資本の工場と民族資本の工場とは、中国プロレタリアートを大量に生み出していた。そして五・四運動以後とくに現われた労働運動の波は、孫文にも大きな影響を与えたに相違ない。一九二一年（民国一〇年）には中国共産党が成立、その後組織的な労働運動は全国に展開し始める。農民もまた農民運動を通じてその主体的地位を確立してくる。中国農民革命は、このような農民の地位の歴史的たかまりの線上に実現されようとしている。

一九一八年広東を追われて上海にあった孫文は、おそらく長年の苦闘の末に、今もなおその成果としてほとんど何物をもつかんでいないことを知ったであろう。あたかもこの反省の時期にあたって、孫文はソヴィエト連邦の使節ヨッフェらの訪問をうけ、ソ連の支援が約束せられ、一九二三年（民国一二年）一月には、孫文・ヨッフェの共同宣言が発せられた。孫文がそのころ著わした『建国大綱』は新しい革命実践の政治的プログラムである。

その年の二月、孫文は広東に帰り大元帥に就任し、三月には蔣介石をソ連に派遣した。次いで一〇月にはボロジンが孫文を訪れ、中国共産党の有力者は続々国民党に入党し、一〇月末にはボロジンを最高顧問として国民党の改組が行われ、一一月には改組宣言が発表された。それによると、革命によって倒さるべき相手は軍閥とその背後の列強帝国主義であり、革命はそれを共同の利益とするすべての階級の連合戦線によって行わるべきであり（その革命は国民革命であって社会主義革命でないとせられ）三民主義はその革命主義の理論として是認されている。三民主義の民族主義では、被圧迫民族の解放の原理が、反軍閥、反帝国主義の主張として現わされ、その民生主義では、「耕す農民に土地を」（耕者有其田）の主張が新たに示される。そうしてこの「耕す農民に土地を」こそは、かの太平天国の理想を、後日、中共の農地改革へ渡すかけ橋となった。

さて翌一九二四年一月、国民党第一次全国代表大会が開催され、農民労働者による増大したエネルギーをもって、孫文は同年九月、奉直戦の勃発に呼応して、北伐を宣言した。ところが馮玉祥の寝返りによって、奉直戦はその場では一応の終局をつげ、一二月孫文は天津に到着した。しかしそのころ、孫文の持病は重くなり、北京の病院での手術もおよばず、一九二五年三月一二日ついに年六〇で、はらんをきわめた生涯を終った。病名は肝臓癌であったといわれる。その後一九二九年、遺骸は南京郊外紫金山の中山陵に葬られた。死期を知った孫文は、国民党へ遺書をのこした。「現在、革命なお未だ成功せず、すべてわが同志よ、すべからくわが著わす建国方略、建国大綱、三民主義および第一次全国代表大会宣言によって継続努力し所志を貫徹せよ」と。

中国革命運動はその後、日ごと高潮こそすれ、孫文の死によって退潮すべくもなかった。彼の死から二ヵ月、いわゆる五・三〇事件（上海日本人紡績工場のストライキ）を機として、一般に「大革命」といわれている新しい闘争の火ぶたが切られたのである。

5 魯迅

一 おいたち

魯迅は中国近代文学の開祖といわれる。彼は自らを含む中国人（東洋人）の意識のしたたかな古さの克服に一生をかけて戦いぬいた。彼の作品の苦悩の深さは日本文学には絶えて見られないものである。魯迅はそのペンネームであって、本名は周樹人。浙江《せっこう》省紹興の人で一八八一年（清光緒七年）に生まれた。そして蘆溝橋事件の前年、あわただしい日中関係の雲行きのうちに五六歳で死んだ。

魯迅の祖父は清光緒初年の翰林《かんりん》学士であるが、魯迅が一三歳のとき杭州の獄に投ぜられ、その後、家運が急に傾き、当時が魯迅にとっては大きな転機となった。そればかりでなく、父が長く病床の人となったためにいよいよ家運が衰えた。彼は初め家庭で儒教主義的な教育をうけ、一八歳のとき南京に出て江南礦路《こうろ》学堂にはいった。その学校は青竜山の石炭採掘目あてのものであったが、せっかく掘り出した石炭も、坑内の水の吸い上げポンプ用に使ってしまえばそれきりでなくなり、差し引き勘定が零となるので採掘は中止となってしまった。当時の中国の民族鉱工業はこんなにもあわれなものであった。

日清戦争が起ったのは彼が一四歳のときであった。日本の勝利をきっかけとして、列国の中国に対する侵略は急にはげしく露骨になってきた。康有為や梁啓超らの政治変革が、西太后など守旧的支配権力の前にあえなくもつい去った戊戌の政変は、魯迅が一八歳のときの出来事であった。また一種のナショナリズムの強い抵抗を示した義和団事件は、その二〇歳のときのことであった。

彼は一九〇二年（明治三五年）二二歳のとき、医学を学ぶため日本に渡った。彼の父が病気のときかかった医者は、紹興《しょうこう》地方の名医といわれる人だが、薬の効果を強めるための併用剤の処方は「もとから同じ穴にいて、厳粛に一夫一婦を守ったこおろぎ」のせんじたものといった流儀であった。その医者からみれば、「昆虫も貞節でなければならぬとみえて、後妻をめとったり、二度嫁にいったりしたやつは、薬になる資格さえなくなってしまうものらしい」と後年、魯迅は述懐している。

魯迅が新しい医学に志し日本に留学を思い立ったのは、このような迷信から人間を救うためと、日本の輝かしい明治維新は新しい西洋の学問――医学を含む――を受けいれたがためであると考えたによるという。

二 日本留学と『藤野先生』

魯迅は最初二ヵ年半のあいだ、東京で暮らした。彼の見た当時の東京は、日露の戦雲急をつげ、また孫文派を初め革命党の活躍の舞台であって、激しいうずのなかに置かれていた。多数の清国留学生も政治色からまぬかれなかった。彼ら学生は頭の上に辮髪をぐるぐる巻きにして富士山のように高くし、ダンスに打ち興じていた。しかし魯迅はそれにあまり好感はもてなかった。彼は当時中国人としてはたれも行っていない仙台の医学専門学校を、落ちついた勉学の場所としてえらんだ。

彼の仙台での生活は、その作品『藤野先生』などに記されている。魯迅は藤野厳九郎教授から、解剖学や細菌学などを学んだ。藤野先生は、色の黒く、やせて八字ひげをはやし、眼鏡をかけた人で、ネクタイを結ぶことを忘れてくることがあり、冬は古外套にふるえていた。あるときなど汽車で車掌が先生をすりと思いあやしみ、乗客に向かって用心するよう注意したこともあったという。しかし先生はたいへん親切な人であって、魯迅のノートに初めから終りまで朱筆を入れて訂正し、文法の誤りまで直して魯迅に返すのを例とした。

最初の講義後一週間たった後、先生は魯迅に尋ねた。「私の講義を君は筆記できますか」。「まあどうにかできます」。「持ってきて見せてごらんなさい」。先生はノートを受取ってから二、三日たって彼に返すとき、「今後一週間ごとに持ってきて見せるように」といわれた。魯迅の試験の成績はもちろん及第できる程度のものであったにしても、そんなに良かったわけではない。しかし一部の日本人学生は、藤野先生が試験問題を魯迅にだけ漏らしたのであろうと、根も葉もないことを疑って問題をおこした。

第二学年のある日、授業が終ったあとで、細菌をうつす幻燈で、当時戦われていた日露戦争を見た。そのなかに中国人の密偵が日本軍に捕えられて銃殺される場面があった。殺されるのは同胞でありながら、それをとりまいて一群の中国人が平気で見物していた。日本人の学生はこの場面に「万歳」と叫び拍手かっさいを送った。しかし魯迅にとってその「万歳」の声は特別に耳を刺してひびき、無限の苦痛を感じた。彼はここで人間を救うものは医学ではなくて、人間意識の変革であることを悟った。仙台医専第二学年の終りに、彼は医学をすて、「惜別」と裏に書かれた藤野先生の写真を胸にいだいて東京へ去った。

東京で彼はさしあたり外国文学の翻訳を行った。ところがそれはほとんど中国人のあいだに反響がなかった。しかし、彼はその後、一生、このような翻訳の仕事を続けた。翻訳は創作とともに彼の一生の著作のうちで主要な地位を占めている。魯迅が東京にいた当時、中国学生の関心は法科系か、でなければ理工科系にあった。文学は文学なるがゆえに軽視された。魯迅が医学をすてた意味を彼らは理解することができなかった。人々は「文学がなんの役に立つか」といい、また、「文学では餓死するよりほかはない」といった。しかし魯迅にとって文学は暇つぶしや道楽のためのものではなく、また後年の「創造社」流の「芸術のための芸術」でもなかった。魯迅にとっては政治・社会と文学とは無関係なものではなく、文学は対象に働きかけるものとしての意味をもった文学であった。それは魯迅および彼を開祖とする近代文学の強味である。魯迅の好んだ外国文学は、東欧や北欧またはバルカン諸国や、ロシア文学（ことにゴーゴリその他）などである。彼は日本の文学者のうちでは森鷗外や上田敏の著作を重んじたが、重んじたのはその作品ではなくて、外国文学の紹介であった。彼は田山花袋の『蒲団《ふとん》』（一九〇七年）など自然主義文学には冷淡であったが、夏目漱石の文学は『吾輩は猫である』（一九〇五年）をはじめ常に心を傾けて読んだ。彼の帰国後のことであるけれども、彼は厨川白村や武者小路実篤のものも翻訳している。

三　東洋の苦悩と『阿Q正伝』

一九〇九年（宣統元年）、彼は帰国した。そしてその後はもはや再び日本を訪れる機会をもたなかった。一九一一年辛亥革命が起った。革命軍は清朝を倒し、中国は北方民族の政治支配からも解放された。しかし、本質的な社会変革をさまたげる旧中国的な古い意識と、その地盤となっている社会構造（社会諸関係）をくずすことはできなかった。ひとりの皇帝の代りに現われたのは、外国の利益とかたく結ばれ民族産業の発展をはばみ続ける多くの軍閥であった。革命は、古い社会の諸関係の厚い積み重ねを前にして改めて出直さねばならなかった。

彼は初め北京宣武門外に住んで教育部に職を得、また北京大学講師をかねて、古書の研究にふけっていた。その講義録の『中国小説史略』は、彼の学問的業績として後々まで高く評価されている。しかし彼は、いつまでも沈黙していることは許されなかった。当時、蔡元培《さいげんばい》は北京大学の校長であり、陳独秀《ちんどくしゅう》は北京大学文科学長であった。陳独秀は旧倫理、旧政治を排除して、近代デモクラシーの基調である人権思想をその主張とする雑誌『新青年』を主宰していた。一九一七年、彼は胡適《こせき》とともにいわゆる「文学革命」を提唱した。それは表面的には、「無内容な文をつくらず、話し言葉で文をつくる」という白話文学の提唱である。しかしそれには新しい思想の裏づけを持っていた。銭玄同《せんげんどう》も当時その運動に加わっていたが、彼は魯迅に『新青年』への執筆をすすめた。魯迅はそこで初めて創作の筆をとったのである。

その処女作は狂人に名をかりて、魯迅自らを含む中国人全般の意識の矛盾相克を深刻にえぐった『狂人日記』(一九一八年)であった。もちろん、それはアンシャンレジームの思想的代表——儒教主義に対する深刻な批判である。それは白話文学の可能性を初めて示した佳作というばかりでなく、思想革命にねらいがつけられていて、創作内容の上からもセンセーションを巻き起した。これがきっかけとなって、彼の創作、随筆は相ついで発表せられた。あたかも放たれた矢のように「以来一たび発してはまた止まることができなかった」。

一九一九年にはいなかの読書人を扱った『孔乙己《クインチ》』、むすこの病気を直すために死刑囚の血をつけた饅頭を食べさせる『薬』が発表せられた。『狂人日記』以下、ロシア文学の影響が認められるといわれている。

ちょうどこの一九一九年の五月四日には、いわゆる五・四運動が起った。当時、中国政府は、世界大戦に加わった代償として、ヴェルサイユ会議で外国権益の撤廃を要求していたが、要求が何一つとして通らず、中国政府も譲歩のやむなきにいたった。しかし、これによって中国の世論は沸騰し、北京の一三大学の学生五千人によって、デモンストレーションが行われ、要人は襲撃され、ついには軍隊と衝突して、曹汝霖《そうじょりん》以下の要人は解職されるという事件が起った。そしてこの年こそは北京大学の「新潮」、郁達夫などによる「創造社」など、新しい文化運動がほうはいとして起ったのである。

魯迅の不朽の名作といわれる『阿Q正伝』が発表されたのは、五・四運動の翌々年、魯迅が四一歳の時であった。これによって魯迅の文学者としての、また思想家としての評価にいっそう重さが加わった。阿Qは農村の日用取りである。彼の頭にははげがある。それで「光る」とか「明かるい」とか、はげに関係したことを人にいわれると憤慨する。それがおもしろいので人はよけいからかう。しかしけんかしてもたいていの場合彼のほうが負ける。負けても彼は「餓鬼になぐられたようなものだ」といって自己満足する。あるとき阿Qは村の顔役の趙《ちょう》旦那と自分とは同族だといって趙旦那からはりとばされた。この場合も「趙旦那は自分の餓鬼に当たる」と自分にいいきかせた。

阿Qはまたあるとき「ひげの王」が、日なたぼっこしながらしらみを取っていたので、自分もしらみを取る。ところが自分のほうのしらみの数が少なかったので、面子を傷け、けんかを売ったまではよいが、負かされてしまう。ちょうどそこへ顔役の銭旦那のむすこで、日ごろ彼がきらって「ハイカラ」とか「にせ毛唐」とあだ名している若者が通りかかる。腹立ちまぎれに彼は若者の悪口をいい、さんざんにステッキでなぐられる。そこへ尼さんが通りかかる。尼さんなら負ける気づかいないと、さんざんからかって、勝った気持になる。阿Qは趙旦那の女中に手を出しそこね、村から姿をかくして町へ行き、どろぼうの下働きをし、ふところをふくらませて帰る。豪家に雇われてかせいだのだといって、一時評判をよくする。しかしそれもつかの間、どろぼうしたらしいとて村人から警戒される。

辛亥革命の波動はその村にも伝わり、村人は不安に襲われる。異民族の王朝に反逆する革命党は、いずれも白かぶとに白よろいの装束をし、明朝の末路にあわれを止めた崇禎《すうてい》帝のために喪服をつけているともいううわさである。そして村では顔役連を初め皆が恐れるのを見ると、阿Qは革命党がうらやましくなった。そして自分がいつの間にか革命党になった気で「謀叛だ、謀叛だ」と呼び回ると、村人は驚いた眼つきで彼を見上げあわれみを請う様子である。趙家の若旦那は町へ出る人にたのんで持ってきてもらった自由党の記章をつけた。村人は自由党という結構な名称も何のことかわからず、「柿油党」とおぼえていて（柿油は柿の渋のこと）、またその記章が大した官位のしるしであろうとうわさした。村の顔役の趙家では、何者かに略奪にあった。革命党の隊長は、治安の実績をあげるために、阿Qを捕え、ろくろく取り調べもしないで死刑に処することにした。阿Qは城下の町々を見物人のかっさいをあびながら、無蓋車で刑場に引かれて行った。村人はたれも阿Qが悪いのだと思った。「銃殺されたことがすでにその証拠であり、悪くないなら殺されるわけがない」というのであった。そして城下の人々は「銃殺は、斬首よりも景気が悪い」といって不平をいった。

魯迅は後々まで繰り返しては次のようにいっている。「暴君治下の人民は、多くは暴君よりさらに暴である。暴君の暴政はしばしば暴君治下の人民の欲望（たるその暴）を満足させることさえできない。……暴君の人民はただ暴政が他人の頭の上にあばれるのを望み、自分自身はこれをながめておもしろがり、残酷を楽しみ、他人の苦しみを見世物とし、なぐさみとする」（一九一八年）。また「専制者の半面は奴隷である。権力のあるときはあらゆる振舞いをし、権力を奪われるときは十分奴隷性を発揮する。……主人となって一切の他人を奴隷とするものは、主人を持てば自分が奴隷に甘んずる。これは動かすべからざる真理である」（一九三三年）と（竹内好氏による）。

つまり奴隷なればこそわけなく専制者になれるのだし、専制者なればこそまた無造作に奴隷になれるのである。それは「自由」をもたないものの裏表である。魯迅の批判は実に痛烈である。

暴君の人民はすでに『藤野先生』の幻燈の場でみたところである。それがまた『阿Q正伝』には深刻に現われる。『阿Q正伝』の阿Qだけが阿Qだと思いちがいをしてはいけない。阿Qの死刑を見物する民衆も、村の顔役も、革命党もすべて阿Qであり、暴政の下の暴なるものすべて阿Qである。それは立場を替えれば一挙にして専制者となり、また一挙にして奴隷となる。暴は自己の外側へむけ得る限りいつでも外に向けられる。しかし暴のやり場がなければ自虐的に自己の内側へむけられる。それが阿Q的、専制的、奴隷的な、そして「自由」なきものの特徴である（もちろん、彼も、対抗の場から逃げている東洋的「自由」、逸民的「自由」の存在までも否定しようとはしていない）。しかし、それでは革命が真の意味で受け取られるはずはない。政治はいつまでも自分のものになってくるはずはない。革命の受け取り方に対する魯迅の批判もまた実に深刻である。

魯迅は初め『阿Q正伝』を巴人というペンネームで発表した。人はそれがたれであるかを知らなかった。そして、人々は阿Qをある特定の個人批判、罵倒のように受け取り、深刻にその急所をつかれる思いがした。しかし、魯迅にとってみれば、それは単に個人的な罵倒や、特定の人に対する批判であるはずはない。すべての中国人——いな、実は日本人を初め東洋人——のうちの阿Q的なるものへの批判である。世は辛亥革命を終え、五・四運動を越えて、解放の気運のはなはだしい時期であった。しかも、魯迅は人間意識の根底に向かって批判の声をあえて放つのである。革命の裏切りのよって来るところを仮借なくやっつけるのである。

魯迅は「阿Q正伝の成因」のうちで次の意味のことをいっている。「阿Qは過去のある時期を書いたものでありたいと思う。しかし私の見たものが決して今日の前身ではなく、かえって後身、しかも二、三〇年後のことかも知れない」。魯迅は、真の革命がそうやすやすと実現しうるものとは思ってはいなかった。しかしその実現の可能を否定しようとしたのでは決してない。それはただその実現の前の悲痛なまでの自己批判であり、安価な妥協の拒否である。奴隷性の徹底的な自覚は、高度の自発性のないところに生ずるものではない。

四　上海での魯迅

一九二六年三月一八日、国民軍を支持して軍閥政府に反対する学生群が段祺《だんき》瑞《ずい》執政府の門前で一挙に五〇人も殺害され二〇〇人も負傷せしめられた発砲事件（三・一八事件）が発生し、政府と反対の立場にあった教育界の大立物に逮捕令が下った。魯迅を含む大学教授などにも危険がおよび、魯迅は厦門《アモイ》大学の招きに応じて北京を去った。しかし厦門での魯迅の生活はあんたんたるものであった。『藤野先生』を含むその作品集『朝華夕拾』はこの期間に書かれたのであった。作品『藤野先生』のなかで魯迅は「先生の写真はいつも書斎の壁に机に向かって掛けてある。それを見るときは今にもあの言葉で話しかけようとしていられるように思われる。と、たちまち良心を奮い起させ勇気を倍加させてくれるのである」といっている。

魯迅は厦門から広東へ、そこからまた上海に移ったが、どこでも風雪はきびしく、官憲の追及と、言論の応酬——真実の変革をもたらすために、とくに似て非なる革命論者との論争に、多難の日々をおくることになった。一九二七年一〇月以来、魯迅はその夫人許広平《きょこうへい》女士とともに、上海での生活が始まった。魯迅は政府に対しても、常に、あくまで批判的であったために、官憲の追及はその機会ごとに魯迅に迫った。魯迅はそのたびに幾度も居所を替え、内山書店にかくれたこともあった。その上、上海では魯迅にとって一生忘れることのできない悲しむべき事件が引き続いて起った。

魯迅が北京にいたころの学生で、上海で魯迅とともに仕事をしていた柔石《じゅうせき》という青年文学者がいた。彼は同郷の女性といっしょに歩くときは三、四尺も距離をおくのに、魯迅と歩くときは、自動車や電車にひかれはしないかと魯迅を抱きかかえるようにまでするぐらい、魯迅を気づかう青年であった。また、魯迅の主宰している雑誌に、外国文学の翻訳を寄稿していた白莽《はくもう》という青年があった。ところがふたりとも一九三一年一月のある日以来、魯迅のかたわらからふと姿をかくしてしまった。彼らは他の数名の文学者とともに、政治犯として捕えられたのである。警察は柔石に魯迅の居場所を追及したが、彼は「自分はどうして知っていよう」といってそれに答えもしなかった。二月のある日の朝がた、上海の竜華《りゅうか》では、柔石らを含む二四名が銃殺された。魯迅は痛憤やる方なくあお白い月影の夜ふけ庭に立った。断腸の思いで彼は一編の詩をつくった。それは哀切自ら人を動かす絶唱となった。

　見るに忍びんや朋輩の新鬼となるを
怒って刀叢に向かって小詩をもとむ

吟じ終り眉をたれて写すにところなし
月光は水の如く衣を照す

一九三一年は柳条溝事件（満州事変）の起った年である。翌年一月一八日には上海事変が起った（日本では五・一五事件があった）。上海事変を契機として、政府の作家弾圧はますます厳しく、女流作家の丁玲《ていれい》が捕えられたのもこのときのことである（しかも殺されたとまで誤り伝えられた）。

この白色恐怖政治に対抗するため、一九三三年一月、民権保障同盟がつくられたが、魯迅はその執行委員になった。その社会的反響は大きかったが、それに対する反動もまた激しかった。その同盟の中心人物のひとり、楊杏仏《ようきょうぶつ》は暗殺され、危険はいつ魯迅らにおよぶかもわからない状態にあった。楊氏の葬式が行われたとき、人々は彼の出席をやめさせようとした。しかし、彼にはひそかに決意するところがあった。彼は出口のかぎを掛けず、かぎも持たずに家を出た。出れば再び帰ってくることができないことを覚悟していたのである。しかし、葬式は無事にすんだ。帰宅後彼は楊氏のために限りない痛恨の詩をつくった。

魯迅はその晩年、内山書店主の令弟嘉吉氏を招いて、木刻（版画）の研究に力を尽くした。そして魯迅の文が思想から、いな、政治・社会から離れたものでないように、その木刻もまた終始、現実の生活から離れたものではなかった。今日、木刻が盛んになった基礎は魯迅によってつくられたものである。

一九三五年には、宋哲元《そうてつげん》を首班とする冀察《きさつ》政務委員会などが生まれたが、国内ではそれに対する反対の気勢も高かった。一九三六年西安事件が起った（日本では二・二六事件が起きた）。文学者もまた抗日救国を目ざし、左右両翼の戦線統一に立ち上がった。しかし、あんたんとした日中関係を前にして、一九三六年（中華民国二五年）一〇月一九日朝、魯迅は上海の仮寓で五六歳をもって不帰の客となった。時の中国文壇人も思想家もそれぞれ立場は違っても、すべて彼の死をいたんだ。

魯迅の精神は、苦悩に満ちた東洋の解放をめざす民衆のための真実のよびかけである。魯迅の絶望のその深い底にみる変革への激しい衝動は、新しい時代を切り開く原動力である。列国の侵略と、それと結ぶ買弁、軍閥、官僚、地主の圧迫にあえぐ中国民衆が、その奴隷性の自覚をもったときに、旧社会政治変革の欲求が、あふれるばかりの情熱をもってあらわれるのである。

魯迅の死はわが国にも大きく伝えられた。そのころ、福井県地方で新聞記者をしていた坪田和雄氏ら三氏によって、藤野先生が郷里福井県で医院を開き、村人から信頼をうけている藤野先生と同一人であることが明らかにされた。魯迅はその他界の前年、佐藤春夫、増田渉両氏が、『魯迅選集』を出版する際に載せるべき作品を相談したところ、『藤野先生』だけはぜひ載せて欲しいといったという。魯迅にとっては藤野先生の目にそれがふれ、先生の消息を得たいがためであった。しかし、魯迅はついに藤野先生の消息を知らずして世を去った。藤野先生の弟子のひとりで、明治三九年仙台医学専門学校を卒業、今日も仙台に開業していられる新津宗助氏は、「先生は今度の戦争中、福井でなくなられた由であるが、先生の風貌も話しぶりも、洋服の感じも、魯迅の描写のとおりであり、ぜんぜん身なりをかざられなかった。また、先生は困っている学生の世話をよくされていたので、魯迅もその世話をうけたひとりだったと思われるが、他にも先生のお世話をうけた学生はたくさんあったはずである」と述べておられる（東北大学教授高柳真三氏から筆者あての通信による）。

II 新しい中国

1 新中国観

a 中国近代革命の歴史的課題

一 はしがき

中国最近百年の歴史的過程には、阿片戦争、太平天国戦争をはじめ、中国近代革命につながる社会的激動の大きな波がしらが、幾度か繰返し、たかまりを見せた。ヨーロッパ近代が中世の内からその克服によって獲得せられ、その獲得が中世と近代とにまたがり、五世紀にも亙る長年月のうちに、しつよう果敢に行われたと同様、この東洋にあっても、中世社会的地盤の克服、否それどころか古代奴隷社会的地盤の克服に向っても、おそまきながら血を以て争われてきた。しかし歴史家が、中国史上の近代的起点を阿片戦争に置くとしても、またいわゆる「封建」的王朝は亡び、辛亥革命は成り、その後幾度か社会的激動を経験して来ても、中国社会の或る部分は依然徹頭徹尾中世的であり古代的でさえあり、社会の基底そのものさえ前期的制約から完全に解き放たれて来なかった。それ故にこそ近代化戦争は、しつよう果敢に続けられねばならないのである。東洋的社会意識そのもの――阿Q的な前近代意識――の批判克服に、最も勇敢であり、最も鋭利であった魯迅は、その小説の『阿Q正伝』の成因について次のような意味のことをいった。「阿Qは、現在以前のある一つの時期を描いたに過ぎぬと人はいうが、私もまたそうありたいと思う。しかし私は私が見たものが決して現在の前身ではなくて、おそらくは後身であろうこと、しかも二、三〇年後かも知れぬというおそれさえ感ずるものである」。魯迅は中国の近代化についてはもちろん否定的ではないが、努力なしにしかも短日月にはその獲得ができぬことを深く見抜いていたのである。

近代中国革命とその後の課題は、単に中世の克服ではない。実にいわゆる「中世」において清算すべくもなかった古代奴隷的な、したたかな古さの克服をも併せて目指しているのであり、その点だけでも多量のエネルギーの消費が要求せられるであろう。しかのみならず、近代中国革命は、ブルジョア民主主義革命が終点ではない。ブルジョア民主主義革命をこえて指向する新たなる革命へ問題をもちこすことが予定されている。実に近代中国革命は、古代と中世とを併せて克服し、かつ近代をも超えんとする三重の歴史的課題を担った多難の途のかどでである。しかもその多難な苦悩にみちた道程は、中国のみならず、後進国の革命の途につながっている。

二　孫文革命の性格

ヨーロッパ近代資本主義工業の発達は、東洋に対する広汎な商業活動をうながした。たとえばイギリスのランカシア機業の発達による綿布の流入は、広東をはじめとする中国の手工業的な紡織工業をたちまち圧倒した。かつ、多量な阿片の持込みは、中国の貿易のバランスを失調せしめ、銀塊の流出をどしどし増大させた。しかも阿片戦争の結末は、中国をして、資本主義の世界的環境の内において、いよいよ従属的、半植民地的地位を決定せしめた。阿片戦争後一〇年にして洪秀全は太平天国軍を率いて立ったが、その戦争は、基本的には、清室を倒し地主を打倒せんとする農民戦争の性格をもっていること無論であった。しかしまたそれはヨーロッパ資本主義攻勢に対する広汎なそして最初の農民的抗争となった（松本善海氏の言に従えば「結果としてそうなっている」ということは少なくともいえる）。太平天国戦争の後、よしんば徐々に民族工業が起り、たとえば官営マニファクチャーをはじめ、民間の資本主義的商品生産が起って来たところで、資本主義的国内態勢の伸張度はすこぶる低度におさえられていた。辛亥革命——孫文革命の担い手にあっても、その主体をブルジョアジーにありとすることはできない。もちろん、私もまた孫文革命が、下からの革命、von unten 的な革命である要素を全然欠いていたというつもりはない。孫文革命は有力な支援を国外の華僑に得ていたために、学者あるいはその革命を横からの革命、場所的に側面的な革命というが、革命の支援の階級的性格を見ないで、革命を横からの革命と規定することには賛意を表しかねる。孫文革命は無論プロレタリアート革命ではない。それかといって十全的な意味でのブルジョア民主主義革命でもない。それはブルジョア民主主義革命（ないしは社会主義革命）への前提であるといえても、革命の終結点ではない。ブルジョアジー地盤の不確立は、さしもの孫文革命をしてたちまち地主官僚そして買弁的資本の反動勢力——袁世凱——との妥協を余儀なくせしめたばかりでなく、孫文は反動的実勢力に政治的権力を奪い返された。

三　革命なき革命の歴史

孫文革命は革命の前提にすぎず、若しくは革命への一過程にすぎず、また十全的な意味のブルジョア民主主義革命でないというならば、ここで「革命」の意義如何を問わねばならない。中国ぐらい、古くから革命ということがいわれていて「革命」の行われなかったところはない。「革命」なき中国の性格は、俗にいうアジア的停滞性と或る点で共通性を有する。なるほど、いわゆる易姓革命ということは古くからいわれている。しかしそれは天命にそむいた君主を伐ち天命を革める（易経また春秋繁露を見よ）という東洋的自然法思想——それは国民との契約を破った君主に対して抵抗を認める西洋的自然法思想とは本質的に異る——に、少なくとも外面上は基礎をおいているのであって、そのときどきに天命を受けた政治的権力の担い手たる王朝が交替するだけであり、権力を握った別な階級の交替ではなく、そこにはなんら革命——社会革命——的要素を有しない。たとえ王朝の交替が合法的手段によらず暴力を以てなされ、旧王朝の根本的法律秩序が変革されたにしたところで、それは革命——社会革命とは見られない。人あるいは変革が政治組織の変革に止まる場合を政治革命といい、易姓革命もその一例と見ているが、政治革命というのは政治的な側面から見た社会革命であるとするならば、易姓革命はまたかかる意味の政治革命ということもできない。もちろん、革命——社会革命——という以上は、社会機構が、生産力の発展をとおし、社会的、経済的必然によって変革され、旧い生産関係の上に立つ旧国家的権力のメカニズムが打ち倒されることである。つまり革命は一つの階級から他の階級への権力移動であり、革命による国家的権力の新しい担い手はその旧い担い手と同一階級には属しない。孫文革命が十全的な革命でないと私がいうわけも、法、裁判、政治、あらゆる国家的権力の階級的担い手が殆ど変えられなかったからである（革命という中国本来の言葉を使用しながら、それに別な内容を与えているために、あたかも封建という用語の混乱と同様のものが、ここにも引き起されかねない）。

もっとも私はアジア的停滞性を文面通りに受けとろうとするものではなく、中国の時間的に長い歴史の間にあって、生産力の発展、そして生産関係の変革が全然なかったというものではない。たとえば近来学者の新しい見解に見るように、宋時代に於ける「封建への傾斜」（松本善海氏等による）を私も認めるにやぶさかではない。しかし革命は社会経済的な基礎を有するには違いないが、その政治的変革が一つのモメントであることはまた疑いない。したがって、中国史上、学者あるいは中世の起点といい、あるいは近世の起点という、一つのエポックと見られるその宋時代にあって、また、他のエポックと見られ学者あるいはそれを近世の起点とする明・清の交において、かかる政治的変革が見られなかったとすれば、これら諸王朝の歴史をもまた「革命なき革命の歴史」を構成する一頁として繰り入れても差支えないであろう。そして一つのエポックをなした宋時代でも、古代から持ち越された家父長制の抜くことのできない支配関係――社会の構造を特徴づけるその関係は見おとすことができない。古代における君父の家父長制的全能的支配と臣子の無条件的恭順献身の表現が「君、君たらずといへども、臣は以て臣たらざるべからず、父、父たらずといへども、子は以て子たらざるべからず」（古文孝経の孔氏序、また、呂氏春秋を見よ）において結集されているとすれば、中世においてはそれは次の語（程子や司馬温公）によって代表されるであろう。「曾子が如何に親孝行なればとて、曾子自身もともと親の体にすぎない。それと同様に臣下が周公ほどの功績をたてたとて、臣下はもともと君主の人民であり、功績といったとて、君主の勢位にのってやったことでしかない」。それは大稜威の結果というようなものであって、ここでは臣子には君父に報ゆべき十分な対価支払の方法さえ認められていないのである（もっとも君臣父子の間の関係、或る種の条件関係は古代以来全然欠如していたわけではない）。

ローマ法学者イェーリングはかつてその『権利のための闘争』（日沖憲郎氏訳）において、ローマと中国とを対照させて次のようにいった。「各人が些々たる瑣事においても勇敢に自分の権利を主張することが一般の慣わしになっているような民族からは、何人も敢えてその有する最高のものを奪おうとはしないであろう。だからして、内にあっては最高の政治的発展を、外に向っては最大の権力伸張を示した古代の国民、すなわち、ローマ国民が同時に最も完成した私法をもっていたということは、蓋し偶然ではない」。そしてまた「何人から彼の権利に対するこの攻撃が出たか、すなわち、或る個人からか、自国の政府からか、或る異民族からか——それは彼にとって何の関わりがあるだろうか。彼がこの攻撃に対して逆らう反抗について決定を与えるのは、攻撃者の人柄ではなくて、彼の法感情の勢力、彼が自分自身を主張するために用うるを常とする精神力なのである。かくて内外に対する一民族の政治的地位は常にその精神力に照応するという原則は永遠の真理である——その特産の竹、すなわち、成人した子供たちを懲らす笞をもっている中華の国は幾億の人口を擁するに拘わらず、他の諸国民に対してかの小さいスイスの名誉ある国際法上の位置を決して占めることがないであろう。スイス人の素質は芸術や文学の意味ではなるほど決して理想的ではないが、ローマ人と同様にまじめで、実際的である」と。実にローマ人からは何人もその有する最高のものを奪おうとしなかった。しかるに中国人からはこれをおしみなく奪う。イェーリングの言をつきつめてみると、これは外国人の責というよりも、中国人自らの責であるということになってしまう。大人になった子供をいつまでも竹の笞で殴り、しかも殴られることを許容している親子関係——中国の永久的親権——は、父母の配慮をもった君主官僚地主のあくなきアジア的収奪を許し、しかも外国の侵略とそれへの従属化をも可能にしていることとなる。イェーリングの『権利のための闘争』の書かれた一八七二年即ち清の同治一一年は、阿片戦争の後三〇年、孫文革命にさきだつこと四〇年である。イェーリングによっても示されている三つの支配従属関係は、本来は一本のものであって、革命はこの三つのものをそれぞれ個別的に分離して変革の対象とすることを得ない。孫文革命は外民族の王朝の清朝を倒すことに成功した。しかし三つの支配従属関係――封建どころかもっと古い古代奴隷的なものを含めたその関係を清算できなかった。容易ならぬ清算の任務は新しい階級に背負わされ未来の課題として残された。新しい革命は、過去と未来とに亙る東洋の史的全過程に研究の情熱をもたないもの、ことに中国の古い過去にのみイデーをもち、自己のおかれている現在の具体的環境については目をとじているものには、とらえることができない。

四　中国近代革命の方向

歴史の上には飛躍はない。ブルジョアジーの不確立の上に十全的なブルジョア民主主義革命がありようがない。しかし孫文革命以後、依然半植民地的地位にありながら、資本主義的民族工業が、圧力の間隙をぬって生長する。しかも五・四運動の頃まで革命の推進力としては従属的地位にあったプロレタリアートが、その後、著しく進出を見せる。いわゆる大革命・北伐期を経て、プロレタリアートはむしろ革命の主導力となった。しかし中国に限らずおよそ半植民地、そして古い前期的諸関係がしつようにからみついているかかる後進国では、ブルジョアジーの一部の買弁は外国勢力と結合して、社会の発展を押し止めるが、他にこれと利害を等しくせず革命への関心をよせるものもあるのであって、半植民地的後進国では革命の推進のためにはプロレタリアートに限らず、革命的諸力の結集が当面の問題であるとされているのである。それは毛沢東がその著『新民主主義論』でいっていることである。今その要点を示せば、「中国は侵略国の植民地、半植民地であるが故に、中国のブルジョアジーはなお一定の時期と一定の程度とにおける革命性をもつのである。したがって、プロレタリアートの任務は、ブルジョアジーのこの革命性を軽視せずして反帝国主義および反官僚軍閥政府の統一戦線樹立の可能性を利用することにある」。しかし「同時に、また中国ブルジョアジーが植民地的、半植民地的ブルジョアジーであるということからして、かれらは経済的にもまた政治的にも異常に脆弱であり、かれらはまた他のもう一つの性質、即ち革命の敵に対する妥協性を保有している」。すなわち、「中国ブルジョアジー、とくに大ブルジョアジーは革命期においてさえ、帝国主義と完全に分裂することを欲しないのであり、かつまた彼等は農村における土地搾取と密接な関連があることに注意を要する」。「かかる植民地、半植民地革命の第一段階は、その社会的性格からすれば、基本的にはなお依然としてブルジョア民主主義的であり、その客観的要求はなお依然として資本主義発展途上の障碍を一掃することである」。しかし「かかる革命はもはやブルジョアジーに指導されたところの、資本主義社会およびブルジョア独裁国家の建設を目的とする旧い革命ではなくして、新しいプロレタリアートの指導もしくは指導参加の下におかれたところの、第一段階において新民主主義社会を建設し、また各革命階級の聯合独裁国家を建設することを目的とする革命である」。そしてそれは「プロレタリア社会主義革命の一環となっており、……その第一段階を完結させ、しかる後に更にこれを第二の階段にまで発展させて」中国社会主義社会の建設に向うものとされる。かくて毛沢東は、(甲)ブルジョア独裁の共和国と(乙)プロレタリア独裁の共和国とに対して、(丙)幾つかの革命的階級連合独裁の共和国即ち新民主主義共和国を以て、或る一定の歴史段階における国家形式とする。それは主観的・公式的マルクス主義の適用ではなくして「マルクス主義の普遍的真理と中国革命の具体的実践とを完全に、適確に統一」したものであり、この「民族的形式」こそが今日の新文化であると説く。かく中共といえども中国の史的伝統と社会構造とから決して無制約的ではあり得ない。しかしともあれ中共革命は、中国の「革命」といわれる多くのものの中にあって、はじめて革命の名に値する革命——一つの階級から他の階級への国家権力の移動——であるといわねばならない。

五　中国近代革命と意識の変革

およそ意識の変革化は、客体的条件の変革がこれに伴うものでなければ実現は不可能であり、逆に意識の変革化は、客体的条件の変革——たとえば農業の上の改革——を有効に推し進める要素である。私は経済的変革と意識の変革とを分離して単にプラン的なものまた単に思想的なものを問題としたくない。

新中国の経済構成は三つの要素から成っているという(以下、平野義太郎氏「中共商工政策の基礎問題」『民主評論』五巻五号、昭和二四年参照)。その第一は国家経済であり、これが指導的要素である。大銀行、大工業、大商業はともに国有に帰せられる。国有化工業を十分に組織することによって、協同的な経済と私経済とを扶助しつつ、国民経済発展の主要な支柱となる。第二は個人的農業から一歩一歩、協同的農業の方向に向って発展する農業経済である。孫文の三民主義における一つの根本的主張「農民に土地を」(耕者有其田)は、中共革命によってはじめて実現せられ(かつての地主といえども自ら耕す限り一人前の土地の所有は可能である)、如何なる意味においても搾取の途はとざされ、農業の拡大再生産の途を開いた。そればかりでなく、生産合作運動によって農業を集団化、協同化する方向を示した。第三は独立中小商工業者の経済及び中小個人資本の経済である。官僚資本は没収せられるが、農村都市を通じて中小商工業は保護され振興がはかられこそすれ、それに対する何らのさまたげがない。農村と都市とは互に分離しては生きていかれない。ことにたちおくれた農村工業だけでは中国を植民地化から救うことはできない。もちろん、植民地化に協力する買弁、商工業自体の発展にとって有害な旧いギルド意識の枠は否定的であるに違いないが、ブルジョアジーの革命的要素はその革命的である限り排除されることはない。

しかしこれは基本的方向であって、この方向に向うについてのテンポは地帯によって一律ではない。辺境ソヴィエト諸共和国の間で、変革のテンポ即ち「革命が成功裡に発展するための最適速度」

が、その後れた程度に応じて差があるように（鶴見和子氏「革命のテンポについて」『思想の科学』昭和二四年四月号）、全中国内部の進歩度合の不均等、不均質に対応し、他より後れている所では後れているなりのテンポでなければ変革にはついてゆけないであろう。もし中国社会の歴史的制約を度外視して、変革を基本的プラン通りに受けとるとすれば、それはあまりに素直すぎるであろう。辺境ソヴィエト諸共和国においてはいわゆる革命のテンポに差はありながら、「意識の革命化は、農地改革と産業開発によってひらかれた客体的な条件の革命化を推進した。逆に、経済上の革命の進行は、法律上および意識の上の革命化を実体化した。最初は一片の法律にすぎなかった男女平等と、民族の平等が、主体的条件の革命化の相互促進作用によって、現実のものとなった」という（鶴見和子氏前掲）。後進国において革命が多難の途を歩むというのは、単に客体的条件の変革が多難であるというだけではない。意識の変革の実体化がまた多難であるわけである。中国革命の進行過程にあっても、前途多難な経済改革のみならず、より以上に多難と思われるこの意識の変革とその実体化に対して、常に注意を向けなければならない。もちろん、農業の変革が行われたとて、農民が直ちにその意識の古さをすべて易々と捨て得るわけのものではない。したがって個々の事実を挙げるとするならば、したたかに古い意識は今もって枚挙にいとまがないであろう。しかし大切なのはそこに出てくるあれこれの問題ではない。もっとも私は今問題の核心――意識の変革化についての十分な資料をもってはいない。したがって以下に私が述べるのは問題についての或る程度のオリエンテーションに止まり、将来への課題を多分に残していることをことわっておかねばならない。しかし肝心なのは資料の豊富さよりも実は古いもの及び新しいものへの見きわめ方、そのオリエンテーションをできるだけはっきりさせることである。

かつて魯迅は日傭農民の阿Qの意識——否、実は東洋人的意識なのであるが——を真正面からとりあげた。阿Qとそれをめぐる村人は、革命を次のように受取っていた。阿Qはこれまで自分を馬鹿にして来た村人が革命におそれおののくのを見て、村人を恐れさすために革命だ革命だと叫びまわった。阿Qを革命党と見た村人は阿Qを恐れた。しかし革命隊長は強盗逮捕の名目的実績を挙げるために、阿Qを捕えて死刑に処した。村人は阿Qが悪いのだと思った。その理由は悪くなくて処刑されるわけがないからというのである。そこでは農民は革命の側から見て単に受身というばかりではない。そこの農民に革命の意識はさらにない。私は解放地区とはいえ、今もって阿Q意識が全的に失われたものとは思わないが、革命の進行と共に、徐々にもせよ、意識の変革が遂げられつつあるといえる。丁玲、趙樹理をはじめとする新進作家が、戦時中、解放地区農村にあって農民と生活を共にし、解放された農民について数多のルポルタージュを世におくった。今その中の二、三から問題点をとりあげて見よう。

丁玲最近の報告『桑乾河上』の中に「翻身大爺《ふあんしえんたーいえ》」つまり革命旦那という意味のものがあるということを、私は島田政雄氏の示教によって知った（『小説月刊』二巻二期中華民国三八年二月、また、

『アカハタウィークリー』昭和二四年三月二八日の島田氏の文を参照）。その桑乾河（永定河）のほとりというのでもわかるように、察哈爾、河北の農村の土地改革を主題にしているのであって、その「翻身大爺」には村人から皇帝のようにおそれられていた大地主銭文貴に対する農民裁判の模様が書かれている。裁判が開かれた日は土地改革がはじまって一〇日目であった。農民は農民裁判において銭文貴の罪状を暴露する。しかし民兵にしばられてはいるが、一旦、彼が台上にひき出され農民をにらむと、何十年来の皇帝的地主の威力に農民は立ちすくみだまり込んでしまう。しかし元気をとり戻した農民は怒号と共に彼を袋だたきにして殺そうとする。しかし農民の一人が暴力の下をくぐり暴力に身をさらし、自ら殴打されながら身を以て彼の上に覆いかぶさり、辛くも暴力を押し止める。もちろん、その農民はかつて彼から恩を受けたものではない。しかしその農民はいう。「人は勝手に殺すことはできない。殺すについては県の許可を受けねばならない」。殺す殺さぬと農民の争いはしばし続いた。「殺してしまえ」。「草を断っても根を抜かなかったら結局また禍がある」。しかしまた他の或る農民の説得力は人の激昂をしずめた。「みんな、まだそんなに恐れるのか。恐れることはない。ただみなが今日のように団結するなら、彼を押えるのにわけはない。みなそれよりは法律によって（のみ）彼をさばけ」。ここで私はいいたい――世界の中でも中国ほど国家の法が古くから制定されていてしかも法の軽蔑の久しく行われたところはない。法が上からまたはよそから与えられただけで自分を守るものとならない限り、人民にとって法の軽蔑はいつまでも続く筈である。

しかも法をあいまいにしておくことはアジア的専制にとってもまた却って都合がよいことであった。しかしこの中国にあってさえ、いつ如何なる時代にあっても法は軽蔑されていたわけではない。法家の起った戦国時代はそのよい例証である。そこでは法家は新しい社会の形成力として旧い秩序を排除しつつ立ち上ったのであり、自ら法の担い手であった。法が自己を守るものとして自己の手に所有されている限り、その所有者にとって軽蔑されるわけはない。それは礼の所有者たる士大夫が礼を軽蔑しないのと同様である。ただし新興の治者たる法家の法治主義は、旧勢力に対しては「下からの」ものでありながら、他面、被治者の立場にある人民から見れば、結局「上からの」もの——権力的な法治主義であった。かくてその法は、人民に適用することを目的としたものではあるが、人民の手にある法、また、人民の手に成る法でなかったのはもちろん、人民の利益を守るためのものでなかった限り、法家的精神（後世では儒家的精神との結合を遂げてはいた）の永い支配の下にあった人民にとって、法はいつまでもいつまでも軽視侮蔑の対象とならざるを得ず、あるいは人民は法の前にただ畏怖せざるを得なかった。ローマの十二表法は貴族と平民との階級闘争を通じて平民がかち得たものという。ローマと並ぶほど古い法律をもつ中国では、そのようなことは一度もなかった。中国における刑法の発達の歴史は世界有数である。それでいて、それが人民のマグナカルタであったことは一度もなかった。このようにして永年の法の歴史にあって、法は人民から軽蔑されあるいは人民は法をただ畏怖するのみであり、法が人民の味方であることはなかった。しかし私は、中国の革命期を通じて新しい社会の形成力が、法を真に自らの手に握り、自らのためのものとして、その新しい規範体系を築きあげてゆきつつあるのを感ずる。そこでは法がいつまでも旧来の如く、侮蔑ないし畏怖の対象であることはないであろう。丁玲の「翻身大爺」においても、支配者の法とか宗教に対する人民の畏怖——それを破ることに対する制裁のおそれ——即ち外部的条件、外的強制が、法を守らしめる動機となったのであろうか。もしそうだとすると、そのようなところからは直ちに法を自分のものとして獲得する意識を求めることはできないであろう。しかしそれにしても、今日それを求めること自体が不可能な条件下におかれているのではないと思う。人命を、否、法を暴力から救った翻身大爺はその点の問題をなげかける（なおこれに関連する事件が、ヒュー・ディーン「解放区山東の五週間」『世界評論』四巻六号、昭和二四年に出ている）。翻身大爺の問題を別な点から考えて見ると次のようである。

今日の社会の激動期にあって、専門の裁判員の意識と人民の法感情の距りはまぬかれ難い。そしてこの距りを放置しておいては法と裁判とを人民自らのものとすること、即ち真実の革命の実現はできない。そこでこのような距りを埋めるために判決後にも人民の意見を聞き、判決を改める機会が与えられている。「三人の土地の古老は一人の地方官にまさる」ともいわれ、「真の群衆の意見は法律よりも強い」ともいわれている（木下晋氏『中共の政治はどう行われているか』昭和二三年）。そして法と裁判とは自分等のものであるという意識成長のきっかけが、そこから与えられる。陝西省甘寧辺区で一つの事件がおこった。それは父親（封）がその娘を売ろうとしている矢先に、「息の嫁にする約束があった娘だ」とて息の親（張）がその娘をかっ攫った事件である。専門の裁判員による判決では娘を売った親を不問にし、「かっ攫った張は徒刑六ヵ月、息と娘の婚姻は無効」とされた。娘をはじめ村人はこれにすこぶる不満であった。娘は所属各県内を巡視していた専員の馬錫五にこれを訴えた。馬専員の手続によって村内で公開審理が行われた。村民は自由に意見を述べた。「封どんは何度も娘を売ろうとして、おらが辺区の規則をみだした。これは処罰されなくてはならん。また張どんも真夜中、人の娘をかっ攫って、風俗を害し、治安を妨げ、隣り近所を強盗がきたかとビックリさせた。これまた処罰されなくてはならん」。つまり自分等の村の法を破ったものは、村の法なるが故に、その法によって処罰を受けねばならない、娘を売る行為はもちろん、人を奪う行為と共に処罰からまぬかれるわけにはいかないとされる。そして息と娘とがその自由な意思によって婚姻する限り、何人もこれを妨げることはできないとした（木下氏前掲）。そしてこの事件は余程有名であると見えて、登場人物の名は違うが、説書（浪曲や講談式のかたりもの）として、ひろく農村に行われている（『アカハタウィークリー』昭和二四年五月三〇日島田政雄氏示教、また、村の裁判については趙樹理『小二黒結婚』を見よ）。法と裁判から逃げがちだった人民が今やためらいなくそれによって自己を守ろうとする。

革命は、農民の阿Q的旧意識、殊にその旧い面子意識に対して如何なる変化を与えているか――

それについては趙樹理の『福貴《ふーくい》』が答えている（『福貴』については菊地三郎氏「阿Q以後」『民主評論』五巻三号、昭和二四年参照、これまた島田政雄氏の示教による）。

福貴は、村人から犬の糞より嫌われていた。手癖が悪く、ばくちは打つ。——村の誰もが相手にしなかった。福貴の一族に王老万とて、薬屋で万屋兼業、それに棺桶も売り、村で指折りの金持である地主があって、彼のいうことは一族の誰もがきいた。福貴が他村で蕪を盗んだとき、罰金を払ってやった代りと、前々からの借金の代償として、老万は福貴の土地や家屋をとりあげた。その挙句、老槐樹に福貴をしばりつけ、一族を集めて、これを死ぬ程殴りつけさせた。彼の体はために紫色にはれあがった。福貴が村の旦那の葬式のとき役者をやったことがわかり、老万はこれを一族のこの上ない恥辱とした。一族の者はこれを「王八《わんぱ》」（馬鹿というよりひどい性倫理を無視した罵詈）といい、「殺せ」「生埋めだ」と叫んだ。福貴はいたたまれずに、妻子を置いたまま、村を飛び出した。村ではその子をも「王八」と罵った。しかし彼はもともとこうした男ではなかった。実直な農夫であった。自分の婚礼と母親の葬式のために老万から借金し、それが返せなくなって以来、とうとうこのような落目にはまり込んだのであった。福貴は八路軍がこの村に入った後、再び村にあらわれた。共産党地方委員会は村の農会主任とも話合い、老万が前にとりあげた土地を返させることとした。しかしこれに対して福貴はいった。「誰のものもいらない。ただ自分の望みは老万が村人の前で、けがらわしい王八という名前を、自分からとって貰いたいことだ」。「解放されたところじゃ、王八なんていうものはねえ。」福貴はまた老万にいった。「自分がどんな人間か一言いってもらいたいだけなのだ」。「自分は遼県（山西）に逃げてから、八路軍がきて、山に送られ、そこで自分の土地や住み家をもち、食糧もできた。それで女房子供を連れに来たのだ。今更、お前から土地などを取り戻そうとは思っていない。しかし王八という名前をそのまま我慢しておいたら、この名は永久についてまわると思ったのだ。それでお前に来てもらって、自分が本当にどんな人間だかを考えて貰いたいのだ」――それは魯迅の阿Qよりもすぐれてたくましい意識に違いない。阿Qは村の顔役旦那に横面をはり飛ばされたとき、自分を殴ったのは「俺の子供《がき》」だと都合よく思い直して、――外界の条件にはたらきかけることなしに――そのまますませていられた。否すまさざるを得なかった。それに比べて彼には解放された農民らしさがある。かつ貧民軽蔑意識への厳重な抗議をそこに認めなくてはならない。彼にとっては顔役だろうが地主であろうが、もはや問題ではなかった。しかし彼のしつような面子意識はどうであろうか。解放された農民にとっても旧い面子は依然として争うべき「倫理的生存条件」なのである。福貴はもはやもとの村に住むつもりはない。しかしけがらわしい名前が自分の行く先々について回るおそれがあるのには堪えられなかった。こればかりは「恥のかきすて」という訳にはいかなかった。してみると築島謙三氏のいうように、どこへ行っても「同じ社会が予想される」こととなる。解放された農民にとっても、行く先々は面子を生存原理としなければならぬ古い意識構造の社会であり、人間の内面的尊重の否定的な社会である。なるほど、積極的に「自分の倫理的生存条件を防衛する」（イェーリング前掲）そのこと自体に、新しい農民意識は見られはするが、面子の倫理的外面性の枠を毀すことまでは問題になってない。とはいえそれは今にわかに如何とも解決し難い難問中の難問題であろう。私は『東洋的社会倫理の性格』の場合と同様、ここにはしなくもまた、旧い面子意識の問題に筆をおくこととなった。

b　日本と中国との交流問題

東洋ないしアジア・アラブ問題は、ジュネーブ会談では、はじめから棚上げになっている。米英仏ソ四国首脳はその会談で「東西交流の促進」という結論をつくり上げたが、ここでいう「東西」もまた欧米の範囲を出ないであろう。日本は主観的に太陽の出る東にあるつもりでいても、この「東西」の西に組み入れられているのかも知れない。というよりこの「東西」のどこにも入っていないといった方が確かであろう。欧米にとって、ドイツの統一や欧州安全保障など、ヨーロッパ問題が重要であるからとて、世界の平和を目標とするのに、アジア・アラブをおき去りにし、或いはこれを従属的に見るということは、如何にも西洋的偏向が目立っているといわざるを得ない。

もちろん今回の会議の方向は、アジア問題の解決にも影響力があることはいうをまたない。しかし自分の国の問題の解決をよその国まかせにせず、アジアはアジア自らその道をつけたらよい。さきに共通の運命を感じ友好善隣の関係を促し共同の利益発見のために開かれたアジア・アフリカ会議を、もっと前進させることも必要である。また問題をもつ国々の間だけで、具体的解決のための会議を開くことも必要である。われわれに必要なのは人の奴隷になったり人を奴隷にしないことである。東西交流を「日本の問題」とした場合に、一番大切なのは、中国及び朝鮮との関係であるのは常識である。そして、日本と中国との問題についてみると、交流をさまたげている主な原因は、日本の側にある。しかし日本の鎖国状態が、今、にわかに解決できないとしても、すでに、ある程度、貿易上の交流の道は両国間に開かれている。この上はさらに平和的な通商の道を拡大させ、また学術、文芸（映画演劇をふくむ）に関する、人と著作その他文献の交流などのような、一見、平凡ではあるが、手近なそしてでき易いところから一歩一歩解決に近よることが必要である。昨年（昭和二九年）あたりの話では、中国では、一般には日本歴史の本としては、戦争中に日本でつくった教科書程度のものしか読まれていないということであった。これはほんの一例であるが、これがほんとうならこのような状態から早く脱却することが望ましい。われわれの交流はもちろん厚い友情と相互理解がその基礎になければならない。

日本で中国との交流をさまたげている一つの原因——それは根本的原因ではないが——は、中国革命の日本に及ぼす影響への恐怖感と恐怖の押売である。しかし社会革命の要因はその社会の内部条件によることなのであり、他国との交流接触はその要因とはならない。中国革命も根本的にはその社会内部の条件によるところであった。その要因が内部的であったという点からいえば、それはフランス革命やアメリカの奴隷解放戦争などと同じことである。恐怖者にとって真に恐怖すべきものは、交流接触ではなくして、自分の社会の内部条件である。

文化の交流接触の問題に関連して、中国の古典などの理解についても一言しておきたい。戦後、日本のある学者の間では、中国の古典などの安易な考え直しが行われている。それはたとえば中国の古典などに権威主義をみることをしないで、却ってそれと自由思想とをすりかえようとする類である。その考え直しの具体的内容は、一見、気がきいているようであって、そのため出版界や読書界で歓迎する向もあるようであるが、多くの場合それは見当ちがいである。日本は中国の五・四のような古きものへの断絶の機会をもたなかった。一九四五年八月一五日は、日本にとって深刻な断絶の機会たるべきであった。しかしその断絶は徹底することなくして、その後古いものが、ずるずる再生産される始末となっている。そのため八月一五日の歴史的意味は日毎にうすれてきている。中国の古典などの安易な考え直しも、このずるずるとした再生産の一態である。近来、中国で、五・四の時期の考え方に対する厳しい反省が行われ、古典への新しい理解もある程度すすめられている。その場合、断絶の意識をもつこともなく、此の岸に立ち止ったままで、中国での古典再認識を丸呑みにするようでは、文化の深い接触にはなり得ないであろう。私は日本における中国古典などへの新しい理解をむやみに拒もうとは思わない。しかし再認識の方法はもっと厳密であってほしい。また、中国での新しい見解の受容を拒むものではない。しかしその受容態度には自ら深い反省がのぞましい。

2　中国の旅

a　中国の旅の印象

私は一九五九〔昭和三四〕年八月（七日）から九月（四日）にかけて、中国政治法律学会の招待をうけ、中国訪問日本法律家代表団の一員として中国を訪れた。以下、行程にそって旅の印象を主に記すこととする。

一　九竜から広州へ

八月八日、九竜から広州へ向った。羅湖と深圳《しんせん》との間には国境線がある。国境を画している小川の向うには五星紅旗が青い夏空の中にひるがえっている。深圳では各関係方面の方々の出迎えをうけた。丁民さん、陳蕙娟《ちんけいけん》さん、尹敬章さんなど、日本語の達者な方が多いのには驚いた。この辺には枝から根をたれ下げた大木が茂っている。尹さんはそれを「榕樹」と教えた。そして「枝が曲りくねって、割るのに骨が折れ焚きものにはならない。日本でいう『うどの大木』ですね」といった。

この地方は二毛作（三毛作）地帯で、行ったときは丁度田植の季節であった。イギリスの支配地帯の九竜から羅湖までの間では、一人でぽつりぽつり田植をしているのが車窓から見られたが、深圳から広州に向うとたちまちにぎやかになり、集団的に田植をしているのが幾組も見られた。水牛は幾頭も使役され、なかには水たまりから黒い頭だけ出して水浴しているのもあった。これは聞くところの人民公社の田植にちがいない。広州に向うはじめのころは、丘陵地帯で、水田は幾段にも段々になっている。丘陵はもとは斜面が墓ぐらいにしか利用されず、車窓からも大きく馬蹄形につくられた墓がはっきり見える。丘陵には今では松、ねむ、ゆうかりなどが植えはじめられている。後でわかったのであるが、植林は北は万里の長城に及ぶ全国的規模で行われている。窓外にはバナナ、パイナップル、さとうきびが見え、南国の夏の風景が展開する。

「この辺の村では堡塁がつくられている」と陳さんの説明である。福建や広東では、革命の前までは同族の結集力がことにいちじるしく、同族が一つの村落をなし、いわゆる同族村落を形成している場合が少なくなかった。その村落は閉鎖的、孤立的であり、同時に排他的であった。水利や墳墓のことでならまだしも、ちょっとした恨みからでも村落の間に大規模な戦闘が発展することはめずらしくなかった。武器をとって闘うことからそれを「械闘」とよんだ。しかしそのような械闘は革命の後ではきれいに行われなくなった。村落の共同の敵は他村民ではないことを知ったからである。

深圳と広州との中間の漳木頭駅につく。駅の付近に市が立っていて自園に出来た果物（茘枝など）

の類を売りに出している。駅の前には「徹底的に四害を退治せよ……」（徹底消滅四害云々）という標語が高々と立札に書いてある。「四害」というのは陳さんの説明によると、鼠と雀と蠅と蚊とであり、数年も前からこれらを除く運動がつづけられ、蠅も蚊もとっくの昔にほとんどいなくなった。雀と鼠の退治の方法を聞いたら、「雀を木に止らせない。とまりそうになると木の下に人がいて追い立てる。雀はしまいには血圧が高くなってふらふらして落ちてくる。そこをつかまえる。鼠については時間をきめて一時にどぶに薬をまいて殺してしまう」のであると。私は中国のどこへ行っても雀を見なかった。蠅も絶無ではないが、みつけ次第退治られてしまう。各地を廻ってから後の感じであるが、都会より農村の方に蠅がいない。

広州に近づくにつれて耕地整理が行われた水田が展開、先頃の珠江の大氾濫の後、水の引いたところから田植が行われている。車窓から見ると電線に枯草がたくさんひっかかっている。「氾濫のとき水は電線の高さにまで達しました。ひっかかっているのは稲です」と陳さんはいう。このあたりからスコールは車窓を何度も急襲する。視界は灰色の驟雨の中にとじこめられる。「スコールをこちらでは陣雨といいます」と陳さんは説明した。「四時みな夏、一と雨くれば秋となる」という通り、陣雨の後は全く涼快である。その後も駅につくごとに色々な標語が目につく。その一つに「大いに意気ごみ、高い目標をめざし、多く、早く、立派に、節約して、社会主義を建設せよ」（鼓足干勁、力争上游、多快好省地、建設社会主義）というのがある。人民日報などでもしばしばお目にかかったものであり、これから中国の行くさきざき、工場でも監獄のなかでも出あったものである。陳さんはその標語の一字一字について細かく説明した。話している間に三時間半たってしまって広州駅についた。

広州の珠江上には水上生活者が多数見うけられる。もと「蛋民」といったが、今ではそうはいわずに「水上居民」という。その数ももとにくらべて大分少なくなったということである。物の輸送や仲仕《なかし》などを仕事にしている。水上居民のために今では川岸には水道がひいてある。川岸に出て黄色い川水のなかの四ッ出網をみていると、鰻のほかに小魚がかかった。ポツリと来たかと思うと早くも陣雨。高厦の下が雨よけ（また陽よけ）になっていて人々がかけ込む。珠江岸から渡し場ができて電燈がつき水上居民の船も明るくなっている。

中国に入って第一日の宿舎は愛群ホテル。尹さんは中国国際旅行社に属しつつ「下放」――一定期間、幹部が肉体労働に参加すること――を志願してこのホテルのボーイをつとめている。中国ではこのような労働を通じて労働者農民に服務する幹部となるような訓練と学習が行われ、このことによって官僚主義――役人や政治家のから威張りや不親切――がとり去られる。尹さんはボーイの仕事を着実に実行しつつ、われわれ一行のためにはまた通訳を応援しているのである。汽車の旅は、大体、広州で終った。後はほとんど飛行機の便が得られたのは幸であった。しかし上空からは下界の細かな観察はしにくくなった。

二　北京にて

一〇日朝八時すぎ、広州を立ち武漢、鄭州を経て一挙に華北に入る。華北は淮河《わいが》以南の地帯と異って大体は畑作地帯である。私はここでいく筋もの灌漑用水路が、東西にのびて東の方はるかに雲煙の間に没しているのを見た。昔と変った農村建設の情況はこれでも予知することができた。近ごろつくられたという北京の東郊飛行場から北京市内に入る。途中の北京の城壁は広くとりのけられているのには驚いた。北の彼方に朝陽門が見える。宿舎、北京飯店の前通りは大幅にひろげられ、大建築が立ち並び、ことに天安広場では一〇月一日の国慶節（ことに建国十周年記念祝典）をま近にひかえて昼夜兼行で総仕上げを急いでいる。大通りでは赤い布に黄色の字をはりつけた蚊蝿とりのポスターが店ごとに出ている（「全市人民行動起来徹底消滅蚊蝿」とか「鼓足干勁消滅蚊蝿」とかいうのが標語）。

北京では人民公社、北京大学、科学院の法学研究所、中央民族学院、アジア学生療養院や法院や監獄も見学した。人民公社座談会、法律座談会などにも出席した。北京市中級法院民事法廷では、若い婦人の審判員（裁判官）が離婚事件について、新しい法の理想をかざして審理をすすめていた。北京監獄は、門内に草花も植えられ、どこかのホテルのような感じがした。清末に建てられたもので、監房の建物の構成は扇型（パノプチコン・システム）である。今日、ここは教育と労働とを結びつけた人間改造の場であるという。年々受刑者の数は少なくなり、監房には鍵はかけてないが逃げるものがいない。監房の扉の上半は布がはってあるだけである。門外に二名の武装した者がいるほかに武装者はいないという。刑期がすぎても、監獄で覚えた仕事を、自らすすんで続行し、監獄に住み込みあるいは通っているものもいるという。受刑者の服装も一般の人と変りなく、女性の場合はきれいな模様の着物をきていた。監獄といっても街の工場と変りなく見える。死刑にも執行猶予が行われている。

北京で訪問した人民公社は四季青人民公社といって北京に野菜を供給している。八つの高級協同組合が集ったもので、戸数は九千に近く、人口は四万に近かった。トラクター八台を持つ外、かなり機械化の進んだところである。共同食堂は必ずしも利用しなくてもよいというが、利用する家庭ではかまどはいらなくなる。ある農家に入ってみた。旧来の農家ならあるはずのところにかまどがなかった。かまどの神も祀ってはいなかった。部屋のなかには結婚記念の額などがたくさんかけてあった。今日、人民公社のために、家庭はばらばらに解体され、夫婦も別々に集団生活をしているという説がアメリカの雑誌にも出ており、日本人の中にもそのように考えているものがある。しかし私はそのようなことを発見できなかった。老人も孫も同居しているのが通例であった。もっとももとの家父長支配の根拠は今日失われている。「うどんはめしではない、女は人ではない」あるいは「買った馬と女とは、買主が打とうが乗ろうが勝手次第」というような中国旧来の格言も、今日の中国に通用しているわけはない。

北京は、武漢などでもそうであるが、街の様子から見れば労働者と学生の街という感じがする。北海公園や万寿山や景山のような北京の名勝史跡に休日に行ってみても、若い人たちが大勢きている。かつては労働者はこのようにゆっくりたのしむ時間と金とがなかった。今では国もとから北京見物に親を呼びよせる労働者が少なくないと聞いている。

北京の西郊は北京大学や中央民族学院など文教施設が広大な敷地を占めてゆうゆうと建てられている。北京大学法学院の肖教授によると、学生は授業料もいらないし、医療費もいらないという。学生はいわゆるアルバイトをしなければならないような状態に置かれてはいない。中国では能力さえあれば誰でも大学で学べる。教授は高給をとっている。大学の研究費は請求しただけ交付せられるとはまた肖教授のいったところである(日本国憲法にも「すべて国民は健康で文化的な最低限度の生活を営む権利がある」とか、「すべて国民は能力に応じてひとしく教育を受ける権利を有する」とかあるが、そうあるだけであまり実現の道が考えられていない)。中国では法院でも事件は少なくなり、犯罪人の数は年ごとに少なくなり、監獄でも監房が空いてくるし、弁護士の数も日本に比べてずっと少なくなっている。北京では専門の弁護士はあまりいない。法律はだんだんいらなくなってきているという。中国内の少数民族が五一あって――かつて六十余ということもいわれたが、それは誤りとわかった――総人口三千六百万人といわれる。中央民族学院はその中級高級幹部の養成のための学校であって、政治系、語文系、歴史系のような学部に分れている。民族によっては言語はあっても文字のないものがある。それについては文字を作り、またその不完全なものについては改革された。この学院の学生は四七民族二四〇〇名。学生の小遣、服装、医療費もみな国費でまかなうが、学生の服装も食事もその民族の習慣が尊重されている。また学生の信仰は自由であって、ラマ教の礼拝堂やイスラム教の礼拝堂が設けてあった。各民族の学生は、他の民族の祭典の場合には、これを祝って民族大団結、民族間の友愛の情を示す。学院内を参観しながらウイグル女子学生などと一緒に記念撮影をした。ウイグルはトルコ系民族であり新疆地方に自治区をもっている。民族学院には各民族の習俗をあつめた陳列館もできていた。湖南、貴州の苗民族の着るアコーデオン風のスカート等も陳列してあった。またラマ教礼拝堂にはダライ・ラマの肖像もラマの仏像とともに安置してあった。一行が北京に行っていた当時はチベット問題がやかましかった時であり、北京の天壇にはチベット展覧会が開かれ、反乱資料とともに地主勢力による農奴圧迫の諸資料が陳列されていた。日本ではチベット問題を信教の自由を圧迫した事件と見たり、アルジェリア民族問題と同様の事件と見るむきもあるようであるが、問題を考えるときは、チベットの内部状勢を、社会経済構造の上から分析検討するようにしたいと思う。

一行の日程には北京図書館訪問は入っていなかった。一六日、私一人時間を都合して潘漢典さんと夏玉芝さんの案内で行ってみた。マルクス、レーニン、毛沢東著書閲覧室、マイクロフィルム閲覧室などが昔に比べて新たに設けられていた。しかし革命後であっても、唐律の古版本をはじめ古典的な意味での貴重図書の蒐集も怠ってはいない。古書店の書籍も質のよいものは、中国全土の学校や図書館の整備充実のため吸収されていくのであろう。北京図書館からの帰り途、思い立って北京の古書店街の一つ琉璃廠に出かけた。街の外観は十余年前とあまり変化がない。そこの来薫閣は北京で最大の古書店の一つである。今、中国では私営企業はほとんどない。国営とほぼ同様の公私合営にきり変っている。来薫閣も同様である。店の者は、私営時代の主人（掌櫃的《ちゃんくいだ》）の陳さんを「同志」といっている。陳さんは健在であった。店内を奥の奥まで見てまわった。書籍の分量の多いことはもとと変りがない。新刊の影印本などを買い、その他、多少注文を残して辞去した。

北京の交通機関はバスとトロリーバスとが全盛である。かつての電車は外城の一部に残るだけで、これもやがてはなくなるであろう。北京でバスや電車に乗る人は静かに乗る順を待っていて割り込む者はいない。私は戦時中、北京でタバコやその他の行列買にしばしば出会ったし、電車にむらがる民衆も見た。配給品を買う行列では、後の人は前の人の背中につかまって途中からの割り込みをふせいでいた。その行列は蛇が歩くようにうねっていた。自分を守るものは自分の実力以外になかった。官憲もこれを守ってくれてはいなかった。電車に乗るにも力ずくであった。今度、北京で見た乗客は秩序正しく自分の番を待っていた。誰も自分の支配領域をこえて他人の利益を犯そうとする者がない状態を私は見た。それはどろぼうせぬこと、わいろをとらぬことと同じ意味をもつ。バスやトロリーバスの発達にひきかえ、かつて全盛をほこった人力車もまたどこにも見られなくなった。三輪車も荷物をはこぶのが本業で、人を乗せるのは副業となっているし、副業をやる車もあまりない。二六日の午後、時間に余暇ができたので、急に一人で隆福寺街の古書店に行こうと思った。ところが、どこを通るか不案内のバスやトロリーバスに乗るのは不安である。結局、三輪車にかけ合った。ところがはじめの三輪車は「くたびれた」という。二度目のは「これから南の方へ行くのだから都合がわるい」という。中国語の上手な浜田順子さんにかけ合ってもらっても同じ結果になった。それでも三度目にかけ合った三輪車はこころよく乗せてくれた。隆福寺には、もともとお詣りよりも、露店をひやかしに行く者の方が多かったようである。今、寺院には青物市場の看板が出ていた。寺院の近くの古書店もその外面はあまりもとと変化がないようである。来薫閣と並ぶ老舗の文奎堂に入ってみた。店の者が二人、私と別れて一五年にもなるのに忘れないでいた。この書店の書物の分量も依然大したものである。私は古書の二点を購《もと》めた。店員は早速、販売の許可を関係筋に求めるために電話をかけている。「仁井《れん》先生（仁井田の田の字を落している）にこれこれを売ってもよいか？」と。今日、八〇年以前の古書を国外に持出すことは禁止されているし、八〇年未満のものでも許可が必要な場合があるようである。この新しい中国の規則は厳重に守られていて、戦後、日本では八〇年以前の版本は中国から一冊も入手することができなくなっている。

北京にいる間に一行は沈陽（奉天）、鞍山にむけ、東北への汽車の旅に出立した。暑熱の時候の間にあいにく風邪をひいてホテルで養生したまま、沈陽の工場も人民公社も、鞍山の鉄鋼コンビナートも見ないで北京に引き返した。中国では中薬（漢薬）と西薬と共に用いられていて、それを合せて服用した。沈陽の医師の手厚い看護をうけ、しかも北京までつき添ってきていただいたのには感謝にたえなかった。

北京から武漢に出立する前々日には、一行は万里の長城の見学に八達嶺に向った。自動車で徳勝門から北京城外に出て居庸関の傍をすぎてゆく。私はこれまで幾度か行ったことがあるので今回は遠慮しようかと思った。しかし行ってよかったことの一つは、長城あたりに至るまで植樹（ことに果樹の）がすすんでいたのを見たことであった。そして路傍の建物の壁に標語が書いてあった。「荒山変じて花果の山と成る。祖国到る処これ花園」と。午後四時ごろ八達嶺に到着した。黄、紫などの野花が秋風のうちに咲き乱れていた。

三　武漢と上海

二七日、北京を立って武漢に飛ぶ。午後、長江（揚子江）の大鉄橋を見学に出かけた。一九五七年、大陸を南北に分った天塹（大自然の大きなほりわり）に、一六七〇メートルの大鉄橋をかけることに成功し、工業基地としての武漢の地位を一層重からしめた。架橋工作は管柱法（パイプボーリング）によったという。解放前までは「黄河は治められない。長江には橋はかけられない。もしかけることができるのだったら一年三百六十五日ぶっ通しで日照りがつづかなければ」といわれ、架橋の不可能が信じられていた。今やそれは一つの迷信にすぎないことが実証せられた。

その夜、われわれのために宴席が設けられた。たまたま隣席の薛《せつ》さんが挨拶に立った。「私は薛と申します。九州大学法学部第一回の卒業生です」。武昌の飛行場で会ったときから私はどこかで見覚えがあると思っていた。それで私は「お名前は何とおっしゃいますか」と聞いた。「祀光と申します」ということを期待しつつ。薛さんの返事は期待通りであった。今からもう三〇年も前のことであった。私が大学を出て処女論文を書いたころのこと、美濃部達吉先生の御紹介ということで、本郷の大学正門前の「鉢の木」だったかでお会いした。そしてその論文をめぐって話合ったことがあった。薛さんはその後、広州の中山大学に勤務せられ、顧炎武の『日知録集釈』を送って下さったことがあった。中山大学の法学院は武漢大学に移されたので、薛さんもこの武漢で民法の講義をしておられるというのである。全く奇遇というべきである。中国外交学会の陳抗さんは、宴が終ってから次のような中国の諺を教えてくれた。「二つの山は相会うことはないが、人はまたいつかは会うことができる」。夜、ホテル——璇宮飯店《せんきゅう》——から大鉄橋のあかりが連なってきれいに見えた。

しかし武漢の暑熱は四〇度を下らない。「屋根の雀の焼鳥ができる」といわれるのももっともと思った。夜に入っても気温は大した変化がない。ベッドが熱くて体が冷たく感ぜられる。市民は寝台を戸外に出してねている。同室の福島正夫さんが夜中いなくなった。あわててさがしてみると、バルコニーに寝台のござを持ち出して寝ていたのには感心した。武漢では大型機械製作所を見学、景勝の地、東湖公園で休息した後で、建設途上の武漢鉄鋼コンビナートを見学に出かけた。同じく鉄鋼コンビナートでも、鞍山の場合が解放のとき、荒廃といっても何等かの基礎の上に再建されたのとは異って、武漢の場合は解放後の第一次、第二次建設計画のなかで、武漢の草原の無の状態から出発したということである。一行は晩くなるまで高炉の出銑などを見学した。夕やみのなかで火花を散らして奔流する鉄火の滝は壮観であった。

二九日、武漢から長江の上空を飛んで上海に向う。上海が近くなるにつれてクリークとそれに浮ぶ小舟が目立つ。かつて上海に君臨した財閥サッスーンの牙城は、解放後は和平飯店と名を改めたが、上海での宿舎はここにあてられた。上海の水道の水は泥臭くてまずい。それで最初の日は水にかえてビールを飲んだ。次の日は水を飲むとき鼻をつまんで飲んだ。さらに次の日は息をつかないで飲んだ。そのうちに臭い水にもなれてしまった。上海では、解放前のいわゆる貧民街、薬水弄《やくすいろう》を訪れた。そこはかつては産業労働者は少なく、小売、人力車夫、くずひろい、乞食など最低の生活者がより集っていた。食事にはとうもろこしの粉、豆かす、落花生のかすなどをたべ、しかも一日三食を欠く状態であった。家はわらぶきのほっ立て小屋で「地上にころがった籠」のようなもので事実そう呼ばれていた。しばしば火事がおこったが焼けるにまかせ、消防ポンプが傍まで来ていながら消そうとしなかった。消したところでお礼をもらえるあてがないからである。このような貧民窟にも、ごろつきがいた。人をおどして金をまき上げた。また誕生日などにかこつけて招待状をおくり、金品をもって行かないと因縁をつけた。喧嘩、賭博、麻薬注射は日常茶飯事であった。かつては飲料水は蘇州河のどぶ水をくみ、道はでこぼこ、電燈もなかった。今では昔の状態は大いに改善され、わらぶきの家もほとんどなくなった。上海のごろつきは葯水弄に限ることではなかった。ごろつき、すり、さぎ、乞食、ばくちうち、売春など――いわゆる遊民――は、上海の人口の約二分、一二万はいた。これらは上海解放後、勤労意欲をもつ新しい人間に改造されていった。このような改造が行われ、ごろつきが退治されたについては、その前提として官憲がこれらと結託したものでないこと、民衆が退治に協力すること――否、協力できる政治社会条件がつくられていることが何よりも必要である。ここでも北京、沈陽、武漢など他の土地と同様、工人集団住宅（新村）がどんどん建設されていた。上海の夜の暗の世界は今日ではなくなった。大勢の労働者が工人文化宮で音楽などを楽しんでいた。ばくちうちなどの栄えた大世界は市民のあかるい娯楽場になっていて、二〇銭出すと演劇でもサーカスでも何でも見られるように変っていた。

三一日、黄浦江を渡し舟で渡って浦東の章華毛紡織工廠を見学にゆく。渡し舟は移動する橋みたいなもので、人を自動車に乗せたままはこんでゆく。帰りは生きた豚をはこぶ車と一緒になった。私が今回の旅行で感動したことの一つは、その紡織工廠の経理（支配人）の劉念智氏から、資本家として今日の自己解放をとげるまでの深い苦悩の体験をきいたことであった（仁井田「中国の旅から帰って」『朝日新聞』昭和三四年九月一一日、参照）。午後、虹口《ほんきゅう》公園に魯迅の記念館を訪れた。

上海出発の前日、人民公社――宝山県黄浦人民公社――を見学した。ここでは総戸数八千戸近く、ポンプ四五台をもち、電気ポンプは河水をすいあげ、ディーゼルポンプは野菜畑の散水につかう。小学校は一五、中学校は一二をもっている。その他、託児所、幼稚園、産院、保健所などができている。農婦も産後は七五日休むが月給には変りがない。学齢期七歳以上は誰でも学校にゆくこと、三度三度食事が、ともかく、心配なくたべられることなど、昔にくらべたら大変なちがいである。

その日の午後、上海市監獄を見学した。鉄の獄門はじめ、さすがイギリス帝国主義が建てたといわれるだけあって、外形のいかめしさは北京監獄にくらべて数倍であるが、内部で行われている制度は北京と変りがない。ここでも監房には鍵がなく、受刑者は拡声器で音楽をききながら労働していた。食事の限度は「腹一ぱいまで」ということであった。

九月二日、上海竜華飛行場を立って広州に向う。銭塘江を眼下に見、西湖のほとりを過ぎ、波陽湖（鄱陽湖）の南辺をかすめ、江西省をはすかいに飛ぶ。あの辺がかつての革命の一大根拠地――井岡山――であろうかと遠望するころとなると機は雲中に没し、視界がひらけたときはもう広東省の上空にいて、村の望楼が見え出した。広州での送別の宴はにぎやかであった。陳抗さんの「そうらんぶし」には誰もが感嘆した。黄世明さんと橋本敦さんとは二人だけが独身者ということでなかよく合唱した。

広州からはもと来た道を帰るわけだが、陳蕙娟さんにまた出会い、丁民さん達とも時間を惜しみながら話をつづける。「日本では『三人よれば文殊の知恵』ということを中国では『三人の靴工は諸葛孔明にまさる』というそうですが、それは戦後の諺ですか」。陳さんはこれに答えて「いいえ、戦後ではありません。もっと古くからです。しかし同じ諺の言葉でも戦前と戦後とでは内容がかわっていますす」。これについて丁民さんもいった。「戦争中にも諸葛亮会というのがありましたが、それは戦術を練る会のことでした。今は新しい工夫や提案を出し合う会のことです」。この諺の靴工は、働く者をすべて代表させているのであり、今日の諺は大衆の智恵と力量のほどを示すものとなっている。人民公社にしても大衆の智恵が出発点であり、政治でも裁判でも産業発展の上でも、大衆の智恵をよりどころにしている。「民はよらしむべし、知らしむべからず」——知らせようとしたとて不可能である（論語）——というような民衆の能力の否定または能力の軽蔑は、孔子のもった迷信であり、思いちがいであると、呉徳峰さんをはじめ今日の中国人はいっている。中国ではこの種の迷信の打破がしきりに説かれている。

私は今の中国で泥棒が年々少なくなっているときいた。それは自己の支配領域をこえて他の領域を犯さぬことである。役人についていえば、公と私との区分領域が明らかであり、わいろを取らない、選挙に買収を行わないことである。どろぼうは絶無ではないが毎年減少している。そうすると、当然、監獄が空き家となってくる。犬がいらなくなる。私は旅行中、都市でも農村でも一疋の犬にも出会わなかった。きのうまで広州のホテルにいたときは、部屋に鍵をかけず荷物もほったらかしで気にしなかった。ところが今日、九竜のホテルに来たときはそうはいかなかった。「人を見たらどろぼうと思え」の世界に入ったからである。どろぼうがなくなる問題をつきつめてゆくと、自国の支配領域をまもって他国の領域を犯さぬ「侵略戦争の否定」というところにまで問題が発展するように思われる。日本で軍備の必要を説く人が、その理由として一家の戸締りの必要を説いている。なるほど日本の国内での戸締りは必要であろう。しかしその必要状態から、中国に対する軍備の必要を割り出すことには、何かわりきれないものを感ずる。北京大学の翦《せん》教授をはじめ、中国の人はよく次のようにもいった。「国土はひろく資源は多く、建設にいそがしいのに、何もよその国まで侵略する必要はない」と。

私が中国から香港に来て、今更ながら驚いたことは、子供がよごれた手を出して物を乞うたことである。私は中国の各地で、ことに上海の工人街で、多数の子供にとりまかれた。しかしその子供達は誰一人として、旧い時代の子供たちのようには手を出さなかった。これほどに中国の歴史的諸条件は変っているのである。

b　上海のごろつき退治

一　はしがき

ここには「ごろつき退治」と書いたが、中国ではこれを「遊民改造」という。そして中国の場合その語が適切であることは後にのべる。さて、ごろつき退治は、退治（改造）ができる条件がなければならない。そのような条件なしには退治は労多くして効が少ない。その条件というのは第一に退治する政府がごろつきと縁がきれていることである。ごろつきとつながっている政府の下では、容易なことでその退治はできない。また退治した後から後からごろつきがでてくる。第二に退治には民衆の協力が必要であることである。しかし協力者がごろつきから脅威をうけるようでは協力しようにもできるものではない。第三にというよりも、基本的には、暗やみの根源がないことである。

二　貧民街にもごろつきがいた

私は中国訪問日本法律家代表団（中国政治法律学会の招きによる）に加わって今年（一九五九年）の八月二九日上海を訪れた。翌三〇日の午前には勤労人民二万人のいる労働者の街、普陀区葯水弄をおとずれた。そこで居民弁事処工作員黄強華氏から、上海の解放前後にわたっての、その街の変化を聞いた。解放前、その街では、産業労働者は少なく、小売、人力車夫、くずひろい、乞食などが住んでいた。食事には、とうもろこしの粉、豆かす、落花生のかす等を食べ、しかも一日三食を欠く有様であった。家はわらぶきのほったて小屋で、地上にころがった籠のようなものであり、事実「地にころがるかごの家」といわれた。今では産業労働者もふえ、生活条件は格段の改善を見せている。

このように貧民窟さながらの街にもごろつきがいた。ここにはごろつき、ボスが横行し人をおどして金をまきあげた。彼等は「小梁山」といった。それは百八人の水滸伝の英雄にたとえた言葉である（今日水滸伝の諸英雄には、このようにおくれた評価でなしに、積極的評価が行われている）。ごろつきはまた「吸血気」「不死身」「白竜虎」「黒竜虎」などともいわれた。これらの名はごろつきのやっていたことからつけられたものであって、「白虎」はそこらの紡績工場の綿をねらうもの、「黒虎」は石炭どろぼうである。また「豚皮はぎ」というのがあったがこれは着物の追はぎで、少しでもよい着物をきているものははぎとられる。また招待状をおくる。つまり誕生日などの口実をつけてこれを送り、金や物をもっていかないと因縁をつけるのである。社会風紀がわるく、喧嘩、賭博、麻薬注射は日常茶飯事であった。それで当時の住民は、このようにいった――「飲む水は悪い（蘇州河のくさい水をのんでくる）。道路はでこぼこ。夜は電灯がなくて月にたよっているばかりで、外出は物騒だ。石灰山（ここら地帯のことをいう）に三年いるより監獄にいた方がましだ」と。このような地帯に大きな変化がもたらされたのは解放後のことであった。

三　上海のごろつき退治――「大衆が大衆を助ける」

上海のごろつき退治について、全般的な話をきいたのは、当日の午後開かれた遊民改造座談会においてであった。話し手は上海市人民委員会の民政局社会福利処長董必成氏。話の内容はごろつき退治というよりも、やはり改造というのにふさわしかった。

解放前の上海の人口は五五〇万、そのうち遊民は約二分で一二万を占めていた。それらは、こそどろ、すり、さぎ、乞食、ばくちうち、売春、国民党の敗残兵などであった。これらの活動の地盤は封建的支配体制の社会であった。やくざの親分、帮《ばん》の親分などが官僚と結託し、農村から生活におわれて入ってきたものを遊民とし、また売春におとした。上海の解放は一九四九年五月からである。解放後、政府は遊民については、おくれた社会制度の産物として、これに行政処置をとり、刑法専制的政策をとらなかった。それはぶらぶら遊んで正当な職につかぬけれども、裁判してこれに刑罰を科するには至らぬという判断にもとづいたものである。一九五〇年上半期に、政府は遊民を強制的に収容する機構をつくった。売春には婦人に対する収容機構を、すりなど男には男に対する収容機構をつくった。改造の基本方針は、㈠遊民を集め、これを集中して改造すること。㈡社会による監督を行い、これによって改造することであった。つまり、地方に身寄りがあり、家があって帰って生活できるもの、および遊民になって時間のたっていないものに対しては㈡の方による。永く寄生的生活をしてきて、帰るのに家のないものには㈠の方針によることとした。収容には、本人にくりかえし説得し、教育した。その結果自ら願って収容に同意するようになった。たまに収容を拒むものがあったが、拒むときにはじめて、これに行政的強制処置をとることとした。また広く大衆によびかけることは、遊民に対する教育にもなった。遊民改造には大衆のたすけをかりなければならない。遊民は大衆の手によって摘発するようにする。政府は、よい人に寃罪をかけぬよう、しかし遊民は一人ものがさぬようにつとめる。そして遊民であるなら、その遊民の活動とてらし合せてその行為を実証し、その誤った行為の前に言いのがれのないように話してきかせる。それには政府に対する社会の支持、遊民の家族の満足した支持が得られなければならず、かくて本人がいいのがれ得なくなったときにはじめて収容する。かくて遊民の絶対多数は自ら望んで収容されるに至った。収容後は遊民はその特徴にもとづいて改造する。ぶらぶら遊ぶことのすきなものの改造には、労働生産と教育改造を結びつける政策をとる。政治思想教育についても、第一に法をまもり規律をまもること。第二にこの社会がどのように発展するか、社会主義の将来の展望、個人生活の向上について教育する。それと同時に労働は光栄あるものであり、寄生は恥ずべきであること、働かないで食うのは恥ずべきであることを教える。教育方法としては、第一に国家工作員から講義をきいたのち、それについて討論を行うこと、工作員が個別的に談話を行う方針がとられた。またこの外、第二種の方法として、遊民中、もと勤労人民であったもの、遊民となってから日数の浅いものを先進分子として、これとともに進歩するよう遊民自ら自分を教育する方針がとられた。最初改造の仕事をはじめた当座は、改造の経験がなく、遊民のうちには教育に反抗し、反撥的で改造しようとせず、逃げたものまであった。そこで逃げたものだけを集めて教育にかかったが、今度は全部一緒に逃げてしまった。そこでこの問題を分析し、その結果、進歩の早い組に、逃げたものを編入、進んだものから援助をうけ「大衆が大衆を助ける」方法をとった。このようにしたらその後は逃げるものがなくなった。方法の第三は、本人の一身上の利益と結びつけて実害をとく（売春も強盗も身を亡ぼすもと）。第四は遊民の家族、友人、知り合いの協力をもとめ、遊民が家に帰って友人を訪問したとき教育をうけるようにする。また政治思想改造の外、労働生産方面の教育、生産技術の能力を与え、将来生活の上で安定できる能力があるようにする。彼等に労働を熱愛させるため、賃金は一般と同じにする。労働に応じて分配し、働いたら働いただけ多く与える。婦人教養院では、性病をなおすのに経費を支出する。政治思想のほか、生活健康に関心を寄せるについては、当初、反撥はしたが、後ではこれに感謝するに至った。彼等は新しい政府を、国民党政府に対すると同じ目で見ていたが、事情がわかってきた。彼等の収容所が学校でもあり、工場でもあることにも気がついてきた。これらの収容された人々は、刑事犯人でないから、公民権や選挙権があり、通信の自由ももっている。家に帰ることもまたできる。その点、監獄とはちがう。しかし、一般の大衆団体や、学校とちがい、八時間の学習労働をすませ、家に帰りたいときは工作員の許可が必要である。勝手に帰れないところは大衆団体などとちがう点である。

さて、改造しただけで生活の保障がなければ、再びもとに戻るおそれがある。従って改造の仕事は、改造後の生活安定の仕事と結びつく。改造を終ってのち、彼等は生産機関に紹介をうけ、そこで落ちついて仕事についた。上海では、解放後、一九五八年の初めまでに収容したものの総数は六万九千余人。その他のものは社会の力にたよって大衆の力で改造した。六万九千人の大多数のうち七割までは農業についている。われわれのつくった農場（安徽南部）には一万幾千人が働いている。また二割は中小都市、および上海の軽工業、重工業、社会服務事業にあっせんして職につかせた。就業後の成績は良好で、積極分子として成績をあげたり、表彰されている。そしてこれらの人々の結果はよく、そして永つづきしている。その原因は、教育改造による本人の覚醒によるものである。自分がどうして遊民、売春、どろぼう、すり、乞食をやったかの社会的原因について考え、認識し、自分が社会の残りかすであると考え、こうしたものをなくなす社会ができていること、そして新旧社会を比較し、追憶し、自ら生くべき社会を知ったのである。

四　「新しい社会では鬼を人間にする」

董氏の話はつづく――康という人がいた。遊民となる前は失業労働者であった。こそどろや、麻薬売りをやり、ごろつきとなっていた。そして社会の暗やみの根源について深く感じた。それは彼のいう通りであるが、反動政府はどろぼうをつかまえるふりをするけれども、どろぼうと互にもちつもたれつであった。ごろつきの大親分、たとえば黄金栄、杜月笙、張小林、虞洽卿のような大ボスの子分や孫分は、女郎屋のおやじ、とばく場のおやじ、麻薬販売者組織のボスとなっていた。封建的な力は反動政府とつながっていた。結託した勢力の下にしばられているのだから、そこに落ちたらぬけられなかった。

人民の格言に「古い社会では人間を鬼にし、新しい社会では鬼を人間にする」というのがある。康という人はまるで鬼で、彼が家に帰ると、隣近所では鬼といっておそれた。その彼も今では十級技術労働者となり、子供には高等学校、中学校、小学校にゆくものがある。工場がひけて家に帰ると、皆から尊敬の目をもって迎えられる。旧来の遊民も、本人の自覚が高められているから再び悪事をやるものがない。少数はあっても大多数はよくなっている。遊民に対する社会的改造は、人民内部の問題とし、刑事法律的に裁判にかけて罰することをしない。行政的処置、人民内部の問題として処理する。今や上海では遊民は過去の歴史上の問題であり、社会的に根本的に解決せられてしまった。

座談会を終えて、夜、工人文化宮についた。そこには労働運動史料の展覧があり、また、工人は思い思いの文化活動をやっていた。そこからかつての悪の巣窟といわれた「大世界」にゆく。二〇銭払うと芝居、手品、人形芝居、曲芸、なんでも見られる。かつての夜の「大世界」を知る人にとって今日のそれはまるで別の世界となつた。かつて暗黒の世界を支配した大親分も死んでしまうか、香港あたりに逃げのびて病死してしまうかして、今の上海は至極さっぱりとなった。

3　新中国の法と倫理

a　中国の新しい法と道徳

一　はしがき

私が中国に行ったのはこれで六度目である。しかし今回〔一九五九年〕の中国行きは戦後一五年間はじめてのことである。私は戦後の中国の変革の著しさを見た。以下記すのは今回の見聞にもとづいて感じた新しい中国の法と道徳の問題である。

問題は条件的に扱うことが必要である（民族性とか国民性とかいって問題の説明を逃げてはいけない）。過去についてばかりでなく、現在もまた歴史条件のなかにある。道徳も法も歴史条件のなかで考えなければならない。しかしまた新しい中国を、戦後の十余年の時期だけで測ってはならない。どんなに短く見積っても、民族の滅亡を拒みつづけてきた苦悩百年の、そして断絶と否定のための戦の歴史のうちに、これを測らねばならない。

二　大衆の智恵と力量——「三人の靴工は諸葛孔明にまさる」

日本で「三人よれば文殊の智恵」という諺を、中国では「三人の靴工は諸葛孔明にまさる」という(陳蕙娟さん教示)。それで「諸葛亮会」といえば戦争中に戦術をねる会のことであったが、今は新しい創案や提案を出し合う会のことをいう(丁民氏による)。諺の靴工は働く者をすべて代表させているのであり、今日この諺は大衆の知恵の力量のほどを示すものとなっている。今日、大衆の知恵は人民公社を生み出す基礎になったし工場では大増産の原動力となっている。国務院第七弁公室農業合作処々長王録氏の談によると——「従来の生産合作社(協同組合)のままでは、大規模に水利をおこし、植林を行い、河川の整理というような事業を遂行するには規模が小さすぎ、力が弱い。そこで河南地方では合作社の境をやぶって、大きな集団に結合する運動が農民の間からおこってきた。このような傾向は河南にだけ行われたのではなかった。たとえば浙江省舟山県の蟻の島には七〇〇戸ばかりの半農半漁の村があった。ところがこの島の七つの合作社は、いつも水争いや漁場争いをつづけていた。そこで数年前、郷の党委員書記は、合作社をすべて合せ、郷の政権をもさらに合一させることを試みた。これについて、党中央委員会は、蟻の島の動きを『大衆的壮挙』として高く評価した」という。蟻の島における人民公社の端緒は地方党員の指導によってはいても、中央の指導によって作られたものではない。上海章華毛紡織工廠の支配人劉念智氏——同工廠は同氏の父劉鴻生氏が創設したものであり、鴻生氏は商業代表団の団長として日本に来たこともある――の談話によると、一九五八年五月大躍進の前、一九五七年の生産は一二万米に止まったが、今では一八万米にも上るようになった。それは機械の回転率をよくし、また染物技術の改善の結果であるが、それには労働者側からの多数の改革案をふくめ、技師および指導幹部のいわゆる「三結合」のもたらした技術改革の結果であった。裁判所でもまたつねに大衆の力と大衆の智恵を力にしている。沈陽市中級法院長宣浩平氏によると、法院では事件についての大衆座談会をひらいて大衆の意見を求めている。同氏がいうには「私どもがもっとも力にしているのは大衆の力であり、大衆の智恵である」（福島正夫氏の手記による）と。

「民はよらしむべし、知らしむべからず」といったのは孔子の思いちがいで、それは「迷信」である。中国ではこの種の迷信打破がしきりに説かれている。解放前までは「莫談国事」が格言であって、うっかり政治を談じては自分の首があぶないとされた。今では人民大衆はだれもが政治を語り外交を論ずる。人民大衆は法と政治のにない手である。一国の主席でも首相でも、人民の質問には必ず答えなければならない。政治家でも役人でも、人民を見下すような口調でものをいわない。服装も一般と変りない。一九五〇年以来、官僚的思い上りを粛正する整風運動がおこり、粛正は党の最高幹部にまで及んだ。一九五七年、それは反右派闘争にまで展開した。また人民に自分の意見を自由に発表させ、欠点を見つけたら大字報（壁新聞）によってでもどしどし貼り出させた。これらのことによって五七年度末以来の生産飛躍時代のそなえができるようになった。官僚主義の克服のためにはまた一九五八年八月以来、都市の幹部が農村等に一定期間移り住んで農民等とともに仕事をする下放運動が行われ、全国で百万人をこえる幹部がこの運動に参加したといわれている。かくて今日の中国には、日本に未だに消えやるべくもない権威主義、官僚主義はほとんどなくなったし、われわれが現に中国にいってみてもそのようなものには出会わなかった。この整風が行われず、または失敗に帰していたら、人民はだれもついてはいかず、社会主義建設は大いに阻まれていたことであろう。今日の中国の体制を全体主義と見るものがある。しかし全体主義としての特徴的な傾向――民族精神など非合理的な観念をもち出して、現実の権力支配をごまかし、またそれを支配権力の統合の道具につかう指導者政治体制――は見られない。今日の中国について指導幹部があることはたしかである。しかしその指導も結局、民衆の支持がなければ指導を可能にすることができない。人民公社についても上からの力で強制したものとの説、公社制によって家族を強制的に分解したという説がある。これらもともに意味をなしていない。単純な強制によっては民衆をひっぱっていけるものではない。中国の民衆は、今度の政府こそは、旧国民党政府時代の役人とちがい、汚職もせず、買収もせず、怠けもせず、腹一ぱい食べられるようにし、そして威張りもせず、本当に自分たちの味方と思っている。中国の憲法は、人民の自由享受をそれに必要な物質的便宜を与えることによって保証する。そしてそれは現実に行われている。経済的裏付のない自由は自由ではない。

北京大学肖永清教授はいう、北京大学法学院での研究も政府に要求しただけ経費がそのまま渡されることによって保証されている。これでこそ私は自由があるといえると思う。政府にしても民衆の信頼をかち得ているという基礎がなければ政治に実行力がなく、その法に実効性があるわけはない。中国の民衆は、時の政府が自分の味方かどうかを見分ける目をもっている。それは「青州の民、瓦を懐く」の故に見る通り、祖先以来の永い歴史的修練の結果である。敗戦後の日本でのように「東条にだまされた」などというものはいない。上海で行われた遊民改造（上海市人民委員会の董必成氏談）、いわばごろつき退治にしても、政府は人民の協力がなければ実現しなかった。人民は真に自分たちのための政府でなければ危くて協力もできなかった。ごろつきも退治ができる条件がなければ退治できるものではない。

三　「公」と「私」の問題

昔と社会制度がちがった今の中国には「滅私奉公」ということがない。今日の中国の公と私とにはそのような敵対矛盾関係はない。もっともそれは公私の間に全然内部的な矛盾を生じないという意味ではない。しかしその生じた場合でも古典的な思想のように、公と私とが支配、被支配関係において大きく上下に隔てられてはいない。今日「公共のものを愛護する」（憲法、共同綱領、汚職処罰条例）ことが要請され、公共のためにすることは最高の道徳ではあるが、その公共は官僚的権威主義に支えられた意味において、民衆と隔絶して高いところにあるものではない。その公共は人民に支持せられた公共である。しかしそれかといって「天は自ら助けるものを助ける」というような自己本位の格言はもはや通用しない（肖教授にきく）。中国にはもと「人、己のためにせずんば、天誅し地滅さん」という諺があって（肖教授）、かつての金持はいよいよ自分（私）のためだけに金をため込むことに夢中になったが、今の中国人にはこのような欲望もないし、その必要もなくなった。中国人の金への執着は天性であり、国民性であるというものがあったが、そのような理解は歴史条件を無視した「迷信」である。中国の新しい所有制、つまり全人民的または集団的所有制の成立は、そのような旧い閉鎖的、孤立的所有意識を打ちやぶるのにも役立った。――もっとも今日、人民公社でも、無条件的に、公社または公社全員による集団所有制をつくろうとしているのではない。当面は公社の内部に所有の「わく」をもうけ、その「わく」をすっかりはずしていないことは後で述べる――。今日行われている新しい諺は「一人は衆人のためにし、衆人は一人のためにする」（丁民氏による）であると聞いた（なお肖教授はいう、「我は人々のためにし、人々は我のためにする」と）。

中国政治法律学会副会長呉徳峰氏は、われわれのために開かれた法律座談会でいった。「昔は子は親のためにかくすのが道徳であったが（論語）、今や子は親のためだとて公のためにこれをかくすことはない」と（この点については次節b「法と倫理」を参照せられたい）。北京郊外の四季青人民公社にいったとき、敬老院（養老院）の入口の上に、「農村富裕」とささやかに書かれた紙を私は見のがせなかった。もとであったら、そこには一家の安全か一家の幸福への念願の意味が書かれているところであった。今日の中国では富も幸も人々とともにである。——今もって日本の伝統に見られる「福は内、鬼は外」という利己主義は今日の中国では通用しない——。そこの人民公社の青年は私にむかっていった。「この人民公社からも大学に行くものがかなりあり、それだけ公社の労働力は減るわけですが、大学に行ったものの公への貢献を考えたら、結局、私たちのためにも結構なことで、農村では大学に行くもののあることを歓迎します」。国家社会の富は私にも環流してくるのである。

中国では今、談心会（また談話会）という一種の勤務評定が、学校に限らず各職場職場で行われている。しかしそれは評定を天降り的に一方的に行い、評定されたものが一言の意見を述べる機会も与えられない流儀のものではない。互いに相手の長所を認めあい、またその短所を救う共同討議であり、それは互いの向上と同時に公への貢献をめざしている（黄世明氏からきく）。中国にも日本同様の勤務評定があるとの説があるが、それは誤である。また談心会に限らず、お互いの向上をめざすことは社会のすべての方面にあらわれる。それは監獄にあってさえ例外ではない。私は北京監獄（監獄長孫兆祺氏に面会）と上海監獄（副監獄長丁仰君氏に面会）を見学した。監獄は、その外観からいうと、上海の場合はイギリス帝国主義がロンドンの監獄の様式にまねてつくったということで、北京監獄より遙に威圧的な建築であるが、犯罪者の処置については両者の間に変りはない。監房にはともに鍵はかけられず、二名の武装者が守るところは正門だけである。両者ともに反革命犯等が収容されているが、受刑者の数は年々減る一方である。そして再犯ということは、ほとんどないという。監獄では労働と学習（政治、文化、時事、技術にわたる）とが行われ、それが犯罪者に対する基本政策となっている。――「階級は改造できないが、人間は改造できる」とは呉徳峰氏による法律座談会でも述べられた。――死刑執行猶余制度（労働改造条例第一三条）ということがあって、このような猶余者も収容せられている。北京の監獄でも「認真改造思想」とか「乗風破浪、飛速前進、消滅一切不合乎社会主義的思想行為」という標語とともに「鼓足干勁、高歌躍進」あるいは「鼓足干勁、力争三高」というような標語が貼り出され、人間改造と生産とはその標語に高くかかげられているのを見た。上海の監獄では「鼓足干勁、力争上游、多快好省地、建設社会主義」というような社会主義建設の高い目標をめざした標語――それは中国に入ってから帰るまで、街頭にも工場にも見られた――が目にうつる（広州で陳蕙娟さんにきいたところによると、鼓とは風船を「ぷうっ」と力一ぱいふくらますことだそうである。鼓足干勁は大いに意気込むの意、力争上游は高い目標をめざしての意、多快好省地は多く早く、立派に、節約しての意）。またこの上海監獄には仲間同士の組をつくって組と組との増産競争をやっていた。一つの組が「挑戦書」を貼り出すと他の組が「応戦書」を貼り出すという風に。そこのタオルの工場などでは拡声器で音楽をききながら生産にはげんでいた。見学にいったとき一人が新聞を皆に読んできかせて――たとえば今度の中国共産党八中全会の決議とか、周首相の増産節約に関する報告などであろう——集団学習をしている組があった。将棋盤のある娯楽室もあれば衛生設備、医療設備もととのっていた。食事の限定は腹一ぱいまでということであった。北京の監獄の製品には「金双馬印」、上海のそれには「労働印」がつけられて市場に出される。労働印というのにも労働を光栄とする思想があらわれている。

四　新しい家庭制度と愛情

今日、子が親のためにかくさなくなったといっても、親子の愛情がなくなったとはいえない。今日の「大家庭」で権力支配がなくなり、古い大家族の分類ではとらえられない新家庭が創造されはしたが、そこにはやはり愛情のつながりがある。私は帰国後間もなく、『日本文化フォーラムニュース』(一二五号、一九五九年)を受け取った。それによると、G・F・ハドソン氏は極東問題のエキスパートということであるが、同氏は人民公社の家庭制度について次のように述べている。

「家族というユニットを壊して、これを完全に共産主義者の単位を個人々々にしてしまうやり方、これは、猛烈な勢いで行われているのでありますが、こういうことでレジスタンスも起っているということで、次第に極端な賃金制度や家族制度の行き過ぎが止められてきているように思います」と。この種の見解は今年(一九五九年)一月の『ライフ』誌にも出ていたことであるが、それは甚だ問題である。農民の間の生産の協同関係が発展して初級合作社(協同組合)から高級合作社へ、さらに人民公社段階にすすむにつれて、家庭は生産の場ではなくなり、労働はすっかり社会化され、かつては「うどんはめしではない、女は人ではない」といわれた女も、男と並んで労働によって分配をうけ、あるいは賃金を得ることのほか、固定給をうけること——供給制——になった。かくて家族労働力の支配のための家父長制は、その根拠を根底から失うことになった。王録氏もいうように「合作化の後、家庭には基本的な変化がおこった。家長制度は基本的になくなった。また今まで生産の単位であった家庭は生活の単位となった」のである。新しい家庭に行われるのは愛情であっても支配と従属ではない。新しい家庭に家父長権力の基礎がなくなったとはいっても、そのことは家族間の愛情がなくなったことを意味しない。権力と愛情とは別問題である。今の中国農村でも家庭はばらばらに解体されたのではなく、父子祖孫の同居、姑と嫁の同居は珍しいことではない。形式的、外形的にとらえれば、それはなるほど大家族である。しかし家父長支配が失われている点からいえば、旧来の意味の大家族の範疇でこれをとらえることはできない。もし家父長権力の失われたことをもって、家族制度の破壊というならばそれはそのとおりである。しかしその失われたことが非難に値すべきことかどうかは、自ら別問題である。家族制度の破壊という非難に対して、私は段階の高い新しい家庭制度の創設がみられるとして答えたい。王録氏によると「現在の中国の社会主義下の家族は、空想的社会主義者オーウェン、フーリエなどの考えた家族とは同一ではない」また「生活単位ももとどおりであり、中国の家庭制度はこれからも簡単に変らぬだろう。しかし共産主義社会の家庭はどうなるか、やってみないとはっきりわからない」ということであった。

人民公社制度では男の一年の労働日数は最低二五〇日、これに対して女のそれは一八〇日とする。このように女の労働日に手加減を加えてはいるが、ともかく人民公社制度では、婦人を家内労働から解放する道をひらいている。それは公共の食堂や裁縫所や洗濯場や託児所や幼稚園等の施設の実行である。炊事、育児、裁縫、洗濯は婦人の大きな負担であった。もっとも子供を託児所にあずけず、炊事も自分でするというもの、たとえばそのような老人のいるところでは、そうしてもいっこうにさしつかえない。公共の施設を利用するかしないかはその人の任意としている。このような施設の願望も、しかし、条件によって成り立たぬことがある。一つには燃料の問題である。家庭では枯れ草などでも炊事はできるが、公共食堂ではそうはいかない。薪の入手が十分でないところでは、いきおい食堂を小さくするとか、農繁期だけ開くとしかしなければなくなる。また医者が少なくては子供の眼病の伝染を防止しきれないからである。王録氏をはじめ中国の人たちは、中国の実情を語るのであって、それをことさら美化したり、とりつくろったりはしなかった。ハドソン氏が「非常な抵抗が起った」とか、「極端な家族制度の行き過ぎ」があったとかいっているのは、私は見当ちがいであると思う。日本でも『ライフ』誌（一九五九年一月号）がいったのと同様に、「人民公社になってから家庭は解体し、夫婦の生活は分解され、男女つまり夫婦は別々に集団生活を営む」というようなことをいうものがいるけれども、そのような根拠がどこにあるのであろうか。同じ外国人でも、A・L・ストロング女史の人民公社に対する見解（ただし一九五八年度のもの）は、大体穏当と思える。同氏が敬老院に説きおよんだ場合にも「敬老院（原文は園）は老年保障制度を意味するものであって、決して『家庭を分解させるため』のものではない」といっている（『世界』一九五九年一一月号）のは、その通りであると思う。ちなみに記しておくが、共同炊事だけを利用する家庭ではかまどはいらない。北京の人民公社見学のとき、私が訪れた農家の屋内にはかまどはとりはらわれていた。従ってかまどの神もまつられていなかった。その代り室内には結婚記念の額などがかけてあった。

私は今日の家産分配のことを法学者——呉徳峰氏および肖永清氏——に聞いた。すると「今日では兄弟の愛情で家産を互いにゆずり合い、家産をめぐる争いをおこすことはなくなった。ことに農村では土地は個人の所有をはなれて人民公社関係の集団的所有になっているし、家には大した財産がない。家産分割のための法律はいらなくなった」ということであった。同様のことは武漢大学教授薛祀光氏からも聞いた。老人を敬うことも革命後の中国に失われてはいない。北京の人民公社の敬老院を訪れたとき、そこの庭にいた二人の青年に養老院といわないわけを聞いてみた。「養といえば責任をあらわすに止まりますが、敬というときは責任に加えて尊敬の意味があります。」革命後の今日では、旦那様（老爺《らおいえ》）とか奥様（太太《たいたい》）とかいう身分的称呼がなくなった。私は寸暇をもって潘漢典氏および夏玉芝さんに案内され北京図書館を訪れ、また古書店に赴いた。図書館では新書と旧書の体系的蒐集を盛に行っていた。古書店は従来の私営企業が公私合営となり、従来の店の主人（掌櫃的《ちゃんくいだ》）は店のものから主人ではなくて同志といわれるに至っていた。家庭でも企業体内でも旧い中世的身分意識は失われているが、人を人として心から尊敬する意識は高められていこそすれ失われてはいない。そのことを示すのは、旧中国に行われた罵詈の問題である。旧中国で罵詈といえば多くは性的な意味のものであった。ことにその相手の母親の性名誉をいちじるしく傷ける内容のものであった（仁井田『中国社会の法と倫理』昭和二九年）。ところがそのような罵詈は新しい中国では行われなくなった（王祖望氏から聞く）。このことは数年前『私は中国の地主だった』の著者、福地いまさんからも聞いた。私は今回このことを確かめることによって、中国の革命は、意識面でもまた深いもののあることを知った。

五　新しい法と道徳——戦争否定の問題

中国の法律にはその実施の上に柔軟性があり、それだけ実践性があり、無理がない。新しい中国では法をつくる場合、広く民衆に問うている。法律をやみくもにつくって、しかも上からそれを法だといって強制することをしない。「法は守らねばならない。しかし法をつくって人民の手をしばりあげるようなことをしてはならない」ということであり（肖教授から毛主席の言葉としてこれを聞いた）、その言葉には非常に含蓄がある。中国は地域も広く先進地帯も後進地帯もある。これらの段階の差のある全域の民衆を法律で一律に律することはできない。新しい国家の意図と旧い思想意識との間には隔りが生じがちであり、国家法が独走すれば、国家法の進歩的な外形にもかかわらず民衆のある部分はおいてきぼりをくわざるを得ない。これでは民衆個人にとって不利であるとともに、国家にとっても不利である。なるほど日本人から結婚登記（婚姻法第六条また結婚登記条例）の問題を聞かれた中国人は「婚姻は登記しなければならぬ」と答える。登記が必要なのはいうまでもないのであって、そう答えるのはもっともである。しかし無理な法律をつくって「人民の手をしばり上げてはならない」。法の実施については細心の用意が必要である。今日の中国の婚姻法に登記制度をもちながら、さしあたって、事実婚をも認めているいわれもここにあると思う。もっとも毛沢東のいうところは、過渡期での法律の実践の方法を示す言葉ばかりでなく、法律は大衆のなかからつくられ大衆の支持を得なければ成り立たないという意味であって、それはただ単に過渡段階の言葉とはできない。

法律の内容またはその実施については、それだけまた機械的な割切り方をしてはいない。婚姻法（第九条）には「夫婦双方はいずれも、職業を選択し、仕事に参加し社会活動に参加する自由がある」とあるので、私は、職業選択の自由、社会活動参加の自由の強調は、夫婦はその同居を義務としないところにまで行きつくであろうと考えていた。それで今回、広州で陳蕙娟さんにもその点を聞いてみた（陳さんは北京の家族と離れて広州で中国国際旅行社広州分班に勤務しておられるのである）。それによると「婚姻法では夫婦はともに職業選択の自由、社会活動に参加の自由といったとて、夫婦が分れ分れになることを一般の常態としようとしているわけではない。職業や活動については夫婦の間で、できるだけ無理のないように折合をつける。他の地方に赴任するような場合には夫婦ができるだけ一緒に行けるようにする。その場合、実際上は夫の任地に従うことが多いようであるが」と。北京大学の肖教授に中国の定年制の話をきいてみた。「男は六〇、女は五五が定年というのでは男女平等でないですね」。その答は次の通りであった。「しかし男と同じく二〇キロの荷物をもてといわれては女が困る。女と同じ分量の食物しか与えられなくては男は腹ペコだ」と。男女は平等だといっても機械的平均主義をここでもとろうとしてはいない。前に述べた人民公社の三級所有制にしても、公社内の生産大隊（かつての合作社）の生産条件の差があるときは、その差を考慮して、生産手段についてはの段階でにわかに公社全体の所有制をつくりあげようとしてはいない。機械的平均主義は生産意欲を下げてしまい、結果として不利である。三級所有制はこういう批判の上につくられた制度であるという（王録氏の説明による）。

中国には中国社会の実情に即した法があり、その点に中国法の特色がある。ことに中国では今日、法規範といってもそれには外的拘束が次第に少なくなってゆく傾向がみられる。また法を適用する場合が少なくなってゆく傾向があるようである。法、つまり国家権力による法の領域がせばまり、役割が減じ、組織された民衆の力に支えられた道徳の領域と役割とが増大してゆくように見える。

人民公社において「政社合一」を可能にしたのも(本書一七一頁、王録氏の所見参照)、このことと関連しているように思われる。家産分割法は制度化するに及ばぬということについても同様の問題がある。

法学教育機関や法学教育を受ける学生の数は、日本の場合に比べて割合に少ない。台湾海峡の問題があり、香港九竜から入り込む反革命犯が今でもないではなく、監獄にもそれらが囚えられている。しかしその数は年とともに少なくなってきているという。法院、検察院でも年々事件が少なくなっている。監獄では監房が空いている。日本とはまるでちがって、街にも農村にも犬がいない。その姿を見ず、その声も聞かない。失業者はなく誰もが食べられるようになれば犯罪は少なくなる。呉徳峰氏は次のようにいった。「道徳を守るについては自覚が必要である。また世論の批判が必要であり、それに生活を高めることが必要である」、「腹がへっていては悪いことをしかねない。人民の生活を高めたので今は旧中国とすっかり変った」と。また受刑者の改造教育について「教育の中ではとくに私有の観念をなくなす。犯罪の原因は私有制にある。私有制をなくすれば犯罪はなくなる」と。呉徳峰氏の所見は重要な問題をついているが、そのうちで「自覚」という点について私見を少しくつけ加えておこう。自覚ということは一つには人々がすべて自己の固有の支配領域、固有の活動範囲を守ること、他人の領域範囲を侵さないことである。その意味で自己の確立、「私」の確立があることである。平たくいうと、盗まず、行列にも割込まずである。――もちろんここで「私」

といっても、資本主義社会のそれとは異って孤立的、利己的、独占的、自由競争的なものではなく、私有財産制度の否定の前提の上に立ち、また個人が全体として高められる体制のもとにある。——役人についていえば「公」と「私」の区分も明瞭であり、わいろをとらない、選挙に買収を行わない、そして人民全体に服務することである。国民党政府時代のわいろ、買収そして人民軽蔑は、国を失うもととなった。

中国の現在のこの問題をつきつめてゆくと侵略戦争否定とつながるものがあるように思う。日本の国内には中国の攻撃からの防衛を説くものがある。これについて北京大学翦伯賛教授と面会したとき、教授は「中国は土地はひろく、人口は多く、建設に忙しく、何もよその国まで手を出す必要はない」といった。つまり中国側には他国を侵略する経済的要因がない。また中国人は戦争がどんなものか身にしみて知っている。自国の人民の平和のためにも戦争は否定しなければならない。それは同時に他国の人民のためにも同様である。社会主義国——中国——における侵略戦争否定の根拠は、自己の支配領域をまもろうとすることにあるものと思われる。香港、九竜のホテルでは部屋に鍵をかけるのが当り前であった。広州のホテルでは鍵をかけず荷物をほったらかしておいて平気でいた。どろぼうも、行列の割込みもしきりに行われ、「人を見たら泥棒と思え」「男子、家を出ずれば七人の敵あり」という格言が行われ、犬を飼うことを必要とする物騒な日本とはまるで世界が違う。日本国憲法における戦争放棄規定を改めようとする主張のうちには、国防を家のとじまりと同視している論議が多い。今日の中国で侵略戦争が否定的だということとは「とじまり第一、わが家の幸福」（ちかごろ警視庁が東京の街々に立てている看板）を標語とする社会では、一寸理解できないことではなかろうか。なお、肖教授の次の発言を記しておかねばならない。「戦争はやるつもりはないが、他国の侵略に対しては断乎排撃しなければならない」と。これはまた呉徳峰氏が座談会で述べた見解と同一である。

戦争に関連して述べておかねばならぬことは、民族の問題であり、今日中国では、国の内外の民族と漢族とは対等、等質なものとして考えられていることである。今日の中国では、国内の少数民族の名に従来つけられていた犭篇をも人篇または玉篇に改めた。たとえば猓々を倮々とし、猺を瑶とするように。それは中華意識や漢族中心の五族共和思想における民族の不対等、不等質な関係をこえたものである。北京のアジア学生療養院を見ても、中央民族学院を参観しても、そのことが考えられる。民族学院では異民族の宗教を尊重し、それぞれ礼拝堂を設けている。ラマ教のそれには、ダライ・ラマの像も安置してある。先般のチベット事件については、日本国内でも国際連合でも、いろいろな取沙汰はしているが、それは多くは見当ちがいである。一九五一年五月のチベット協定により、チベットでは、急進的変革は回避されていたが、文明の光をチベットの奥地とて避けることはできず、やがて来るべき民主改革（土地改革をふくむ）をおそれたチベット内部の支配層がひきおこした反乱——いろいろな要素との結びつきはあるが、基本的にはこれが問題の核心である。かくて、労働を光栄とすることのできない支配階級が国外に出ざるを得ずして出ただけのことである。

六　いわゆる「民族性」論と歴史的条件
——列子にいう「愚公、山を移す」のたとえ

中国では多年の努力によって「愚公、山を移す」（出典は列子）ことに成功した。革命によって二つの山（封建主義と帝国主義）を移したばかりではない。山を動かし河道を変える壮挙は今もって全国的に続けられている（このような壮挙に参加した青年は胸に「移山」と書いたシャツを着用していた）。今日の中国の生活水準には、まだ資本主義諸国に比べて問題があるものがある。しかし経済発展の速度はそのへだたりを急速にうずめつつある。かつて中国については民族性として、運命への順応性（あきらめ）、国家意識の稀薄、保守主義、公徳心の欠如、実利主義などが挙げられていた。私はかねてこのような説に甚だ不満をもっていた。ところが今度は新しい中国の発展についても、これと逆な民族性をもって説明しようとするものがある。問題は中国の歴史条件について見きわめることが必要である。その見きわめを怠って民族性というが如きは説明の放棄にしかすぎない。かつて中国について民族性といわれたものが如何に誤りであったかはあまりにも明白である。今日中国において、愛国を愛国たらしめ得、そして発展を急速に可能ならしめている条件は、新しい政治経済制度の確立である。何人からの収奪もうけず、働けば働いただけ国は富み、世は栄え、循環的に身

みずから繁栄を来す確信の支えがあることである。中国にも政治経済政策の上で失敗がないではなかった。しかし失敗は失敗に終らず次の発展をもたらす跳躍台となっていたことが見られる。

以上のようなことを考えながら、私は九月初め、広州を経て国外に出た。そして香港にやってきて、そこの子供達に手を出して物を乞われるまで気がつかなかった。中国では子供の心も昔と変っていたことを。上海の工人街でも、広州の街上でも、多数の子供からとりかこまれた。しかし、中国のどの子供も旧い時代の子供のようには手を出すことはなかった。中国の歴史的諸条件は昔と全く変っているのである。

b　法と倫理
——それを支えるものは何か、新しい中国の場合——

一　はしがき

ここでは、法と倫理の境界線をさがしあてることとか、法が道徳的な戒めの最小限度かどうかというような点を窮極の目標とはしない。むしろ法と倫理を支える条件と地盤、つまり国家権力と自己とのかかわりあいを問題とする。

二 むかし「子は父のためにかくし」今や「子は父を訴える」

中国ではむかし「子は父のためにかくし」今や「子は父を訴える」。これまで権力を一方的に握りつづけてきた父にとって、それはまさに一大衝撃である。この中国社会の問題の報道が日本に伝わるや、日本ではこれに非難またはそれに類する批判を加えるものもあったようである。それでは「子が父を訴える」ということはどのような条件で出てきたことなのか、その歴史的意味はどのようなものなのかという問題をもって「法と倫理」の課題に入りたい。

新しい中国では、一九五二年には土地改革は全国的に終了し、社会主義社会の建設にふみ込む必要条件の一つがつくられた。一九五一年から五二年にかけて行われたいわゆる「三反」「五反」運動も、新しい社会建設の必要前提であった（因みにいうが一九五三年から経済建設五ヵ年計画の実施期に入る。）三反運動というのは、とくに公務員の間の浪費、汚職、官僚主義の三害を一掃する目的のものである。また五反運動というのは、私営企業についての脱税、賄賂（公務員買収）、国家財産の盗みなどを粛正するためのものである。五反運動には、北京など九大都市において五〇〇万をこえる労働者、店員、学生が参加し、四五万の私営商工業者が審査され、その七割六分が大なり小なりの違法行為を摘発された（『中国経済年報』五集による）。新しい中国では、労働者、農民は、自ら政治や裁判の担当者をもって任ずるに至っているが、上海では、ここだけでも「五反」人民法廷には六

○○名の労働者、店員、家庭婦人が参加し、彼等は次のようにいったという、「天地開闢以来、事件をおれたちみたいなものに任せるなんて政府はなかったぜ」（『亜細亜通信』一九五二年一二月）。これに対して衝撃的な痛手をうけ悲鳴を発したのは、いわゆる不正資本家側である。彼等はいった、「上には国家の目があり、下には労働者の目があり、横には家族の目がある」（『中国経済年報』五集）。不正はかくて蝿と同様、みつけられたが最後、たたかれてのがれるすべがない。

「子が父を訴える」ということとなれば、中国の古典を学んだものは誰しも論語（子路）と孟子（尽心）を思い出すであろう。論語によると「葉公が孔子にいうには、自分の郷里には正直者がいる。父が羊を盗んだのを子がこれを訴えた（訴えたのでなくて証言の意とする説もある）。孔子はそれを聞いていうには、自分の郷里の正直者はこれとちがっている。父は子のために隠し、子は父のために隠す。直きことその中にあり」。穂積重遠博士はその晩年『新訳論語』および『新訳孟子』の二著をあらわされた。論語のこの部分については「これは法律道徳の関係上微妙な面白い問題だ云々」とあるだけで、つっ込んだ意見はここには出ていない。孟子（尽心）の記事もこの論語と同じ立場にある。孟子は弟子との問答のなかで「天子の位にある舜（聖人といわれる）の父親がかりに人を殺したとした場合、たとえ舜が天子であっても役人が父を捕えるのを差し止められるかというとそういうわけにはいかない。それでは舜はどうするかといえば、天下を捨てるのを破れ草履を捨てる位にしか思っていないから、ひそかに父をつれて逃げ出し、遠い海辺にかくれ住んで、一生を楽しく暮して天下を忘れてしまうだろう」と。権力支配と人倫との（義と情との）間の直接の衝突を、孟子は地域的にずらして主観的に解決をはかり両立を試みている。ところで舜の父はわけのわからぬ頑固爺として世間にその名が通っている。孟子（万章）に書いてあるところでは、彼は、後妻（舜の継母）と共に、二度も舜を殺そうとした。あるときは舜に倉の屋根の修理を命じ、その上った後で梯子をとりはずして倉に火をつけて焼き殺そうとした。ところが舜は穂積博士に従えば、両手に笠を持って飛びおりて助かった――孟子には笠をパラシュートの代用にして飛びおりたとは書いてないが、さもありなんというわけであろう――。舜が無事なのをみた父親は今度は井戸替えをさせ、上から土などを投げ込んで生き埋めにしようとした。ところが舜は穂積博士に従えば横穴を掘ってまぬがれた。かくて、ともかくも舜は生命に別条なかった。舜の腹ちがいの弟は自己の計画がうまくいったといって喜んで、兄の妻を二人とも横取りし、兄の持ちものの処分までもくろんだ。しかし兄が無事であったのをみて、さすがにまごつき、てれかくしに「兄さんのことを思うと気が結ぼれて……」といった。舜はそれを聞いて心から喜んだという。それでは舜があまりお人よしのように思えるので、孟子の弟子は「舜は心にいつわって喜んだのではないか」と孟子に聞いた。孟子はこれに次のように答えた。「そんなことはない。昔、鄭の子産といえば賢人・智恵者として通っていたが、その彼が人から生きた魚をもらったのを養魚の係にいいつけて池に放たせた。ところが養魚係はその魚を煮て食べてしまった。しかも子産には、池に魚を放つと、はじめはよろよろしていたが、やがてのびのびとゆったり泳いでいったと、まことしやかに報告した。子産はそれを聞いて『その所を得たるかな、その所を得たるかな』といって喜んだ。そこで養魚係は『世間は子産を智恵者というが、智恵者でなんかあるものか。自分の腹中におさまっているのも知らないで、その所を得たるかなといった』とてこれを笑った」。これについて孟子は「君子は欺くに道をもってすれば欺かれるものだ。舜も弟の底意を疑うことがなかったまでだ」といった。

中国の古典では舜は孝行息子の標本であり、弟に対する情誼においてもあつい人物として説かれている。儒教の五倫五常の教は「父父たらずといえども子はもって子たらざるべからず」というところにまで達するのであり、自分を殺そうとするほどの父親までも背負って逃げかねず、妻も財産も横取りしようとした弟にもあくまで善意を示す舜――そのような十全の孝行息子に舜をつくり上げたものであった（従前の中国では人はすべて孝子節婦などの人間類型によって分類されていた）。儒教倫理の最も基本的なものは、権威とこれに対する服従の関係であり、孝こそは万般の倫理の根本である。「孝は百行のはじめ」「孝は百行の根柢」といわれる。家庭はがまん、忍従の場である。中国の伝統思想では、このような倫理のさだめは宇宙的自然に不動の根拠をすえたものであった。不孝は単に人為的な律法をおかすのみでなくして、天のおきてをおかすものである。従って不孝者はたとえば天の雷撃をうけて死する。それはまさに天の制裁である。かつての中国人が雷を特別におそれたのは、単に生命の恐怖だけではなかった。雷死は不孝者の証明であり、雷にうたれて死んだが最後、葬式も出してもらえない。このような宇宙的自然に不動の根拠をすえた道徳律はまたそのまま法律としてあらわされる――それはいわば東洋的自然法。かくて道徳律そのものが法律としての効力をもち執行される。

法律も道徳も旧中国では外的拘束力のもとに立った。ヘーゲル（Hegel, Philosophie der Geschichte）は伝統的な中国の倫理＝儒教倫理についていう。「倫理の定めは法律としていい表わされ、その結果、主体的意思は外部的力としての法律によって支配され、すべての内面的なもの、心情、良心、形式的自由は存在せず、その限りで法律はただ外面的なしかたでのみ行われ、且ただ強制の法としてのみ存在する」。「中国ではこの関係（家族の社会関係）は法律で作られている。すなわちそれは、一般的な法律的命令とせられ、主体的意思に関係なくそれに従うことを強要される。ほかの国では倫理を基礎とするところのものが、この国では外面的な法律の規定によって規律される。すべての関係が法規範によって固定的に命ぜられ、その結果家族の中における自由な感覚、道徳的なものは全く滅ぼされてしまう」（川島武宜氏「遵法精神の精神的および社会的構造」『法協』六四巻九・一〇号の儒教的封建的家族の説明参照）。もっとも儒教のうちでもたとえば陽明学派の一派のように、権威主義に対する批判、反権威主義思想をも生み出したものもあったが、不対等者間の権威服従関係――支配構造――は、革命期に近づくに従って動揺しつつもその反面未だ強固な力を保ってきた。

旧来の中国では法の制定者は最高の家長的権威をもった君主であった。かくて法律は道徳とともに絶対無条件的な遵守が要求せられる。法律上の（従って同時に道徳上の）罪に対する制裁の帰結は、加害の程度に相応した等量的、比例的応報刑——客観主義——であった。その傾向は、近代刑法のよそおいをもつ中華民国刑法にあっても必ずしも消滅していなかった。同刑法では、殺人罪の場合についていえば、一般の殺人と尊親属殺害とを区別し、尊親属のうちでも、とくに直系尊親属を殺したときは死刑——それは絶対的な死刑である——、傍系尊親属を殺したときは死刑または無期徒刑を科する。また、一般殺人でも殺害方法が残忍な支解（肢体を切断）などには死刑（絶対的）を科する。傷害罪についても旧律におけるような重傷の規定がある。しかし伝統的な中国社会の考え方に従えば、父母の権威は無限の高い地位におかれている。それで父母に対する殺害は——夫や主に対する場合とともに——、単純な死刑だけでは、その応報主義の立場からも一般予防主義の立場からも満足されなかった。かくて採用されたのが凌遅処死という極刑である。それは五代、つまり一〇世紀ごろから以後、清代までの文献に、その名がでていて、当時その行われたことがわかる。それは大逆罪、親殺し、夫殺し、主殺し、或いは支解のような残忍な殺人の場合に科せられた。それは何人にも公開されている市場で、受刑者の身体を一二〇刀、三六〇刀などにきりきざんだ上で死に処する。或いは両眼の上方を割いて視界をふさぎ、両乳と両臂の肉をさくこと各一刀、心臓の下をさして臍に至り、最後にその首を斬る、すべて八刀——など種々の方法がとられた。しかもこの刑には埋葬禁止が付加せられた。清代の例でいうと、親殺しは、かくて殺した上で焼いて粉にして吹きとばし——従って葬式はできない——、この世に形骸を止めしめず再生はもちろん不可能にする。それればかりでなく、その住んでいた家をとりこわし、その上、敷地の土を掘り捨て（穴は便所にするとまでいわれた）、しかもその近隣のものを流刑に処し、その教師もまた流刑をまぬかれない（仁井田『中国法制史』）。刑法はまさに権力支配——中国における家父長制的権力支配体制——の最尖端である。かかる状況のもとでは、親はもちろん夫や主人を訴えること（明律や清律でいう干名犯義）は謀反などの場合は別として許されなかった。その訴の不許容は、単に親子間の心情を問題にするからばかりでなかった。その許容は柔順の徳を人民のなかにうち立てることを不可能にし、権力支配体制をゆるがす問題とならざるを得なかったからである（なお親族や主人が罪を犯した場合、その蔵匿は原則として罰せられなかった）。

一九一一、二年、辛亥革命によって中国最後の王朝はくつがえった。しかし古い支配体制そのものは王朝の滅亡とは必ずしも運命をともにはしなかった。ことに列国の植民地支配は旧勢力に結びついて、中国の進路をはばんでいた。一九一九年五月四日——五・四——は中国におけるナショナリズムのたからかな叫びの日であり、中国の新しい出発の日であった。旧勢力の光はなお強いものがあったが、それは落日の前の一ときの光の強さであった（本書三五—三六頁参照）。

中国社会に加えられたあれほど強力な外圧も、中国社会の内在的な力をおしつぶすことにはならないで、かえって外圧をはねのけるためのエネルギーを中国社会に蓄えさせ、しかも内在的な力を引っぱり出す作用をもった（竹内好氏『現代中国論』参照）。子女をして家への隷属を不可能にする事態をさえ導き出した。われわれがこれまで経験したことのないもの、つまり新しい主体者意識を生み出していった。新しい主体者としての情熱と新しい展望をもてばこそ、戦中戦後の多くの困難をのりこえていったのだと思う。

もとより中国が自ら新しい道をきりひらく努力は、戦中戦後だけにはらわれていたのではなかった。それには永い歴史があった。最近の三〇年でいえば、農民と農民兵とを主力として江南に革命の原初的根拠地（井岡山）を建設した時期（一九二七年）、江南から幾山河をこえて陝西北部に根拠地をうつした時期（一九三四―五年）――これらはそれぞれ革命戦争のクライマックスであった。そしてその多難な時期の間に、江西に中華ソヴェト共和国が成立（一九三一年）、同共和国土地改革法、婚姻法も制定施行（一九三一年）されてきた。この新しい婚姻法は婚姻の自由を基軸とし、一夫一婦制、法の前の男女の平等などを規定したものである。しかし婚姻の自由ということは客体的条件、経済的条件の変革なしには成り立ち得ない。婚姻法の実現化については土地改革法の実施がつねに相ともなわねばならなかった。この婚姻法の基本原則は革命期のすべての婚姻立法上一貫していて、一九五〇年中華人民共和国婚姻法に至るまで、ゆるぎなきものとなっていた。そこには古い身分法体系の清算、新たな法主体性の確立があり、かかる主体性の確立の上に立って財産関係、扶養関係、教育関係がきめられている。そこにはもはやかつての支配従属体制はなく、父母に孝というような権威と服従の道徳を国家的な法規範によって規律する関係は見られない。中国の新しい家族法の出発点は、家族間の共同体的な、また支配団体的な「家」ではない。そこには共同体的なあいまいさ、支配団体的な権威服従の関係はなく、家族法の体系は直接、婚姻法からはじまる。そして一九三一年革命の初期でも、一九五〇年中華人民共和国成立直後でも、婚姻法は土地改革法とならんで、すべての法律に先行してきめられたのである。——参考のため、日本の民法改正についての我妻栄氏の意見を、その『家の制度——その倫理と法理——』によって記すと、「要するに私は法律制度としては、わが国でも家族共同体を夫婦共同体に重点を置いて規定すべきだと主張する」、「私は法律としては、複雑な家族共同体を支援する制度や規定を悉くいさぎよく棄てるべきだと考えるのである」。——今日のところ、中国では反革命懲治条例や労働改造条例（仁井田「新中国の刑事法の特色」『アジア問題』三巻二号）は別として、革命の刑法が制定されていないので、中華民国刑法との比較は、その制定をまたなければ十分に行い得ない。しかし婚姻法についていえば、中華民国婚姻法にはたとえば離婚原因として「妻が夫の直系尊属を虐待し、またそれから虐待をうけ共同生活に堪えない」というような、直接、本人間の関係とは別の事項、しかも家父長的支配関係事項まで織り込まれている。これに対して革命中国の婚姻法では、いつの時期のものにもこの種の規定はない。そこには両者のもつ歴史的段階の差がまぎれもなくあらわれている。ただし革命中国の婚姻法には制裁規定がついていて（一九三一年度では第二三条、一九五〇年度では第二六条）、このような意味で同法は外からの強制によってとくに担保されている。親族法、相続法の類は取引法と異なって、公序良俗の観点から強行法によって規定される部面が多いにちがいないが、革命中国の婚姻法ではとりわけその傾向がつよい。それはもとより革命のおかれている歴史条件のしからしめたところであって、古い支配体制の克服のあかつきにあっては、制裁条項のもつ積極的意味は失うであろう。その上かかる条項は永久のものではなかろう。しかも現在にあっても刑罰というような外的な物理的強制手段は最後の切札である。もしいつもこうした手段にたよらなければならないとするならば、そのような政治はもはやおしまいである。そうしたことよりは制裁を必要としない条件をつくり出す用意こそが先決問題である。さきに述べたように革命の新婚姻法には旧来の家によって、また家父長によって制約をうける何ものもない。しかも一九五〇年度のものにはかえって「夫婦は互に愛しあい、尊敬しあい、たすけあい、扶養しあい、なかよく団結し、労働し、生産にはげみ、子女を教育し、家庭の幸福と新社会建設のため共同して努力する義務を有する」(第八条)、「夫婦双方はひとしく職業を選択し工作に参加し、社会活動に参加する自由を有する」(第九条)とする。そこに夫婦中心の規律は見られても、古い意味での家の規律は見られない。職業選択の自由、社会活動参加の自由の強調は、夫婦はその同居を義務としないところにまで行きつくであろう。共同綱領(後出)の第四二条に掲げられた五つの愛の公徳には、「労働を愛する」ことの提唱が見られる。また一九五四年制定公布の憲法(第九一条)には、労働の権利が保証せられ、国民経済の計画的発展を通じて、就業の増大、労働条件と賃金、待遇の改善がすすめられ、それによって民衆の具体的経済上の利益がまもられる。新しい中国における自由は、つねにこのように民衆のための生活福祉と具体的に結びつき、経済的関係とはなれたものではない。婚姻生活も労働生産――新しい社会の建設――ときり離されたものではない。陳紹禹氏も報告のなかで「新しい社会の政治上、経済上及び文化上の建設力を増大させるために、特に生産力の発展を束縛している枷をたちきるために、社会制度の根本改革につれて、ぜひとも、男女特に婦人を旧い婚姻制度という鎖からも解き放つと共に、更に斬新な新しい社会の発展に適合した婚姻制度を樹立しなければなりません」(幼方直吉・長谷川良一両氏訳による)といっているのは、よく新婚姻法の目標をさし示している。河南省魯山県の農村の新しい諺の「新婚姻法はなまけ病をなおし、食糧をふやす」(『中国経済年報』二集による)も、この意味で新しい時代の諺にふさわしい。ところで生産にはげみ、職業選択の自由を有する点、凡そ社会的職能への視点に新しさを見ることができはするが、「互いに愛しあい、尊敬しあい、なかよく団結し」というような倫理規範までを外的強制の支配する法律関係の条文中(とくに婚姻法第二六条の制裁規定参照)に持込み、強制される法的義務の範囲内にこれを置くことについては、一応問題となるであろう。ただし、これを問題にするについても、古い支配従属関係を克服し、新しい規範体系を築くことが要請されている意味、そのもつ歴史的特殊条件については十分に考慮する必要があろう。つまりこの条項は婚姻法の全体の精神と建前とから見て、夫婦それぞれの内面的自発性を肯定し、周辺の他の障碍からこれを守る方向のものと思われる。もしこれを、夫婦それぞれの内面的自発性を、旧中国の法律のように外的に抑圧し否定する意味方向のものとするならば、思いすごしであろう。

かつてわが国では文部大臣天野貞祐氏によって教育勅語に代る新道徳綱領の提唱があったということで、新聞はその内容を発表したことがあった。その一節に「夫は妻を愛し妻は夫を敬愛し云云」という一節があった。当時その提唱自体が問題となったが、私にはそこにあらわされた夫婦双方の倫理規範の差が目にうつって、今だに記憶から消え失せないでいる。革命中国の夫婦の倫理規範が、相愛と互敬と、そして新しい社会建設に向っての共同を、高らかにうたっているのに比べて、何とそのひびきにちがいのあることかと思う。古い中国では、父母に孝にというような人倫は、国家の法律の強制のわくの内にあった。その倫理と法とを支えるものは支配階級権力であった。新しい人倫はこのような外的強制の外に立つ。しかも新しい法と倫理とを支えるものは、ともに、革命の過程に育てられてきた新しい主体者意識である。そして古典・儒教倫理をこの時点であらためて受けとりなおそうとするのが新中国である。それは伝統の正統な継承者の態度である。伝統の承継のためにはその完全な断絶・拒否を経なければならない。伝統の真の継承者となることはなまやさしいことではない。

私は「子が父を訴える」問題を主題にかかげながら、甚だ回り道をしてきたようである。しかし回り道ながら以上のように見てくると、人を従属の法と倫理から解き放ち、自発性のさまたげをとり除き、新しい主体者意識をつちかい、子の法的地位を確立させ、そして社会への愛情を育て、新しい建設に向う革命中国にとって、それは意外なことではないように思われる。なお「子が父の不正を訴える」という場合、その不正は無雑作にしかも無条件に表面化されたのではなかった。各企業の不正行為は、資本家或いは経営者の積極的告白によってはじめて公にする方法がとられた。それは企業の正しい発展の方向を認識させるためのものであったからである。従って告白をがえんじなかった一部の者を除き、一般の積極的に告白した者に対しては制裁も極めて軽かったといわれる（『中国経済年報』五集）。

三　淮河の治水問題と法及び倫理意識

新しい中国社会にはこれまでの古い社会では予想もされなかった新しい問題が次々と生じている。社会の質のちがいが問題を出しているのであると思う。淮河の治水の如きもその一例であり、それを達成せしめた原動力を思うと、それは古い権力支配下に行われた単なる土木事業とは同じではない。一九五一年の初夏、淮河の治水工事を見たW・G・バーチェット氏（オーストラリア人、新聞記者）は「これこそまことに中国が平和的計画のために動員したところの有史以来最大の労働部隊であったにちがいない」（傍点筆者）（以下バーチェット氏『纒足を解いた中国』山田坂仁、小川修両氏訳による）

とし、「新しい中国がよびおこした恐るべき力——素手をもって自然の相貌をかえることもでき、それを人々の必要に利用することもできる力——」として紹介している。治水工事は実際に農民の生活に大きい衝撃を与えていた。治水工事を担当した王委員はこれについてバーチェット氏に次のように語った。「中国の農民も、極端な個人主義で、これまでの封建社会のおかげで、自分の家族以外に世界は存在しないのでした。かれらは、最初は、救済の穀物を稼ぎに河の工事にやってきて、自分の口を糊したり家族に送ったりしました。……かれらは、はじめは、地面に印をつけてそこを掘ったり運んだりして、一人でどれだけやったか一寸もちがわず測って貰いたいというふうでした。しかしまもなく、仕事はチームでやる方が遙かに便利なことを知ります。よいとまけの仕事はチームでのみできます。そこで二つの新しい変化が農民におこります。かれらは、はじめて協同作業の観念をえます。他の農民と思想の交換をはじめます。……かれらは自分でやっている仕事が、自分の農地を救うこと以上の大事業だと知ります。仕事仲間にたいする友情が芽生えはじめ、その地方ぜんたいを救うために力をあわせていることを知ります。かれらは講義をききに行きますが、講義では洪水原因が説明され、かれらのところから何百マイルも離れたところで、もっと多くの農民が働いたり、ダムを建設したりしていることが話されます。かれらは、国の広大な地域にわたる農民の労働が結集されてのみ、洪水は根絶できることがわかります。一歩一歩、河の工事場での自分の経験によって、かれらは、自分の畑よりも村のことを、村や郷や区よりも県のことを考えるようになり、最後に中国という概念をつかみます。そこから、朝鮮に起きている事件の中国にたいする危険を理解するまでには、さして遠くありません。そしてかれらはついに世界的観点に立つようになります。そればかりではありません。……前線のことでも、村の銃後でも、第一段階は共同作業へ組織されることです。この経験のあとでは、農民はけっして昔の個人主義的な考え方には戻りません。かれらは共同工事の新しい形式や共同耕作を受けいれるようになります。共同耕作の第一段階は、互助組の編成です。こうして——と彼は言葉を結んだ——われわれは自然を改造しているばかりでなく、同時にわれわれ農民の考え方をも改造しているのです」（傍点筆者）。このくだりはバーチェットの報告のもっともすぐれた部分の一つである。そして「農民が新しい共同意識を身につけてゆく」点もさることと思う。しかし個人的な私の利益と社会的な公の利益と敵対矛盾関係にあることなく、ともにのびていける地盤をもっている点を私としてはとくに注意しないわけにはいかない。近年、中国から帰られた白井浩氏は「中国人かたぎ今昔」と題した報告（朝日新聞社刊『新しい中国』）の二番目に「工場内の野糞の話」を次のようにのせている。

鞍山製鋼所の技術者からきいた話である。少し汚い話でおそれいるが、昔製鋼所の構内では中国人側の職工やその他の労働者に全く頭をなやませた問題があった。「いろいろ相談の末、便所を増設したり、標語を貼ったり、あらゆる宣伝教育をやってみたのだが、結局、構内からのぐそは後をたたなかった。それがおどろいたことには新しい中国になって、昔あれほど手をやいたのぐそが完全に一掃されてしまったという。いったいどんな手を打ったのか？　たねはすこぶる簡単なのだ。『人の物は粗末に扱うが自分の物は大切にする』という心理がものをいっただけの話。『日本人の物でもない。資本家の物でもない。おれたち自身の工場だ』となれば、のぐそなどする気がしなくなってしまうわけだ」。このようなことは新しく解放された地方での共通現象のようであって、同種の報告は少なくない。しかし「人の物は粗末に扱うが自分の物は大切にする」という理解には、いささかこれまでの日本人にありがちな思考方法のきらいがあるようである。それは戦争中の日本でのポスターの「公物と思う心がすでに敵」（故森田草平の指摘による）と同種のうしろめたさから救われていないような気がする。直接生産者から収奪するものがほとんどいなくなり、みなが食えるようになって泥棒もいなくなり（白井氏前掲、また趙樹理『李家荘の変遷』）、犬を飼う必要もなくなる。落ちているものを拾うものもなく拾う必要もない。「塗《みち》に落ちたるを拾わず」という紀元前幾世紀も前の古語が実現せられる。皆が支配の自己固有の領域をまもったままで他人の領域を侵す（盗）ことがないというところに見られる法意識と、「人の物は粗末に扱うが自分の物は大切にする」という次元に止まっている現在の日本人の法意識を混同してはならない。問題は「私」「公」の意識の関係の単純な変化ではなくして、古い「公」「私」の意識の変化を可能にする条件である。淮河の治水は単なる自然改造ではなくて利己主義を進んで捨てさせ人間改造を可能にした場なのであり、人間改造への大きな展望を与えている。かかる人間改造を通して成された自然改造こそ「有史以来最大の」（バーチェット氏の言葉）というに値するものがあるのではなかろうか。

「祖国を愛し、人民を愛し、労働を愛し、科学を愛し、公共の財物を愛護するのを中華人民共和国の国民全体の公徳とすることを提唱する」。これは中華人民政治協商会議の共同綱領（一九四九年九月）であって、その五つの公徳は、新中国の目標とする新しい倫理である（また、公有財産の愛護に関する憲法第一〇一条参照）。その徳目は五つといいながら、従前の儒教道徳の五倫（父子、君臣、夫婦、長幼、朋友の間の人倫）、五常（父母兄弟及び子としての徳目、または仁義礼智信）とは全く質的にちがったものである。その五つ目の「公共の財物を愛護する」という点は中国の経済建設と大きくつながった問題である。もちろん中国にも古くから「公」の観念があり、「公」と「私」とは対応して使われてきた。しかし、書経や韓非子やその他多くの古典史書をみると、その公は私よりもそのおかれた段階が隔絶的に上であり、両者を同じ平面で考えるなどということは夢想もできなかった。しかも公は公平の公につらなり、私は私曲の私につらなる。――従って一六、七世紀の思想家、李卓吾が「私ということは人の心である。農夫が収穫を私にするのであってはじめて生産にはげむのであり、この類のことは皆自然の理である」というように「私」を「自然の理」と肯定したが、それは儒教徒としては全く異端の説であったにちがいない。――このように「私」の意識の確立のないところでは、またその意味での「公」の意識の確立もない。そのような所にこそえてして公私混淆が行われ賄賂が横行する（日本社会についての川島武宜氏の指摘〈「遵法精神の精神的および社会的構造」

（前出）〉は、中国旧社会についても通用する）。

しかし淮河の治水の場にあらわれた中国での新しい公私の意識では、個人的な私の利益と社会的な公の利益とが一つの地盤の上に成り立ち両者の間の矛盾はない。つまり従前の政府の事業といえば、労働力は強制労働力でまかなわれた。しかしこの淮河の治水事業は大衆の利益と対立することなく、事業とその成果とは、ともに、かえって大衆の手中にある。そこでの公私の意識は段階的に隔絶した上下の意識ではない。「公をもって私を滅す」（書経）ことにもならなければ、日本流にいう滅私奉公の意識でもない。その上、人民個人個人の利益が社会的規模において社会的に実現される条件が見られるようである。日本のポスターの「公物と思う心がすでに敵」でのように、公と私とがもののみごとに敵対矛盾関係として意識されているのとは世界が違うと思う。

中世のなかの転形期——一七世紀——における最も優れた思想家の一人、黄宗羲は、権力支配を正当化することなくまた良心を権力に屈服せしめることをしなかった。彼は法が法たり得るのは、法が一に「天下人民のためのもの」という点にあるとした。権力者が天下を私財視し、その独占をまもる手段として定める恣意の支配のための法は、彼にとって「非法の法」である。彼が批判しているのは、いわばパトリモニアルな国家権力に対してであるが、それは民衆のためからそれた支配権力のすべてに対する批判である。しかし専制権力の下では「人民の自由は却って法の敵である」（中田博士）。黄宗羲の思想はその批判の故に遂に支配権力の禁圧をうけた（仁井田『中国法制史』再版序)。民衆の解放から離れ、また民衆の利益からそれた支配体制の下で、その法(非法の法)を内的に支えようとする民衆はいない。かかる条件の下で「公物を愛護せよ」とか「祖国を愛せよ」というような修身教科書的題目を掲げたとて、民衆はそれに心から協力しない。愛護しまた愛するについては、そのようになし得べき条件がともなってつくられねばならぬはずである。もっとも私はここで中国の現実社会の中に、何等の矛盾がないと思うわけではない。婚姻法の実現化についてだけみても、旧思想、旧意識の克服に多大の努力をはらわねばならなかった。しかし多難な行路なくして一挙に成就し得るものではない。

c　日本と中国の農村

『岩手の保健』〔誌〕が直面している問題は甚だ大きくまた切実である。本誌のある読者は、「単に悲痛な点をとり上げるだけでなく、これに対する対策」を示すことを求め、また、ある読者は「もっと内容を保健問題を中心に整理すべきだ」といっている。これに対して編集者はいつも謙虚に応答し、たとえば三七号では「日常生活のあり方を離れて健康法を説き病気の手当方法のみを説くことは保健問題の根本的解決とはならない」といっている。問題はそこなのだと私も思う。革命期の中国が経た道はすぐさま日本の道とはいえないであろうが、さし迫った日本のこの問題を考えるについての参考となるべき点が多いと思うので、以下それにふれることとしたい。

中国の革命をおしすすめた政治家、思想家には、そのはじめ医学を志した人をしばしば見出す。孫文、魯迅、郭沫若は共にその代表人物である。彼等は単に中国民衆の体を救おうとはしなかった。しようとしたとて単にそれだけでは結局救うことはできない相談であった。魯迅についていえば、彼ははじめ仙台の医学校に学んだが、卒業前に中止して、彼の思考と行動とを人間解放の問題に向けて立て直した。人間が解放されることなくして体の解放はあり得ない。なお、今日、日本の小学校で版画が行われ、本誌〔『岩手の保健』三八号にも「動き出した子供たち」として、農村の重い空気の中に明るい希望が報ぜられているが、魯迅は中国の版画運動の先駆者でもあった。

ところで、中国の革命の過程では、人間解放が実現するまで、体の解放を、おあずけにしていたのではない。今、これを述べる前に革命前の中国の農村生活はどんなものであったか一言しておこう。中国の農業労働は機械力にあまりたよらない手の労働である。牛馬が飼えるほど豊かでない農民も多く、牛馬に代って人の体に農具をしばりつけて耕すほどであった。妻も息も娘も嫁も婿も養子も、すべて労働の担当者であるか、あるいは労働力の補充者であった。牛馬も飼えないものは雇農をやとっておける道理がなかった。子は親の養老保険であった。よい女とはよく働く女のことであった。早婚どころか、はなをたらし、おしめをしている男の子に、早くも一人前の労働力をもつ妻をあてがう（買ってくる）ことも行われた。こうした一人前の女は値段が高いので、安い幼女を買っておいて、将来、男の子に女合わせることも甚だしばしば行われた。このような悪条件の場合でなくても、家産（家格）のつり合いなどが考慮され、男にも女にも婚姻の自由など夢想もできなかった。『岩手の保健』三七号によると「昔とちがって見合結婚だけは見らけられるようになった」というが、革命前の中国農村では「見合結婚」について私はその例をきかないし、写真結婚も殆ど農村では特例といってよいほど甚だまれであった。以上の点は幼い子女の婚姻を別にすれば、本誌〈『岩手の保健』〉三七号に記された今日の岩手の農村の婚姻にも共通点が多い。しかしさらに革命前、ことに土地改革前の中国農村では、いわば絶望的貧困の農民の間では結婚は不可能であった。女を娶る（買う）べき金がなく、家長たる伯叔父や兄が婚期を失し、やっと甥や弟に結婚させている農民の多い農村はそこらにあった。また結婚できないが、子が必要なため、他人の妻を質にとり、あるいは賃借りして子を生ませる例は、江西、安徽《あんき》、江蘇、浙江《せっこう》、福建などの諸地方ではとくに目立って多かった。そして妻を質に出し賃貸しする側もまた家計はもとより甚だ貧困であった。かくもおいつめられた生計状態では、病気をしてもろくに手当はうけられない。お産にも産婆のたすけはうけられない。「しらみは健康のしるし」などといって平気でいることは、特定の地方に限られた現象ではなかった。一九三四年、中国革命政府はその根拠地を江西地方から延安に移した。当時はまだ土地改革の前のことであり、諸種の悪条件の下で革命の道をきりひらかねばならなかった。蔡暢《さいちょう》女史は延安の農村を、中国農村のうちでもおくれた区域であったとして、当時の状況を次のようにいっている。

「そこでは婦人の平等などは全く問題にならず、それどころか迷信が横行している始末であった。とくにお産についての迷信があり、妻は夫に自分の妊娠を報告しないという慣習があった。なぜなら夫に報告すると『子供が驚いて逃げ出す』からというのである。子供を生むときには彼女たちは自分の歯か、あるいは瀬戸物の破片でへその緒を切ることになっていた。それは金物は『不吉』だからというのであった。当時、延安には二千以上の巫《みこ》がいて婦人たちの病気をなおすのだといって、体を鞭ったり水をかけたりした。そして『悪鬼をおい出す』うちに死んでいたものがかなりあった。これらのことが、嬰児の死亡率をたかめたことは想像に難くない。革命の婚姻法によって、結婚の自由、男女平等の目的は形式的には実現した。しかし革命政府の支配が一二年もつづいても、なお婦人の売買結婚は村ではかなり行われており、村民の新思想に対するかなり根強い頑強な抵抗が行われ、やがて革命政府は新しい方法をとらざるを得なかった」。このような体験にもとづいて蔡女史は語るのである。「農村におけるわれわれのスローガンは『結婚の自由』、『婦人の平等』を再びくり返しかかげてはならない。それは『子供を救え』、『家庭を繁栄させよ』でなければならない」と。「そして『家庭を繁栄させよ』のスローガンの下に家族の着物を作り、絲を紡ぐ方法を婦人が学ぶことが奨励され、延安だけでもすでに一六万人の婦人、つまり婦人の三分の一がこの運動に参加した。『子供を救え』のスローガンの下に、婦人の衛生常識や育児知識が教育された。かくて婦人の家庭における重要性がたかめられた。同時に世論をおこして『夫が妻をなぐる』ことに反対した。ある妻が『夫になぐられた』というニュースが婦人会に伝わると、婦人会は直ちに夫に忠告する。忠告してきかれないときには、全村をあげてその夫の行動を注意し、妻をなぐらせないようにする。村の黒板はそのための掲示に利用された」（岩村三千夫、加島敏雄訳参照）。

これを見ると本誌〔『岩手の保健』〕二八号、三三号、三五号や三八号その他に記された岩手の農村でのいたこの問題や衛生思想やお産の状況――ことに出産まぎわまで労働し、出産に産婆を迎えず、へその緒を切るのに産婦が自分の歯でかみきり、あるいは消毒不十分な握り鋏や断ち鋏等を使い、産婦の食断ちに、南瓜、ごぼう等がふくまれている――を思い合わせるものがある。しかしこのような状況の中で、延安では「結婚の自由」「婦人の平等」など、スローガンだおれになるスローガンは掲げることをやめた。それよりは生活の実質的上昇（婦人の衛生常識や育児知識など）にねらいがつけられた。しかもここで注意したいのは婦人会という横の組織とその発言の力である。推進力となっているのはこうした民衆の横の結合である。土地改革前のその当時にあっても、このような横の結合を可能ならしめる道がひらかれていた。そしてその後に行われた中国の土地改革は、民衆の人間解放にさらに積極的な条件を与えるに至っている。男にとっても婚姻のさまたげとなるべき絶望的貧困からまぬがれている。女にとっても夫や家父長に隷属することなく、独立し得べき経済条件をもつに至っている。これまでは女は現に家にいながら、穀物を借りに来るものがいても「今、家に誰もいません」といった。しかし今日ではもはや「誰もいません」等といわない。そういえば日本でも農地改革が行われた。それにもかかわらず日本では依然婚姻の自由が完全には得られていない。本誌〔『岩手の保健』〕二九号によると、嫁は猫ッコと同じで猫座にすわり、男の子に妻を迎えることを「猫ッコ借りる」といわれる。女子は今もって自由に取引することがない。そのような自由な気分の持ち合せがない。本誌〔『岩手の保健』〕三八号にいう「石鹸はよがんすか？」、「家にだれもいながんす」にも推測できる。

日本では自作農をつくろうとしてそれさえ貫徹しなかった。農地改革は中途はんぱでほうり出され、しかも改革の周辺の条件もよくなっていない。このような農村の環境のなかで衛生医療だけが無難に成果を十分あげ得るはずがない。しかし農村の現実の土のなかから声を合せ力をつらね、都市とも手をたずさえて『岩手の保健』のような「世論の柱」を強くしてゆくことが必要である。日本農村でも都市でも明るい展望は今のところ十分にひらかれてはいない。しかし希望がないとは誰がいえようか。日本の農民よりももっと悪い条件下にあった中国の農民が、まだ十分といえないであろうが、ともかくも自ら新しい時代をつくっていったについては、目前の大きな山を移そうとして、毎日、土はこびをした「愚公」の諺に似た「がんばり」があった。中国の歩んだ道は日本の道と同じではないとしても、日本でも「愚公」のがんばりは学んでもよいと思う。

III 法史夜話

1　法　諺

――中国社会の場合――

諺は生活の声であり、法諺は法生活の声である。法諺には法意識、法感情がもり込まれている。以下、新旧中国社会（主として旧社会）の法諺のいくつかを例示してみよう。

「郷に走《い》っては郷に随え」「郷に入っては俗に従い、港に入っては湾に従え」――中国ではこの種の法諺は「五里風を異にし十里俗を改める」という諺と対応して古くから行われた。「郷に入っては郷に従え」というような属地法主義（久保〔正幡〕教授）をあらわした法諺は、中国といわず日本といわず、社会の不統一さ、あいまいさに矛盾を感じないところには、自ら発生するであろう。もっとも日本と中国とのこの諺の用語の上に、絶対関連がなかったとは私も断言はしない。

「上は天に至り下は黄（泉）に至る」――これは土地所有権の及ぶ範囲を示している。ローマ人が「天まで」また「地の底まで」といったのに類する。

「坰を論じて畝を論ぜず」――中国の山西地方などでは土地の面積をはかるのに、一日に耕作の可能な面積を標準に晌とか坰とかいう（一晌は日本の六反位）。もっとも湖南や江西や甘粛のような地方では蒔く種の分量により幾斗、幾石という。江西ではまた灌漑用の水車の数ではかるという。

「退を許すも奪を許さず」――山西地方の法諺で永小作の場合。小作人が任意に小作地を返還することはできるが、地主は――小作料の滞納があれば格別――土地を取りあげることはできない。

「地主がかわっても小作はかわらぬ」（東換不換佃、また倒東不倒佃）――これも永小作。東は地主、佃は小作人のこと。一般の小作の場合には中国でも「売買は賃貸借を破る」Kauf bricht Miete の原則が行われる。

「樹は当に宅に随うべし」――土地の上の樹木は土地の定着物であり、不動産であり、その土地の処分に従う。もっともこれが、一般原則であったとは必ずしもいえない。樹木は独立の物として、地盤から離して取引の目的物とされることも多かった。なお問題がちがうが処分すべき土地をもたない農民は、成熟前の作物を売る――というより成熟後に収穫を引渡す――契約を行った。中国では「売青苗」（日本では青田売）という。

「銭は三に過ぎず、粟は五に過ぎず」――山西各地の法諺。民間での利息は金を借りたときは月利三分、穀物のときは年利五分を限度とするという法諺。

「冬五升、夏三升」――山西地方の法諺。春に冬、弁済する約束で一斗の穀物を借りたら利息は五升、冬、弁済できないで次の年の夏に支払が延期されるときは、利息としてさらに三升を加える。

「子馬が子を生む」（駒子生息）――複利をたとえた山西地方の法諺。弁済期に利息を支払わないでいるとその利息を元本に組み入れて、さらに利息をとる。旧王朝時代にはこのような複利は法律上禁止されていたことがあった。中華民国民法（第二〇七条）でも制限がある。

「票を認めて人を認めず」（認票不認人）——免責証券性をあらわした法諺。無記名式手形（持参人払）の場合、その証券の所持人が正当な権利者でない場合でも——悪意または重大な過失がない場合に限ることと思うが——債務者は証券所持人に給付することによってその債務を免れることができる。質札についても免責証券性があり、質札には「認票不認人」または「認単不認人」と書いていた。

「人単両認」——免責証券性のない場合の法諺。記名式手形の場合には右のような免責証券性はない。その場合には、実質的権利者以外に対する支払を予防しようとしているのであって、手形（単）をもってきた正当な権利者（人）に弁済することが必要である。

「租は典（当）を攔《さえぎ》らず、典（当）は売を攔らず」——河南や東北（いわゆる満州）各地その他に行われた法諺。小作地は地主が任意に質入できる。質地も地主が任意に売ることができる。しかし質入後も小作地は取上げられず、売られた後でも質関係に影響はない。

「典を攔るも売を攔らず」——山西省地方に行われた法諺。中国旧来の慣習では同じ土地を二重に質入できない。不動産質は一般に収益質であり、質取主は用益しているのが例であるからである。しかし質地を地主が売ることは妨げない。

「典は売を攔らず、買は典を圧せず」——山西地方に行われた法諺。右のように地主が質地を売ることは妨げないが、質地については質取主に先買権がある。これを買は典を圧せずという。

「媒人は子を生むことを請け合えず、保人は銭を還すことを請け合えない」（媒人不能包生子、保人不能包還銭）——湖北のある地方に行われた法諺。中国では保人といっても、日本民法などでいう保証人（従たる債務者）にあたるものとは限らない。中人、中保人などと同様、仲介者であり、その責任といえば弁済を督促する責任程度の場合が少なくない。

「当地千年活」また「一典千年活」——河北などの法諺。不動産質は永久質であり、いつまでたっても請戻権はなくならずに生（活）きている。当も典も質の意味。

「青地は青で、白地は白で請戻す」（青地青贖、白地白贖）——これは山西で行われた法諺。同様に陝西地方では「青を質に入れたら青で、白を質に入れたら白で請戻す」（当青贖青、当白贖白）、また河北や河南では同じことを「当白回白、当青回青」という。作物のあった土地、つまり青地を質に入れたら贖すときにも青地で請戻す。なにもない土地、つまり白地のときは白地で請戻す。

「六当六贖」——陝西地方の法諺。土地の質入れは毎年陰暦六月が期限で、請戻しもこの月のうちに行う必要がある。

「房倒爛価《ふぁんたおらんちゃ》」——山東地方等での法諺。質入れ家屋が倒壊したときは、質取主は賠償の責を負わず同時に債務は消滅する。

「うどんはめしではない、女は人ではない」（麵条不是飯、女人不是人）――中国旧社会では女は人の数に入らなかった。七出の場合、女子があっても男子がなければ「子が無い」といわれ、妻の離婚原因となった。女はむだに金のかかるもの（賠銭貨）とされた。古諺に「盗人も五女の門を過ぎらず」（後漢書）というのがある。五人も娘のいる家は貧乏なことはわかりきっているから入ったてしようがない。盗人もそこは遠慮する。

「女は人に従うものである」（いわゆる三従）――婦女後見制をあらわしたもので、紀元前の中国の古典（儀礼や礼記の類）に源を発する。日本の三従は中国伝来のものであるが、インドのマヌーの法典等の場合は独自につくられたものであろう。

「雞に嫁しては雞に従い、狗に嫁しては狗に従う」――いわゆる「夫唱婦随」であり、夫が低能であろうとなんであろうと「嫁しては夫に従う」。

「牝雞《ひんけい》の晨」――中国の古典（書経）に由来する諺。めんどりが、とき（晨）をつげるのは不吉のきざしとせられ、婦人は一般の家政たる「夫政」に口を入れることを禁じられていた。「女はよいこともしてはならない。まして悪いことはなおさらだ」という諺もある。もっとも日常の家事について主婦として有する「鍵の権」（Schlüsselgewalt）は別問題。

「夫は妻の天」――古典の儀礼などには「父は子の天」につづいて記されている。一般には、また「夫は頭上の一層の天」（丈夫是頭上一層天）ともいわれる。「夫は妻の首長なり」（フランス法諺、杉山〔直治郎〕博士訳）とも通ずる点があるが、中国の場合は宇宙的秩序に不動の基礎をおく。

「娶った妻、買った馬は、我が乗るまかせ、打つまかせ」（娶到的妻、買到的馬、任我騎、任我打）――夫権の強い表現。

「養漢要雙」「捉姦見雙、捉賊見贓」――姦婦は現場で殺してもかまわない。ただし訴えるときは姦通の証拠として二つの首をもってゆくことが必要である。この法諺は水滸伝などにも見えている。夫には妻の私的制裁権があり、日本でいえば「二つに重ねて四つに斬る」に当る。

「妻大三、妻大両」――妻には夫より二つ三つ年上の女をえらぶがよい。幼男に一八や二〇の娘をとり合せるという場合のものではない。金瓶梅もすでに「女房が二つ多ければ黄金は日ごとに伸びてゆき、女房が三つ多ければ黄金つもって山となる」といっている。この諺には婦人に対する信頼があらわされているが、かかる婦人は夫や夫家に都合がよいという意味をふくんでいよう。日本の農村でも一つ年増の女房を「一本べら」といって一番よいとされ（中川〔善之助〕教授）、会津では「一本べらは倉たてる」という。

「子は父業を承け、婦は夫業を承ける」――家産をうけとるについての代位の原則を示した法諺。

「棒打は孝子を出だす」（棒打出孝子、嬌養忤逆児）――親権をあらわしたもの。「厳父出孝子」ともいう。私は『中国法制史』に「棒は孝子を打ち出す」と書いたがそれは誤。中国では古くから子や奴婢に対する懲戒に棒、杖が用いられてきた。

「男女は平等、人はだれでも一人前」（男女平等、一人一份）――新しい革命期に入り、男女平等の原則が現実化し、法諺にも新しいものが生れてきた。

「婚姻法はなまけ病をなおし食糧をふやす」――婚姻の自由を基本原則とする新しい婚姻法ができ、夫婦の愛情と協力の上に婚姻生活がきずかれ、生産にも身が入る。新婚姻法（第八条、第九条）を諺にするとこのようになるであろう。

2 法三章

私は中国社会に行われて来た法諺について述べたことがあった〔前節1「法諺」〕。ここでは法諺の周辺の、またその周辺に属する類のものを含め、四字句・一語のまとまりの中に、法感情、法制度をもりこんだ言葉を、列挙しておこう。一般にいって四字句にまとまった言葉は句調もよく覚えやすい。近頃行われている「百花斉放」「百家争鳴」も同例である。なお本文に挙げたものの外にも「金科玉条」「一本一利」「異姓不養」「養漢要双」「不倶戴天」の類は多いが、これらは別の機会にゆずる。

「約法三章」――「法三章」ともいう。本文の題もこれにちなんだものである。紀元前三世紀の末、漢の高祖が秦のある地方の関中に入って、秦の苛法を除き、父老と法三章を約したという。「法は三章のみ。人を殺すものは死す、人を傷け、および盗むものは罪に抵《いた》す、餘はことごとく秦の法を除き去らん」と史記に出ている。漢書には「約法三章」とはあるが、父老と約したとはない。従ってその約は「法をはぶきつづめる」意味とする説がある。中国では実刑主義が古くから発展していて、中国周辺の諸民族やゲルマン民族にあるような賠償《ブーセ》制は古くからあまり見られない。後世の歴史家（司馬光）も「人を殺したら死刑は当然で、死刑制度がなかったら、堯舜のような聖人でも世を治めることができない」といっていた。唐の高祖もはじめ「法を約して一二条とした」という（新旧唐書刑法志）。漢でも唐でも三条や一二条では間に合わず、やがて律（刑法典）を編纂せざるを得なかった。漢律の遺文についてはなお次項参照（ヘディンおよび中国学者の西北科学考査団が居延で発見した木簡には次の漢律がある。「捕律、禁吏毋或入人廬舎捕人犯者、其室殴傷之、以毋故入人室律従事」。この最後の「従事」はこれまで「行事」と読まれて来たがそれは誤りらしい。スタイン発見の木簡の漢律は『唐令拾遺』に書いたことがある）。

「竹刑三尺」――紀元前の記録の史記や漢書杜周伝などに「三尺」とも「三尺法」とも出ている（後世では新旧唐書李素立伝など）。また「三尺律令」（漢書朱博伝）ともいう。「竹刑三尺」は白楽天の白氏六帖によった。周の春秋時代、鄭の国で刑法を竹の簡に書いたといわれている（左伝に見ゆ）。中国では紙の発明以前、木片や竹簡に字を書いた。刑法を竹簡に書いたことによってその刑法を竹刑といい、その法を書いた竹簡の長さから法を「三尺」という。同様に「二尺四寸之律」などという言葉もある（塩鉄論巻十詔聖）。中田博士は「尺六寸之符」「三尺之法」「五尺四寸之律」など、周末秦初の史伝に散見していると述べられている。先年、漢代の刑法典の一部を書いた木片を学術探検隊が中国西北部地方から発見した。それによると、捕吏が人の住居に入るについては制限があったものの如く、入った捕吏をその場で殴傷しても罪とはならなかったようである（前註の漢律では捕吏が犯人逮捕のために人の住居に入ることに制限があったようで、捕吏が入ったときにその室の者がこれを殴傷した場合は「故なく人の室に入るの律」を適用するという。その律は「無故入人室宅廬舎、……牽引人欲犯法者、其時格殺之無罪」〔九朝律考〕のようである)。

「舞文弄法」——中国では法典の成立は古いが現実には擅断主義的傾向が強く、「法を曲げて解し、法を悪用する」役人が多かった。この語は史記などに見ゆ。

「弁髦法令」——舞文弄法の得意な役人でありながら「人民どもは法をないがしろにし、法を見ること弁髦の如し」といって、人民を怒鳴りつけるのも役人であった。それは旧小説にも見られる。父命をないがしろにすることは「弁髦父命」という。童子が髦〔きりかみ〕となるとき〔元服〕の儀式に使う冠を弁といい、式後は弁は無用となる。それで弁髦とは「無用のもの」の意味。

「以刑去刑」〔刑を以て刑を去る〕——戦国時代、法家の中の商子の語。「以殺止殺」ともいう。一人を刑し社会を戒めて刑なきをいたす。「刑は刑なきを期す」という儒家思想と同様に威嚇主義。

「改過自新」——「悔改自新」とも「自新」ともいう。紀元前二世紀、漢の時代、五人の娘をもった淳于意《じゅんうい》という役人が罪を犯して肉刑〔鼻きり、足きりなど〕を科せられようとしたときの話。淳于意は娘を罵っていった——「自分には男の子は一人もない。女の子ではこんなときに何の役にも立たない」と。それを聞いた末娘は時の天子〔文帝〕に願い出た。「肉刑が加えられましてからでは、どんなに過を改め自ら新しくしましょうとも、もとの体にはなりません。妾は官の奴隷となりますほどに、何卒それで父の罪を贖うようお願い申上げます」と。中国ではヨーロッパに比べてはるかに古くから流血の刑罰史の時代は過ぎ去りつつあった。可憐な娘の哀願は更に肉刑がはぶかれる機縁となった。

「雷霆《らいてい》之誅」——不孝者に対する雷の制裁。父母は子の天地である。天地を侮る不孝者は雷撃を免かれない。天罰はてきめんである（宋の真徳秀の文集などに見える）。旧中国では、宇宙的自然に不動の根拠をすえた道徳律はそのまま法律としてあらわされる。法と道徳とは分離していない。このような東洋的自然法思想は、儒教たると道教たるとを問わず、旧中国一般思想の根柢にあった〔本書Ⅱ3a「法と倫理」〕。

「不打不招」（打たなければ自白しない）——招は自白の意味。中国での糺問手続の歴史は古く、自白しないときには、拷問してまで自白を強要した。拷問方法はさまざまであったが、臀や腿や足の裏などを杖打することも行われた。中国最大の悲劇といわれる元代の戯曲『竇娥冤』その他多くの戯曲小説の類に、それはしきりに見えている。

「盟誓摸銭」（誓を立てて銭をさぐる）——これは、立誓の後、にたぎった油の中の銭を手で探り取らせ、傷害の有無を見て真偽曲直を判決する神判方法。インド古法典にも類例がある。中国では糺問手続が制度として支配的に行われたが、民衆の間の裁判では後世までその他種々の神判方法が用いられ、公の裁判にも神前の立誓方法が利用されもした。

「排難解紛」――調停の意味。単に「排解」「調解」「勧解」ともいう。用語の起源は紀元前にもさかのぼるほど古い（史記魯仲連伝）。また紀元前二世紀の人、漢の郭解は、任俠をもって一世に聞えた大親分であったが、彼は都の名望家・顔役の誰もが失敗した大事件の調停に成功し、特に有名となった（漢書郭解伝）。一般に調停は路傍の第三者によって行われたことも多かった。しかし調停はしばしばボス支配を免れなかった（『李家荘の変遷』参照）。新中国では、離婚の調停は判決の前提として人民法院でも行われる。これはソヴィエト法の影響もさることながら、中国旧来の制度に新しい社会的意味をもたせての活用と思う。婚姻問題参考資料彙編第一輯には一九四九年度の上海人民法院調解委員会の調解書が載っている。

「一田両主」――一種の分割所有権。一つの土地そのものを上下二層に分って、それぞれ異った所有者によって所有される関係。日本の土佐などにも同様の慣習があった。中国では揚子江流域等に広汎に行われ、上地を田皮、田面といい、底地を田骨、田底と呼んだ。近来の土地改革はかかる慣習に徹底的変化を与えた。

「随田佃客」――地主の荘園に縛りつけられ居住移転の自由をもたぬ佃客（周藤〔吉之〕博士）。土地の附属物として土地の処分に従って買主へ引渡される農奴である。一〇世紀以後の中国社会に現われる。

「死頭活尾」（頭は死んでいても尾は活きている）――「杜頭活尾」「死売活尾」ともいう。買戻約款のついた売買。売買証書の本文を見ると永久売買（杜売）とあるが、証書の後の方の余白を見ると買戻（活売）の約款がついている。死頭活尾などというわけである。

「指地借銭」――担保の目的物を指定するだけで、それを相手方に引渡さない無占有質。唐代、指当ともいった。

「同居共爨《きょうさん》」――家族共産制。「同居共財」ともいう。インドやゲルマンやスラブの家族共産が火（煙）や食や居を共同にすることであったのと同様、中国でも居と爨《かまど》を共同にするものとされた（中田博士）。これに対し「分爨」「分煙」や「別籍異財」は共産を分つことであった。

「輪流管飯」――息達が輪番で親の食事の世話をすること。共産分割の際、親が共産の一部を養老財産として留保する場合もあったが、留保せずに息達の家を順次に巡って食べることも、息達が輪番で親の食事を供することもあった。

「門当戸対《めんたんふうとえ》」――家格対等の意。『牡丹亭還魂記』や、『紅楼夢』などにも見ゆ。旧中国社会では家格の決定は財産を標準にした。同額の土地をもった家であっても、その息の数が同数でない限り同格対等ではなかった。財産は息達の間に均分されることが予想されていたから、千畝の土地と二人の息のある家と、二千畝の土地と四人の息のある家とは同格となる。婚姻は同格の家の間に好んで結ばれたが、土地改革と新婚姻法とによって、この旧い関係は消滅させられた。

「指腹為婚」（腹を指して婚を為す）――子は婚姻の客体であった。生れた後ばかりでなく、親の腹にある間から腹を指して婚約せしめられた。それは一世紀ないし三世紀の古文献（漢書や魏書）にも現われ、革命前夜に至った。革命中国の婚姻法ではそれは厳禁されている。

「同姓不婚」——中国古来の族外婚（exogamy）。父系血族間の婚姻は回避せられた。革命中国の婚姻法では近親婚は禁ぜられるが、広汎な族外婚制度はない。

3　二十四孝

「法三章」の読者から今度は「二十四孝」をという注文があったので、筆をとった。資料は一六世紀明万暦刊本など。

ローマの家父長権力は父の側からする支配のうちに子の服従を含めていた。これに対して中国旧社会の家父長権力は子の服従のうちに父の権力支配を含めていた（ジェーミンソン）。中国旧社会の家父長権力は、いわば無為にしてしかもなさざるなき支配権力であった（仁井田『中国社会の法と倫理』）。中国の古典では「孝は天地の常道」であり「父母は子の天」であった。子の服従は父と母とになすべきであったし、それは宇宙的原理であり自然法則としての思想的基礎をもっていた（仁井田『中国法制史』）。かかる子の義務を無限的にしかも非人間的にまで示したのが二十四孝である。孝子の記事には後漢の董永のように説話からとった面白いものもあるが、馬鹿らしくもあり、余りにどぎついものも多い。真夏に親に代って蚊にくわれ、冬のさ中に氷の上にねて鯉をもとめ、真冬に竹林に笋《たけのこ》をさがし、父の病状を知ろうとしてその糞をなめるうちはまだしも、母を養うためにわが子を邪魔にして殺そうとするに至っては如何かと思われる。もっとも中国の家族生活で子の地位がいつもかくまで隷属的であったかは吟味すべき余地が大いにある。歴史的条件を離れた問題扱いを私は好まない（仁井田「旧中国社会の仲間主義と家族」『家族制度の研究』）。しかしここでは先を急ぐ。二十四孝としては元（一三、四世紀）の郭居敬の編集したものが有名であり、次にもそれを基準として挙げてゆくが、本によっては二十四人の順序や人物に差がある。

まず第一は堯に次いで帝位に登った虞舜《ぐしゅん》――伝説中の人物。舜も初めは名もない一介の庶民であった。父の名は瞽瞍《こそう》。盲で頑固。後妻の子を愛し舜を殺そうとする。殺されそうなときは逃げるが生命に別条のないときは打たれている。――父も勝手に子を殺せば子殺しの罪に問われる。子は自己の命を失うよりは父に子殺しの罪を犯させることこそ恐るべきでありそれこそ不孝者であった。――舜はこのような父と愚鈍な継母とによく仕え、弟にも愛情を示す。舜は歴山で耕作して父母を養ったが、舜の孝心は天を感動させ象や鳥が耕作の手助をした。帝堯からその二女――これは同格の二人妻――をめあわせる程の信頼をうけた。

二は前漢の文帝――前二世紀の人。母の病中の三年間、一生懸命に看病し続け、上下のまぶたのまつげを交えたこともなく、帯を解いたこともなく、薬は自分でなめた後でなければ進めなかった。

三は孝子の中の孝子の誉れをもつ周の曾参《そうしん》――前五世紀の人。孔子の弟子。孝経の作者といわれる。彼はかつて山に薪を取りに出かけた。留守中に客があって、母は接待に困り、彼の帰りを待ち望み、歯で指を噛んだ。彼は遠く離れていながらたちまち胸痛み、薪を背負って急ぎかけつけた。

遠い所にいても、母の体の痛みを自己の胸に感じとれれば、二十四孝に入る資格があろう。

四は周の閔損《びんそん》――孝子の誉れ高き閔子騫のこと。孔子の弟子。彼は子供のとき母と死別した。継母は実子二人には絹わたの入った着物をきせ、彼にだけは芦の花をわたにした着物をきせていた。彼は寒さにたえかねたが、後でそれを知った父は継母を追出そうとした。そこで閔損がいうには「母がいれば寒いのは自分一人だけ、母がいなくなったら子は三人ともにたよりを失う（母在《いま》さば一子寒ならん、母去らば三子単ならん）」。これを聞いて継母は心を入れ換えた。

五は周の仲由――孔子の弟子。貧乏な時代あかざの類を食べて命をつなぎ、親のためには百里も離れた所から米を背負って運んだ。親の死後、富貴となったが、もはやそれができないのを慨嘆した。

六は後漢（一、二世紀）の董氷《とうえい》――貧乏で父の葬式の費用がなかった。高利貸から借金して葬式をすませ、償いに自己の身を売る契約を結んだ。原文の売身は単純な身売りでなく、自己の労働で債務を消却する債奴制 abdienende Schuldknechtschaft である。彼は高利貸の家に行く道で婦人に出あい夫婦となった。彼女は高利貸が要求する絹三百疋を一《ひと》月の短期間でたちまち織上げた。しかし帰途、彼女は董永と別れ天に上っていった。彼女は天の織女で、天が董永の孝心に感じて彼女を応援に天下らせたものという。

七は周の剡子《えんし》――両親は年をとり眼疾で鹿の乳を飲みたがった。彼は鹿の皮を着て深山にわけ入り、鹿の群にまぎれ込んで鹿の乳をとろうとした。猟師は彼を鹿と見誤り危く射殺しようとした。
八は後漢の江革――子供のとき父を失った。乱が起り、母を背負って避難する途中、何度も賊に出あい、時には彼を殺して掠奪しようとするものもあった。彼は老母があることを涙ながら訴えたので賊も殺すにしのびなかった。
九は後漢の陸績《りくせき》――六つのとき大官の袁術を訪れた。袁術はもてなすつもりで橘を出しておいた。彼は橘を二つふところにしまい込んでいたが、別れの挨拶の拍子にころがり落ちた。袁術「あなたはお客さんとなって訪問先の橘をふところに入れるのですか。」陸績は答えて「母が橘が大好きなので母の土産にしようと思ったのです」。袁術はその孝心に大いに感心した。末恐ろしい子供であるが、孝行をとっさに思いついて口に出るのでなければ二十四孝には入れない。訪問先で出してある菓子やタバコをポケットにしまい込んだら法律上どういうことになるか。戒能〔通孝〕教授曰く「まさか窃盗とはいえなかろう」（『法学セミナー』一三号）。もっとも二十四孝の註ではこれを「窃取」といっている。
十は唐（七―九世紀）の唐夫人――彼女は歯の抜けてしまった姑に毎日その乳をふくませて養った。
十一は晋（三、四世紀）の呉猛――八つのときのこと、家が貧しくて蚊帳がない。毎夜蚊に思う存分血をすわせ、蚊が親のところへいくのを止めた。
十二は晋の王祥――子供のとき母が死んだ。継母は慈愛の心がなかった。彼女はあるとき生魚を食べたいといった。ときあたかも寒中で河川は凍って魚を捕えることができなかった。彼は氷をとかそうと思って裸になり氷の上にねた。氷はたちまちとけて二匹の鯉が躍り出た。

十三は漢の郭巨――三つの子があったが母は自分の食物を減らしてまでそれに与えた。郭巨が妻にいうには「貧乏暮しで母に十分たべさせられないのに、食物を減らすのは困ったことだ。子を埋めてしまおう」と。穴を三尺掘ったら黄金の入ったかめが出た。かめの上には「天、郭巨に賜う。官もこれをとりあげてはならず、民もこれを奪ってはならない」（何人もその埋蔵物の所有権の取得について争ってはならない）と書いてあった。

十四は晋の楊香――一四のとき父と田畑で働いていた最中、虎が父をくわえていった。彼は虎にたち向い虎の頸を押えつけた。父は虎口を脱することができた。

十五は宋の朱寿昌――一一世紀の人。彼が七つのとき生母は離婚され、他家に嫁していったきり五〇年たった。彼は役人をやめ母を尋ねて家を出たが、同州（西安地方）に行ったところで母に廻り会った。ときに母は年七〇余であった。

十六は南斉の庾黔婁《ゆきんろう》――五世紀末の人。県知事となり任地に行って一〇日もたたぬ中に胸騒ぎがしたので、役人をやめて家に帰ってみると、父が急病で寝ていた。病気が重いかどうかを医者に聞いたら病父の糞をなめて苦ければなおるといわれた。なめてみたところが甘かったのでなおる見込がないと思い、身をもって父の死に代らんことを北極星に祈った。

十七は周の老萊子――七〇になってからも、五色のまだら模様の着物を着て親のそばで赤児のように遊んだり、赤児の泣きまねをして親を喜ばせた。

十八は漢の蔡順――一世紀のはじめの人。子供のとき父と死別。凶年にあたって桑の実を拾い、黒く熟したのと赤い未熟のとを二つの器に入れ分けていた。黒いのは母にたべさせ、赤いのは自分がたべるのだと聞いた赤眉は、孝心をあわれんで白米三斗と牛一頭とを与えた。

十九は後漢の黄香――九つのとき母と死別。夏は父の枕を団扇であおいで涼しくし、冬は身をもって父の蒲団を暖めた。

二十は漢の姜詩《きょうし》――母は川水を飲みたがるので、妻は労をいとわず遠くから川水を汲んできては飲ませていた。また母は魚のなますが好きなので夫婦していつもそれを作ってはすすめた。あるとき家の側から泉がふき出て、その味は川水のようであった。また毎日二匹の鯉が躍り出してくるので、捕えて母にすすめた。

二十一は魏の王褒――三世紀の人。母は生前、雷が嫌いであったが、彼は雷が鳴ると母の墓に走って行き「褒ここにあり」とて泣きながら墓を守った。

二十二は漢の丁蘭――子供のとき両親と死別。両親に仕えることができなかったので、父母の木像を作ってそれに仕えた。妻にはそんな心がけがなく、あるとき針でいたずら半分に木像を刺したところがそこから血が出てきた。蘭はそれを知って妻を追出した。

二十三は晋の孟宗——子供のとき父に死別。母の手一つで育てられた。その母も年とって病重り、冬のさ中に笋《たけのこ》が食べたいといった。彼は竹林の中で竹を抱いて泣いた。その孝、天地を感ぜしめ、たちまち地面がわれて数本の笋が出てきた。これは孟宗竹の名の起源である。

二十四は宋の黄庭堅——一一世紀の人。立身後も母の便器を自ら始末した。

さて近松半二らの本朝二十四孝には、山本勘助の子、後の直江山城守が雪中に笋をほって孝行しようとて計らずも兵書を掘出す挿話があり、西鶴の本朝二十不孝は石川五右衛門ら二〇人の不孝者の話で、ともに中国の二十四孝にちなんだもの。

4 敦煌発見の奴隷解放文書

内陸アジアを東西につらぬく「絹の道《シルクロード》」が、今日の甘粛省西部を過ぎるあたりに敦煌というところがある。仏教伝来のときにはそこが通路にあたり、今日でもそこには仏教の遺跡として甚だ重要な洞窟寺院が残っている。それは敦煌千仏洞といわれるように、多数の洞窟が山腹に峡谷にそってつくられていて、内部に仏像が安置され壁画がえがかれている。洞窟が最初開設されたのは四世紀ごろといわれ、晉、南北朝、唐、宋および元など諸王朝の間、前後一千年にわたって造営がつづけられた。中国の寺院には、日本の東大寺や東寺などのように多くの古文献を蔵するところはあまりないが、この敦煌千仏洞の一室には、流沙のため入口がふさがれたまま、後世まで一千年の埋没をつづけたおびただしい文献があった。それが発見されたのは今から半世紀ほど前のことであった。

二〇世紀の初頭、イギリス政府が派遣したハンガリー人オーレル・スタイン、およびフランス学界が送ったポール・ペリオが、相ついで敦煌千仏洞をおとずれた。そして両名はそれぞれ数千巻におよぶ敦煌文献をイギリスとフランスに持ち帰った。スタインは最初手がけただけあって、またペリオは中国の学術に明らかで文献をえらんだだけあって、そのなかには貴重資料を大量にふくんでいた。その大部分は仏典であるが、儒教の経典、史書、字書、暦書などの古写本〔ときには古い木版本〕、今日に伝わらない唐代の律令格式をふくみ、公文書、契約書の類もまた少なくない。

これらのうちには今日まで紹介研究されているものもあるが、ここに述べようとする奴隷〔奴婢〕解放文書の如きは——滝川〔政次郎〕博士の示教によると、かつて黒板〔勝美〕博士がロンドンで調査して来られた由ではあるが——、今日までほとんど紹介されていなかった。発見以来、半世紀にしてやっと紹介ができる状態になったのは、山本〔達郎〕・榎〔一雄〕両教授をはじめ、日本の東洋学関係者が、スタイン文献の全部の写真原版を東洋文庫に収めるように努力し、それが先般、実現のはこびとなり整理研究の段階に入ったからである。

スタイン文献のうちの奴隷解放文書は一通だけではない。しかし文書の書風から見ると、後にあげる一通がもっとも古く、そしてそれはまぎれもなく唐代風であり、八世紀前後のものであろうかと思われる。坂本〔太郎〕教授の示教によると、日本にはこれほど古い奴隷解放文書は残っていないということである。そうすると、これが文書の雛形であるとはいえ、日本、中国など東アジアを通して現在最古の奴隷解放文書となるかも知れない。私の注意をひくのは、ただそれだけの意味ではない。この文書は、中国における奴隷制の繁栄が下り坂となった古代奴隷制末期のものではあっても、ともかく奴隷制期のものであるという歴史的意味においてである。

奴隷解放文書は、放書とか従良書とか良書または放奴婢書などといわれた。唐代法によると、奴隷を解放するときは、家長は解放の旨を記した手書を給しなければならない。手書には長子以下が連署する。それは父子間の一つの団体的所有制の建前から見て、奴婢の主は家長ないし家父長一人ではないからである。中国旧社会、ことに唐代において、家族共産は父子間には成り立たず、しかも女子は共産者の外におかれていたという説があるが、そのような考え方では、当時の諸資料を理解できない。家父長は長子以下の連署した手書を奴婢に給した上で、文書をもって所轄の官司に解放を届出る。届出をうけた官司は解放奴婢を奴婢としての籍から除いてこれを良人または部曲（上級の賤民）として籍につけかえる。奴婢は居住移転の自由を有しなかった。また主人の戸籍につけられていた。部曲として解放された奴婢は依然として居住移転の自由を有しなかったが、良人として完全に解放された奴隷は自ら任意に居住を決定移転できた。

ゲルマンの奴隷解放は、奴隷に対する自由の贈与が根本観念であり、贈与行為の一種であったといわれる。ゲルマン法の贈与行為は有償行為であり、何等かの報償が当然に予定されるのは奴隷解放の場合も例外ではなかった。その報償としては一定日に主人の農場で労務を提供するとか、自己の用益地の収穫の一部を貢租として主人に捧げる類であって、解放後も居住移転の自由をもたないものがあった。そして解放奴隷がその義務を怠るときは、主人は解放を撤回して奴隷に還元させることができた。中国では贈与は少なくとも社会的には有償的であることが見越されており、報償を与えない場合には少なくとも社会的には非難はまぬかれなかった。しかし中国の歴史的文献の中には、解放後の奉仕条件を厳格に具体的につけたものがあまり見当らないようである。もちろんそれが絶無というわけではない。

敦煌発見の奴隷解放文書の原文と内容の大意とは次の通りである。

従良書

奴某甲婢某甲男女幾人吾聞従良放人福山峭峻圧良為賤地獄深怨奴某等身為賤隷久服勤労旦起粛恭夜無安処吾亦長興歎息克念在心饗告　先霊放従良?族枙鱗見海必遂騰波臥柳逢春超然再起任従所適更不該論後輩子孫亦無闌悋官有正法人従私断若違此書任呈官府

年月日　郎父　児弟(兄弟か昆弟か)　子孫

親保

親見

村隣

長老

官人

官人

〔大意〕奴それがし、婢それがし。男女幾人。聞くところによると、奴隷を解放して良人とするときは、幸福の山のそびえ、良人をおし下して奴隷とするときは、地獄の深い怨み。お前等は奴隷として永らく勤労に服し、朝に起きては謹しみ深く、夜も安らかなところとてはなかった。その艱苦のほどにはいつも歎息の思い、よくそれを心にとめていた。ここに祖先の霊を祭って、解放して良人とする。かこわれていた魚も海を見ては必ず遂に波をあげ、ねていた柳も春がくればすっくとまた起ちあがる。そのゆくところにまかせて、とかくのことはいわない。子孫もまたこれをさまたげてはならない。官には正法があり、人は私断に従う。もしこの解放文書に違うことがあれば任意に役所に訴えて差支ない。年月日、奴隷の主人以下の署名

この解放文書のうちで肝心な点の一つは、奴隷を、永年にわたる艱苦の後に、その労役にむくいて解放するとしていたことである（この点はまた後で述べる）。その二つは解放文言であり、その解放後の負担が書かれておらず、文言だけからいえば解放が無条件的な点である。つまり奴隷を解放して自由人（良）とするとある外、何等報償について条件を記していない。それどころか居住移転は解放奴隷が自ら決定して差支えない旨が記してある。解放による報償があるとすれば、それは解放奴隷から直接受取るものとは限らない。それは善因に対する不特定な善果の期待（応報思想）であり、その意味で報償については遠大な期待がなされている。肝心の点の三つは主人側の守約文言である。子孫に至るまで解放をさまたげ撤回することを許さず、解放文書の内容事項に反する行為に出るものがあるときは、任意に官司に訴えよと書いてある。肝心な点の四つは署名部分にあらわれた郎父、昆弟（兄弟）、子孫である。郎父の郎は奴隷から見て男主人をあらわす言葉であって、その用例は敦

煌発見にかかる一〇世紀の奴隷売買証書や、他の奴隷解放文書等にも出ている。ところで奴隷解放者は、郎父といわれる家父長一人ではない。兄弟があればその兄弟、子孫があればその子孫も連署することになっている。それは家族共産制の一つの帰結であり、唐代法の規定とも一致している。また肝心の点の五つは署名の親保、親見、村隣、長老、官人、官人とあるうちの村隣である。親保、親見は親族であって保人となり見人となっているもののことを指すのであろう。奴隷や家畜の取引に限らず、一般の売買証書や借銭、借粟証書には、保人や見人が立てられるのが通例であった。奴隷解放文書の場合の見人も立会人と思うが、その保人は解放が将来さまたげられ、撤回されるようなときには、解放奴隷のために防衛し、その利益をまもるべき責任者であると思う。村隣は村内の隣人のことと思うが、村隣をも連署のうちに加えていることは、この奴隷解放文書が村落内の奴隷解放を前提としていることを知るについて、眼目となる点である。

中国旧社会の奴隷は、奴隷制の繁栄期にあっても、家内奴隷的な傾向が強かったが、この奴隷解放文書の奴隷も、主人の家内にあって、長年月の間、朝となく夜となく勤労に服したことが、解放文書の本文と連署の部分に村隣とある点とを綜合して考えられるようである。いずれは主人のために農耕その他の雑役など、無制限、不特定、無定量、無対価の労務に服し、かくて解放されるまでには長年月を経た（そして場合によってはもはや労働力もあまりなくなっていた）ことであったろう。村隣とある字句は、この奴隷のおかれた村落内の環境——生産担当状態——を再現する手がかりとなるように思う。

5 中国の絞刑と凌遅処死

中国旧来の絞刑は首をかけて殺すものとは限らず、むしろ文字通りに絞め殺す意味のものであったようである。六、七世紀、隋唐の律では生命刑が単純化され絞斬の二等となっていた。二等のうち、絞は処刑後も首と胴とつながっていて再生の道があるから、首と胴が離れる斬よりは軽いとされたようである。唐の後、絞斬とならんで凌遅処死が新たに登場するようになった。この凌遅の執行方法は、受刑者を生きながらにしてその身体の肉を細かくきりきざんで殺す、または身体の特定の部分数ヵ所に刃を加え腸をとり出し喉を断って殺すような極刑である。それはひと思いではなくて、時間をかけてゆっくり殺すのであり、凌遅の名もそこからつけられた。それは大逆罪とか親殺しなどに科したのである。中国の刑罰は、行為に対するマイナスの報酬であり、対価である。「父母の恩は山よりも高く海よりも深い」といわれる。その無限の恩に報いるには無限の報恩が必要で、親の殺害に対しては、もはや絞や斬ではまにあわない。凌遅を科する根拠は一つにはそこにあった。君主に対する、いわゆる大逆についてもまたしかりであった。凌遅はその行われてきた当時、つまり一一、二世紀以降の儒学隆盛時代の思想とも対応している。このような刑罰の苛酷さを見た場合、人はよく中国人の民族性とか国民性とかをもってこれを説明しようとする（たとえば桑原〔隲蔵〕博士）。私も刑罰にその民族の野性があらわれていないとは必ずしもいわない。しかしそれよりも問題なのは支配権力のあり方である。苛酷とか惨酷というなら、ヨーロッパの刑罰史にはローマの猛獣刑をはじめ、相当なものをもっていた。中国の刑罰を民族性や国民性といっただけで理解はできない。

まず絞についていうと――儒教の経典の礼記のなかに磬《けい》とよばれる死刑がある。これは特定の身分をもつもの（公族）に対する死刑で、非公開の場所で首を懸けて殺すのがその執行方法と解されている。磬とは鐘のようにかけて打ちならす楽器であるが、そのかける状態をとって死刑の一種の名としたものであろう。したがって私も首をかけて殺す絞首刑が中国になかったとは思わない。しかし古い辞書の説明を見ても、絞については「縛殺」とか「縛」とかあるだけでそれが何の意味か見当がつけにくい。

ところが清代の処刑の図をのせた『金山県保甲章程』によると、地上に棒をたてて受刑者をその前に坐らせ手足を棒にしばりつけ、首をはさんだ縄の両端を二人の死刑執行人がもって、手拭でも絞るように絞り上げる状態が示されている。これでこそ絞刑といわれてきたわけがわかる。清末、事件を図入りで報道した『点石斎画報』によると、絞は、地上に立てた棒に受刑者のからだをしばり、首も棒に縄で幾重にもしばり、執行人が、棒と縄との間に細い棒をつっ込んで、その細い棒を回してしめ上げている図となっている。『大清刑律図説』にも同種の図が出ている。『金山県保甲章程』の絞とは、同じ絞めるにしても、その方法が同一とはいえないが、首をかけてつるすのでない点は一致している。それでは、清末、絞刑の実情を知っていた人たちは絞についてどういっていたか。法律改訂の立役者であり法学者であった沈家本は「絞刑執行方法については法に明文はないが、今行われている絞刑は縄で絞めて殺すものであって、かならずしも懸けるものではない」としている。一九世紀、グレイ（J. Gray）は、当時の絞について、受刑者を木にしばりつけ首のまわりにひもを回しひきしめて殺すものといい、アラバスター（E. Alabaster）は「執行人が馬乗りになり受刑者の首に縄をまきつけて絞め殺す」と書いている。かつて入沢〔達吉〕博士はその『支那叢話』のなかに、清末北京で「首斬浅右衛門」をつとめたことのある人――姜安――の話の聞き書をのせた。それによると、絞は死刑囚を棒にしばりつけ「縄を首にまきつけ二人の執行兵が両端をとり、囚人には酒にひたした手拭をかぶせる。そうして引張る」。この絞め方の説明は、『金山県保甲章程』の図の場合に一致している。これで見ると絞の執行方法は首をつるすのではなく、絞るという点でどれも一致する。ただその方法の細かな点となると同一ではない。しかしそのうちどれか一つをとって、法にかなったものときめるわけにはいかない。法律の上で執行方法にきまりがなかったとは沈家本もいっている。このような執行方法の不統一は淩遅処死についてもいえる。

淩遅処死は一〇世紀つまり五代にはじまり清末まで行われた。一二世紀の人、宋の陸游は淩遅について「からだから肉がすっかり取り尽されても、なお受刑者の息が絶えず心臓も止らず、目も見え耳も聞えもする」といっている。一六世紀、明代の記録によると、権力を一世にほしいままにした官宦の劉瑾が謀反の罪名で誅せられたとき、凌遅は三日つづきで執行され、天下の怨みに思うものは一銭をもってその肉一きれと換えてこれを食ったとまで記されている。同じく明代に、主人殺しの冤罪で凌遅に処せられようとした荷花児という女奴隷が、斬り手にいうには「自分は冤罪で死のうとするのである。まずひと思いに殺してから臠《れん》割（肉を細かにきり取る）してほしい」とたのんだところが斬り手は承知せず、きまり通り生きながらに肉をきり取る方法を行ったので、その報いで三日後に無惨な死をとげたという。明清時代、凌遅の場合、身体の斬り方については三六〇〇刀とか、一二〇刀とか、七二刀、三六刀、二四刀（一二の倍数）、八刀などの方法があった。

それでは凌遅は図にはどのようにあらわれているか。その図の古いものの一つは一六、七世紀明万暦年間刊行の『水滸伝』（内閣文庫蔵）における王慶の処刑の図である。それによると、民衆の前で（執行の公開）王慶の髪を縄でしばって三叉につるし上げ、つるした身体の下に血か肉をうける器をおき、鈎のついた鉄杆で胸のあたりの肉をひっかけ、凌遅刀で肉を切っている図が見える。また清代の江蘇省の『金山県保甲章程』では、三叉によることなく、地上に一本の棒を立て、これに受刑者をしばりつけ、肉をきりきざまないで、喉に刃を加え、両手と左足を断ち、今や右足を凌遅刀で断とうとしている。しかしまだ上瞼にも乳にも刃は加えていない。ところが広西省の役所の告示をのせた『大清律例図説』の凌遅の図では、地上に立てた棒に十字の形に横木を渡して受刑者をそれにしばり、執行人が上瞼に刃を加えているらしい図が出ている。もしこのように解すると、その点は李元復のいうところと一致する。李元復は凌遅の手順について、まず両眼の上瞼を割いて見えないようにし、次に両乳、両臂の肉に各一刀を加え、その段階まではまだ殺してしまわず、ついで刀で心を刺し、胸腹を開いて臍に至り、最後に首を断つといっている。グレイが一九世紀の半、広東で見た凌遅も八刀であるが、李元復のいうところの順序・方法とは同一ではない。北京で凌遅を自ら執行した姜安が入沢博士に語ったところは次のようである。「凌遅というのは罪人を赤裸にして板にしばりつけ、第一刀で左の乳をけずり、第二刀右乳、第三刀左上腿の肉、第四刀右上腿の肉、第五刀左臂、第六刀右臂、第七刀左腿、第八刀右腿、第九刀で頸を斬る。徐々に死ぬるのであるから、ずいぶん苦しい。そこで執行人に賄賂をやっておくと、第一刀のとき左乳から肺部に刀を入れ一と思いに殺してくれるそうだ」。まず「凌遅開膛といって、第九刀では胸腹をさく、すると腸が一斉に流出する。第十刀で頸を斬る」という。この説明もまた李元復やグレイと異なっている。清末の法学者、沈家本も、凌遅の執行手順は、執行人師弟の間の口伝であるといい、それをあまりくわしくは知っていなかった。「そして同じく凌遅といっても、京師と保定との間でもわずかながら差がある。凌遅のような重法でありながら、国家はその制度を明定することがなかった」といっている。

6 『紅楼夢』のなかの庄園の小作と奴隷売買
——紅楼夢展によせて——

それはもう今〔一九六五年〕から三〇年近くも前のことになった。私は内閣文庫に『水滸伝』、『金瓶梅』、『紅楼夢』などの小説類の閲覧申請をして、ことわられたことがある。多分、私のような法律書生には、いわゆる「煙粉」もの、ことにそのうちのあるものを見るのは不似合いというわけであったのだろう。ところが、当時の内閣文庫目録では、不思議にも、『廉明奇判公案伝』、『明鏡公案』、『詳情公案』および『律条公案』(ともに明刊)の類は、すべて小説仲間に入れられていなかった。かくて、このような貴重書については閲覧禁止の災厄にあわないですんだ。

中国の新旧文学と私の仕事とは縁が深い。この場合も、中田薫博士の著作『徳川時代の文学に見えたる私法』にならって、中国文学と法の問題をあつかい、中田博士の還暦記念論文としようとしたものなのである。当時、記念論集の編集者の一人であったローマ法の原田慶吉さんは「いくら長く書いてもかまわない」と私にいわれた。しかし、あまり長く書きすぎて原稿の半分の印刷は保留となり、家族婚姻および奴隷関係の分だけが印刷された。そのなかに『紅楼夢』などにあらわれた奴隷（人身）売買のこと等がふくまれていた。保留分は、土地の売買・質入れや銀票・銭票（約束手形）のほか、『紅楼夢』その他に出てくる高利貸（質屋）や、いわば荘園の小作のことなどが内容であった。ところがこの保留分は、はなはだ不幸にも、一九四五年五月アメリカ軍の東京空襲によって、居宅とともに泥土に帰してしまった。

星移り世変って、一九六四年一一月、白木屋（東京）で紅楼夢展が開かれることになった。倉石〔武四郎〕博士はその「紅楼夢展をむかえて」（紅楼夢展所収）のなかで「『紅楼夢』の作者曹雪芹――それは『涙の作家』といわれたが――一七六三年の除夕、ついに生涯の涙をそそぎつくして死んだ。『紅楼夢』は、実に、この偉大な作家ののこした唯一の作品であり、その生涯をかけた大作である。この大作家の逝去からかぞえて、ちょうど二百年、これを記念した展覧会が北京でひらかれ、また、それがそのまま日本で展観されることになった」といっておられる。『紅楼夢』は、賈宝玉と林黛玉との悲恋を軸とはしているが、清朝初期の巨族＝賈家の豪奢とその崩壊を内容としたもので、小説であり、ロマンの世界の創作とはいいながら、はなはだ写実的、現実的で、史料としての価値も大きい。『紅楼夢』の書かれた一七、八世紀ころは、中国の中世社会の変動期であり、封建制の崩壊過程にあった。今日の私の関心からいえば、当時はまさに農奴解放の第一段階にあたる。この意味からも、今回の展観は見のがすわけにはいかなかった。

さて、私はその展観でとくに注目した点があった。それは『紅楼夢』が生み出された社会経済的地盤の紹介説明が、古記録、古文書、あるいは絵画などによって至れりつくせりに行われていたことである。もちろん、かつての敦煌展にしても、ありきたりの仏教美術展などと類を異にして、社会的背景に留意してはあったが、今度の展観ぐらい格段の配慮がなされていたのを、これまで見たことがなかった。その配慮のうちの数点を個別的にいうと、㈠三〇年前に発表留保となった私の論文の問題＝紅楼夢第五十三回――いわば荘園と小作――のごときは、私のかつての論文よりも見事に、絵画と、康熙・乾隆時代の小作証書の原物とによって、取扱われていたことであった。戦後二〇年間における農奴制への私の関心は、戦前とは比べものにならないぐらいに成長していた。それにもかかわらず、保留原稿を失ってしまっていたためもあって、『紅楼夢』のこの第五十三回の存在を私はすっかり忘れ去っていた。私はその絵画の前を、しばらく立ち去ることができなかった。㈡紅楼夢における奴隷（人身）売買のことについては、私の発表論文を時々見ていた関係から忘れてはいなかった。しかし、展観にあらわれた康熙・雍正・乾隆時代の奴隷（人身）売買文書の現物は、同じくそのころの小作証書の原物とともに、これまた、いたく私の心をひきつけた。㈢展観場にはなお康熙一九（一六八〇）年九月の合夥文書一通および、㈣多数の質札などが陳列されていた。この㈢は北京近くの炭鉱＝門頭溝の企業関係文書であって、中国の鄧拓氏やわが今堀誠二教授の研究に関係のある貴重資料である。以下、このうち㈠と㈡とについて、もう少し所見をつけ足しておこう。

紅楼夢第五十三回によると、賈家の一つ＝寧国府は黒山村に、いわゆる荘園をもっていて、そこの荘頭が、正月を目前にひかえた年末に、雪をふみわけ、悪路をふみ越え、一ヵ月以上もかかってはるばる都の賈家に地代をはこんで来た。荘頭というのは、いわゆる荘園の管理人であって、その土地の有力者であったらしい。この荘頭を、国訳漢文大成でも、岩波文庫本でも、「しょうや」と訳し、平凡社の『中国文学全集』では「小作人の頭」といっているが、いずれも適訳ではないようである。地代は、荘園内で、小作人＝農奴が荘頭のもとにとどけてきたものであろう。荘頭が賈家に差し出した地代の目録から小作人の負担を摘録してみると次の通りである。

大鹿三十匹、獐子（のろ）五十匹、……しゃむ豚二十匹、……野猪二十匹、……野羊（やぎ）二十匹、……生きた雞、家鴨、鵞鳥各二百羽、乾した雞、家鴨、鵞鳥各二百羽、雉、兎各二百対、熊の掌二十対、……鹿の舌五十本、牛の舌五十本、……杏、桃、松仁（まつの実）各二袋、いせえび五十対、乾しえび二百斤、……柴炭三万斤、玉田胭脂米二石、あおうるち五十斛、白うるち五十斛、……雑穀各五十斛、下用常米一千石、……このほかに糧食や家畜などの売却代価、銀にして二千五百両……

寧国府はこのような物納または金納の地代をとり立てる荘園を八つも九つももち、賈家のもう一つの栄国府も八ヵ所の荘園をもっていて、寧国府よりは大がかりなものであったという。私は前記の地代だけでも大したもののように思うが、寧国府の若主人の賈珍はいう「こればかりしかもってこないで、例年のようにまけてもらう（あるいはごまかす）つもりでやってきたのだろう」と。そういわれて荘頭は「雨つづきやら碗大の雹やらで」こういうことになったのだと、陳弁これつとめている。これだけの資料では、いわゆる荘園内部での農奴の地代闘争がどうであったか、闘争の成果がどうであったかまでは明らかにはならない。ただし荘頭は一定額の徴税請負人ではなかった。一般的にいって荘頭は作柄のよしあしにより（またはそれを口実にして）地代取立を伸縮したろうし、わいろ次第では取立に手かげんもしたろう。また徴収地代の上まえもはねたろうし、農奴と共謀で利益をひそかにわかちあうこともあったろう。

展観の会場には、『紅楼夢』と同時代つまり乾隆四、五〇年代の小作証書が幾通も陳列されていた。その多くには「毎年秋場請主踹看定租」「毎年登場交斛」などとあって、一ヵ年かぎりの小作証書ではなく、期間の継続を前提とした「毎年」という文言が見えている。（傅衣凌氏発表の福建資料では「遞年」という。）いずれも無期限であるが、といっても永小作（永佃）の文言とは同じではない。なお、土地を荒蕪させたときには、地主はその土地を取上げることになっている。地代の老租、小租などは一定の額であるように見えているが、毎年、作柄を地主と小作とが立会って現実にしらべた上で、変更を加えることが可能となっている。その地代はつまり、日本の小作制度にいう「定免」（一定不変）となってはいない。使用の桝について、「河斛」または「斛係河斛」とある例が少なくない。なかには「斛係河斛加一四昇」「斛係河斛毎石中一斗四升」または「斛加八升」という例もある。地代運搬を小作人の負担とするという取りきめが書いてはない。しかし正租のほかに、いわゆる冬牲などの副租として、各種の貢納も書いてある。「租油一斤半、租草毎石弐束、租鶏弐隻」（乾隆五六〈一七九一〉年一二月文書）、その他「毎年租雞壱隻」「毎年租雞弐隻」とある類がこれである。このような貢納も、証書に書かれてあるかぎりのものであったかどうか、たとえば九月には重陽酒、一二月には年糕、年肉の類の取立、地主の吉凶の際などの無償労働が現実に行われなかったかどうかは、証書面だけでは明らかではない。しかし、寧国府における貢物の徴収――大鹿三十四、野猪二十四、熊の掌二十対、鹿の舌五十本の類――は、陳列された小作証書の実物にくらべて、如何にも何か大がかりな、そして家畜以上の貢納負担をもったものである感じを与える。

『紅楼夢』における奴隷（人身）売買の話は、たとえば、第十九回、第五十八回、第八十回など、随所にあらわれる。襲人をはじめ賈家の召使は、賈家に買いとられた奴婢である。これについては、私は三〇年前すでに所見を発表しているから、ここには再論しない。ただ、展観の場に示された『紅楼夢』と同時代の、つまり康煕・雍正・乾隆ころの奴隷（人身）売買証書についてだけのべてゆく。これらの古文書のうちの雍正二（一七二四）年一一月の売買証書は、展観目録の説明書にある通り「一家族の身売証文」である。身売人は香河県（今日の河北省）朱家庄の「民人」であって、夫は三五歳、妻は二九歳、その男児二人、一二歳と七歳で合計四人家族。代価は四人で一五両。逃亡した場合には、岳父や兄や保証人らが責任を負うことになっていて、身売の当人たる夫、そして岳父、兄、保証人らの記名の下に「十字花押」を書いている。人売証文の実物を、これまで、しばしば見て来ている私も、このように一家族ぐるみを身売している内容の証書の実物は見たことがない（なお、文物一六五号にも江西省の一一通の売身契が紹介されていて、そのなかに夫婦同時に、また妻子同時に身売の場合が出ている）。ところで、この雍正の証書は、そのいうように「民人」の身売文書であって、しかもそれに官印（満漢両文の朱印三箇、うち一つは割印）が押してある。この官印は売買の公証手続を経たことを示すもののようである。そうなると、それは清律の妻子売却禁止規定と矛盾すると思われる。しかし、法律との矛盾というならこれだけにかぎらない。奴隷ならぬ民人の売買自体がすでに法律と矛盾していて、しかもそれが現実社会に普通行われていたのであった。

人身売買には、婚姻および収養と関係なしに行われる場合がもちろんあった。しかしその一方には、現実には奴隷として売りながら、証書が婚書または養子文書の外形をともなっている場合もまれではなかった。展観されていた乾隆時代の奴隷（人身）売買証書のなかには、その両方が出ていた。人身の価は満一四歳の男児が五両（乾隆七〈一七四二〉年四月）、七歳の女児が一一両五銭（乾隆三五年一二月）。以上の証書にはいずれも買戻（うけもどし）文言がついていない。従って『紅楼夢』第十九回にいう「売倒的死契」、文物（前掲）に出ている売身文書の「売割絶契」のように、その売買が、永久的、無条件的であったもののように一応見える。しかしそれは「一応」といっておく必要がある。これに対して、展観されていた康熙四三（一七〇四）年一〇月の証書は、「当契」というその名が示しているように、人質文書である。それは永久に売渡すようなものでなくて、うけもどしの可能な場合である。この例では利息付で銀三両七銭を借り、その担保として一〇歳になる男の子を引渡し、期間満了後、元利を返済してうけもどす。しかし、もし、うけもどさないときは、その子は質取主の所有に帰する。利息もついていれば、質流れにもなる点は、奴隷や土地の質入れの通例とは異り、質屋の質物なみである。

Ⅳ　研究回想

1　私の処女論文

——中国の古代法をたずねて——

私は旧制高校（松本）のころ、ロマン・ローランやツルゲーネフの小説にも心が引かれはしたが、中国の古典にも関心をもっていた。大学では学業の余暇に、中国古代法史の手がかりになる古代の文字について勉強した。それが、柳島の東大セツルメント法律相談部に入っているとき、穂積（重遠）先生のお目にとまった。先生には、セツルメントと私の余業とをどう結びつけたらよいか、不思議に思われたかも知れない。柳条溝事件（いわゆる満州事変の発端）が起るまでは、中国の研究を志すものは、法律の側からはあまり出なかった。

私が大学を卒業したのは昭和三（一九二八）年であった。その前年、中国では蔣介石が上海でクーデターを起して国民政府を樹立し、毛沢東が江西・湖南の山境地帯の井岡山に革命の根拠地をうち立てた。卒業の年には、毛沢東は蔣介石の包囲攻撃をうけつつも、中国革命最初の土地改革法（井岡山土地法）を実施していた。その後三年にして柳条溝事件が起る。もっとも、私は、中国に関心をもっていながら、井岡山が中国革命史の上で、いかに重大な意味をもっていたかを知ったのは、戦後のことである。

大学在学時代から、中田（薫）先生には、研究の上で、大層お世話になっていた。卒業間近になって、研究方針――この場合はさしあたって大学院での――について先生の御意見をうかがいに出た。私は在学時代からの関心の継続として、中国古代法史を研究しようと思っていた。その資料には、紀元前何世紀も前の甲骨文や古銅器の銘を使わねばならなかった。先生はさきざきのことを見透しておられ、関連諸科学も身につけない状態でいて、いきなりそこから研究の手をつけるのは、考えものとされた。やがては研究がそこに及ぶとしても、さしあたっては入り易いところから入ることをすすめられた。それに、中国法制史の講座がなかったから、中国法制史を研究するにも、日本法制史との関連をつけておくことが必要であった。先生が出された案の一つは、日本律令制と関連させた唐律令制の問題であった。二つは、清朝（および台湾）の法の問題であった。それには、もちろん、法慣習の問題をふくむ。そこで、私は前者をえらんだ。後から考えると、私が最初もくろんだことは、今の学界でも至難な問題であった。当時の私には、どれほどの成果を挙げえたかはわからない。しかし、その後、私の研究の範域は、古くてせいぜい戦国（周代の末期）から秦漢どまりで、年とともに唐およびその後に関心が深まった。そして二〇世紀の革命期の婚姻法と土地改革法などにまで及ぶことになったのである。

ところで、私の研究論文の第一号は、「古代支那・日本の土地私有制」であって、『国家学会雑誌』に、昭和四年から五年にかけて四回にわたって発表された。当時、ローマ法の原田（慶吉）さんが「厳格市民法に於ける羅馬家族法の研究」を、同誌に連載中であったことは、深く印象に残っている。

研究の準備段階の一つとして、春から夏にかけて西日の強くあたる法学部の研究室で、史記、漢書、後漢書、三国志からはじめて、南史、北史、旧唐書、新唐書に至るまで、一千巻をこえる史書のページを毎日めくって暮した。もちろん、しらべた資料はそれだけではなかった。その年の秋、中田先生は、日本についての「律令時代の土地私有権」という論文を、『国家学会雑誌』に発表された。私の論文は、先生の研究方法をみならったものである。もっとも、研究していってみると、日本と唐とでは、同じく律令制といっても必ずしも同じものではなかった。それに、私の場合は、周代のいわゆる「封建」――それはフューダリズムと同義ではない――のころを起点にする。そして唐の土地法の均田制（七、八世紀）に至り、日本律令との比較に及ぶものである。唐の場合については、京城大学の玉井（是博）さんの例にならって、敦煌発見の戸籍も資料とした。そして、日本法との比較の場合には、大宝令の一編である田令の復旧をも試みた。

私の論文の論点の第一は、所有権はその時と処との社会的、経済的地盤を離れて存在するものではないことである。「所有権もまた歴史的範疇であって、論理的範疇ではない」（ギールケ）。このことは、中田先生の論文にはしばしば見えている。ローマ法や近世法の所有権は、その時と処との条件の産物であり、それ故に、その時と処とにおいて、ふさわしい役割を果したものである。しかし、それをもって、中世法や東洋法の所有権を律してしまうわけにはいかない。唐の均田法では、口分田のように、一定の年齢によって分配せられ、一定の年齢（老）に至って回収せられるというように、土地の上の権利に終期がついた。つまり、その権利は、限定有期的であった。これに対して、同じく分配をうけながら、永業田のように、その上の権利が原則として無期永代的なものもあった。しかし、それらの権利は、ともに私所有権たることに変りがないと私は考えた。そして、口分田といえども、ある条件のもとでは処分が可能であった。処分が制限されていることからいえば、永業田も口分田もほとんど変りがなかった。唐の均田制は、沿革的には北魏の均田制（五世紀）にさかのぼるものである。私も、このように、私有権とはいいつつも、それに王土思想の背景があったことまでを否定しているのではない。王土的思想意識を背後にもちながら、しかも私所有権であるところに着眼するのである。史家は永業田のような種類のものを私有地といい、口分田のような種類のものについては私有地ということを拒む。そして中国古代には、土地公有主義が行われたという。私の論点の第一は、史家のいわゆる土地公有主義への批評となっている。論点の第二は、第一と深い関係があるものであるが、唐代の土地の還受制（つまり土地の分配と回収の制度）は、実効性をもっていたとする点である。実効性にも程度があることはもちろんである。法律の額面通り行われたという必要はない。しかし、敦煌の戸籍によっても、口分田、永業田、居住園宅という組織立てられた土地制度が、則天武后のときでも、安禄山の反乱がおこる前の玄宗のころでも、ともかく行われていたことは疑いない。河南省の名刹、少林寺の唐の初の碑文なども、この点での有力な資料である。

　このような私の考えに対して、東洋史の研究者から直ちに反論がおこった。もっとも強く反対されたのは鈴木俊さんであった。後から人づてに聞いたことではあるが、鈴木さんは当時、「仁井田はしきりに『史家』は『史家』はといっているが、『しか』だか『うま』だか知らないが、……」といっておられたそうである。論争はその後、数年にわたってつづいた。そして、この論争がきっかけとなって、鈴木さんとは親交を結ぶに至った。鈴木さんはその説を補充されたが、そのほぼ最終的意見と思われるもの（『史学雑誌』昭和一一年）によると、「口分田、永業田の区分が立ててあったところで、戸籍（のうちの田籍）をみると、各戸の占田額を、ほとんど永業田とか園宅地のような永代的な土地として記入しているだけである。そこには土地の還受の建前などは実現されていない。唐の均田制は全くの骨抜法案で、大胆にいえば、法令に規定されているような制度は、その制度のはじめから崩壊していた」ということになる。私は鈴木さんに答えるために、そのころ、京大の那波（利貞）さんが公表されたペリオ敦煌文献を詳細にしらべて発表した（『国家学会雑誌』昭和九年）。

さらに、大谷探検隊が新彊省のトルファンからもってきた唐開元年間の法律文書（旅順博物館蔵）によって、還受制をさらにたしかめた。それらの見解は、『唐宋法律文書の研究』（昭和一二年）のなかに総合して記してある。

唐均田制の論争の山は、昭和一一、二年といえるであろう。そして、その後、昭和三〇年まで二十余年の間、学界はこの問題から遠ざかっていた。ところが、大谷探検隊が、トルファンなどからもってきた、おびただしい唐代文献が、竜谷大学の倉庫で、半世紀ぶりに再発見された。それは未整理のままのものであった。そのなかには、唐開元年間（八世紀）の均田制関係資料を大量にふくんでいた。私が昭和一一、二年のころ研究資料としたトルファン文献は、さほどの分量ではなかった。しかし、質的には再発見の文献につながることが確認された。そして、トルファン文書の新たな研究者の西嶋（定生）さんや西村（元佑）さんらは、私の見解の方に支持を与えられたもののようである。しかし、学界の見解は、今日まだ必ずしも統一されてはいない。しかも問題がトルファン文献によってすべて解決したわけでもない。

ところで、以上のように、論争は主として論点の第二を中心として行われたものであって、論点の第一については、あまり論議をまきおこさなかった。戦後でも、依然、土地公有主義とか国有主義とかいっている人もある。しかし、一方では「土地は均田農民の私有地であり、それがより高次の政治権力によって制限された」と見る向きもあり、鈴木さんも北魏の均田制の場合、土地私有権を、無期永代のものと限定有期のもとに大別されている（ともに『世界歴史事典』昭和二六年、『アジア歴史事典』三巻、昭和三五年）。

私が古代の土地所有制から出発した研究の構想は、その後、一七世紀前後に、中国の経済的先進地帯に広汎にひろがる二重所有制の問題へとつながってゆく。二重所有制は、また、農奴の第一次的解放と深い関係があることであった。

2　中国の法と社会と歴史
――研究生活三十五年の回顧――

一　まえがき

中国の歴史を見る場合、その内的な発展のあとを見てゆかなければならない。外圧に抗して民族を滅亡から救い、また封建主義とたたかって自己解放をとげていった、近来百年の歴史を見る場合にも、歴史は百年でくぎることのできない内的なもの――農奴制とその否定過程――をもっている。これをはっきりとらえなければ、中国の法も社会も歴史もわからなくなる。

現在も、また、歴史の過程のなかにある。それで、少なくとも一九四〇年代ないし五〇年代の中国の土地改革と新婚姻法における、土地と人間との解放段階にまで来るのでなければ、私の中国の歴史、従って法と社会の歴史のしめくくりがつかなくなる。歴史の研究は過去だけが問題なのではない。歴史は単なる過去の詮索ではなくて、現在をそして自己を、支えるものとしての歴史でなければならない。過去と現在ばかりでなく、未来も歴史の問題なのである。歴史的というのは、時間の上で古いことばかりではない。それと同時に現実的というのも時間の上で新しいことばかりではない。

しかし、私は研究に入ったはじめから、このような自覚や認識をもっていたわけではない。私の研究の過程は、大きくいって、このような自覚や認識をもつに至る前と後との二期に分けられる。しかし、私の研究の後期も前期なしには達成できない。私にとって前後両期ともに、大きな意味をもっている。

二 学生のころ

私が中国の法と社会と歴史——法制史——の研究に入ってから、もう三五年ばかりになる。今から数年前のこと、東大新聞に短文を寄稿したところ、「法制史でめしがくえるか」という題がついていたのには驚いた。新聞が出たすぐあとで、我妻栄先生にお会いしたとき「君にしてはおもしろい題をつけたものだ」というお言葉だったので、大層くすぐったい思いをした。その題は新聞社の側でつけたもので、私がつけたのではなかった。しかし、私が中国法制史の研究を志したときは、「めし」のことはどうでもよいと思っていた。「食いっぱぐれ」になることはもともと覚悟の前であった。ただ、あとから考えてみると、こんな覚悟をしなければ自分が身をおく東洋の問題、ことに中国の問題を研究できないとは、ただごとではないと思う。そして、このような社会状態は、今日でもある程度つづいている。

私は人からよく次のように聞かれる。「どうして中国法制史の研究を志したのか」と。私はそれは、おかしな質問とは思う。しかし、といってそれに十分答えることはできない。なるほど、戦争末期から、ことに戦後、自覚的な研究の目をひらくようになった。それかといって、研究のはじめからそのような自覚をもっていたわけでないことは、まえがきに書いた。ただ中国の法と社会と歴史のもつ魅力が、私の行動を決定したと、説明らしくない説明をすることはできる。

私は高校（松本）の三ヵ年間を寮でくらした。休日にはよく近くの美ヶ原や王ヶ鼻に出かけた。静かな高原にすずらんは咲き、かっこうは鳴いていた。ロマン・ローランの『ジャン・クリストフ』に想いをひそめ、ツルゲーネフの『猟人日記』に心をひかれた。

高校の漢文の先生は、松本藩儒の家筋の岩垂憲徳（蒼松）先生であった。私は平凡な学生であったが、学校の成績に多少の「分」があったとすれば、それは漢文の点と作文の点などのためであった。作文も岩垂先生の受持であったから。漢文では、孟子、韓非子、荘子、中庸の講義をうけた。学生は一般に漢文の授業を好まなかった。それで私をそそのかして授業のはじめに質問を連発させ、時間をつぶさせた。それがいつもの例となった。それで一年のとき、私は皆から「孟子」というニックネームをもらっていた。それは私の思想とか、孟子流の弁舌とかに関係あることではない。

大学に入ってからは、余暇に中国の古文献を見た。講義に中国のことが出てきたのは、中田〔薫〕

先生の日本法制史と、小野〔清一郎〕先生の刑法各論のときであった。小野先生は牧野〔英一〕先生の外遊によって、刑法の後半期の講義をうけもたれたのである。ある日、私は「文献通考」（中国法制史の一つの基本資料）をしらべようと思って、中田先生に閲覧を願い出た。後日、中田先生は「そんなことをいってきた学生は、さきにも後にも君一人」といわれた。中田先生のお宅には何度もお邪魔した。そして中国の古文献を拝借したこともあった。中田先生の紹介で東洋文庫の石田〔幹之助〕さんに面会した。羅振玉の「殷虚書契考釈」（紀元前何世紀も前の殷虚出土の甲骨文の研究資料）を見たいとお話したら、「大層古い時代の御勉強ですな」といわれた。法学部の学生がそんな古資料を見ようとは、あまり場ちがいのように考えられたことでもあろう。

また、そのころ、牛込の赤城神社で、毎土曜の午後開かれる説文会に出席し、河井仙郎さんの説文句読を聴講した。説文は中国最古の辞書の一つである。また、中国の古銅器の銘に関する文献を独学した。そして同人雑誌にそれについての私見をのせた。文学部の友人が考古学の原田〔淑人〕先生のリポートを出したいからといってそれを借用し、リポートは及第した。私の実力がものをいったのか、原田先生の点数が甘かったのか、どちらかであろう。

一方ではそのようなことに興味をもちながら、他方では柳島の東大セツルメント法律相談部に通った。穂積先生は雨降りにはゴム長でどぶ泥のような道をわたってこられた。安田〔幹太〕先生は真夏の三五度をこえる日も熱心にやって来られた。学校の講義ではぶつからない借家や借金などの現実問題に直面した。相談部の友人として一学年下に、堅実な足どりの福島正夫さん、その一年下に、そのころからすでに才気煥発の戒能通孝さんがいた。学年が上の私は激動する社会の問題と取り組むにしては、はなはだぼんくらであった。

三　研究の最初のころ

大学を卒業するころ、文学部の和田〔清〕先生を東洋文庫に訪れた。和田先生は中学〔京華〕時代の先生である。「中国法制史を勉強のため、文学部の東洋史学科に再入学したいがどうでしょうか」と、うかがいを立てた。和田先生曰く「東洋史なんて常識の学問ですよ。再入学の必要はありませんよ」。それで、とうとう東洋史はごまかして、その方は我流でやることにした。しかし、そのため、後日ときには研究の上での弱味を感じることがあった。和田先生といえば、私の中学時代に大いに古典への懐疑の心を植えつけた先生である。先生による古事記日本書紀など、古典の批判は、まことに衝撃であった。私には中国の文献批判の場合にも、そのことがいつも思いおこされる。また、鳥山〔喜一〕先生の東洋史の講述は、後からいえば、私を敦煌文献へひきつける遠い伏線となった。

私の中学三年のころは、中国では、日本の二十一ヵ条要求の取消をせまった一九一九年の五・四運動の時期であり、高校卒業のころは、孫文が北京で病歿、大学三年のときは、蔣介石が上海でクーデターをおこして国民政府を樹立、毛沢東が江西・湖南の井岡山に革命の根拠地をきずいた一九二七年にあたっている。

大学卒業後、大学院で中国の法制史を中田先生の指導の下に勉強することになった。研究室では、日本法制史の高柳〔真三〕さんや金田〔平一郎〕さん、ローマ法の原田〔慶吉〕さんのお世話になった。私ははじめ、学生時代からの勉強のつづきとして、紀元前数世紀、つまり殷代の甲骨文や周代の金文などのような古代の文字学からはじめようかと思った。それについて中田先生がいわれるには、そのようなことは、単に法律を学んだからといってできるものではない。関連諸科学をよく心得た上でなければ達成できない。中国法制史をやるからには、どこからはじめてもよいわけで、そのような時期を最初からはじめることは如何であろうか。研究の手はじめとして、そして、もし東京を離れたとしてもできる問題として、日本律令期と関連ある唐の時期か、清朝ないし台湾のような新しい時期をえらんだらどうであろうか、とのお話であった。それで、私は、さしあたって、日本および唐律令の時期からはじめることにした。日本との関連を課題にする必要は、当時、中国法制史の講座が法学部になかったためでもあった。

後で考えてみると、中田先生の忠言はまことに至当であった。殷周時代の研究は、その後三十余年の今日の学界でも難中の難である。いわゆる専門家さえ泥沼のなかで進退きわまるような有様である。まして、私のような無力なものはどうにもならずに終ったであろう。それに、最近の新進研究者の方法と視点とによって、従前のものの見方は変えねばならない状況にまでなっている。ところで、私が唐に出発点をおいたことは、結局、研究を周の末期（戦国）からあまり古くはさかのぼらせず、むしろ研究の時期を唐よりも後へ後へとおし下して、革命期に至らせる傾向をもった。

私の大学院での報告論文は、古代日本および中国の土地私有制に関するものであった。その準備のために、春から夏にかけて、史記、漢書、後漢書、三国志から新唐書に至るまで、外国伝を除いて、一千巻をこえる史書のページを連日めくって暮した。読むのでなくて文句を拾うのである。論文は中田先生の日本の「律令時代の土地私有権」を手本にしたものであった。資本主義社会の前でも歴史的にはそれなりに私有制はあるものである。私も王土思想の背景を否定はしないが、均田制（班田収授）が行われたとて、史家がいうように、それが土地公有主義が行われたとはいいきれない。それに史家のように均田制の実現性を過小評価するには及ばない、というのがその趣旨であった。これに対しては東洋史の研究の新進、鈴木〔俊〕さんからただちに反論がおこった。この論争がきっかけとなり、鈴木さんとは無二の親交を結ぶことになる。この論文を発表したころ、日本に来ておられた郭沫若さんは、私の論文にも関係ある『中国古代社会研究』を出版された。

四　「有名にならないように」

大学院の一ヵ年が終ってから、当時、東大図書館内に開設草創の東方文化学院東京研究所（外務省の助成金による民間の東洋研究機関）の助手に、中田先生から推薦していただいた。所長は服部〔宇之吉〕先生。研究課題は「唐令の復旧並にその歴史的研究」、研究期間は三ヵ年であった。

ローマの十二表法は、後世伝わらず、諸書に引用された遺文をもとにして、学者がこれを回復したものである。日本では大宝令は亡んだが養老令が残っている。これに対して、その母法というべき唐令は散逸して後世に伝わらなくなっている。そこで十二表法の復旧にならって、宮崎〔道三郎〕先生は、唐令の復旧を提唱せられ、それによって明治三〇年代、中田先生がその事業に手を染められた。しかし、その事業が未完成の状態であったのを私が引つぐことになり、前記の課題が与えられたものである。しかし、研究所設立のはじめのことであり、目加田〔誠〕さんらとともに、幾万巻の漢籍の整理からことを始めた。蔵書印を押しながら、私にとって漢籍に大きく目を開く好機が与えられ、そして自分の泳ぐ領域のひろさによろこびを感じた。

そのころ、私は、唐代法の基本資料で、東アジア律令の現存最古と目されていた「唐律疏議」については、その年代に疑問をもっていた。同じく疑問をもった同僚の牧野〔巽〕さんと共同研究をしてみた結果、年代は玄宗の開元二五（七三七）年まで八〇年を降すことになった。かくて、東アジアの律令のうちでわが養老令こそが現存最古のものとなった。そのために、日唐律令の継受関係のこれまでの研究は大きく修正しなければならなくなった。論文の載った『東方学報』の広告を見ただけで、実際に論文を見ることもしないで、ある学者は「何をいう青二才」といわんばかりに憤慨した。そして広告を引用して批判的意見を発表した。そのとき、いちはやく破天荒の学説といってわれわれを支持したのは、牧〔健二〕さんであった。

そのころは、天下の孤本といわれるような、また、日本に一冊しかないような貴重な文献を、当時の宮内省図書寮や静嘉堂文庫などに出かけてしらべた。『慶元条法事類』、『清明集』など、その数は多い。当時は、まさに私の研究の上にとって、百花一時に開く思いがあった。この助手時代のことが、後々までの研究の大きな礎となった。ずい分無駄骨折をしたと思うけれども、後から考えるとその無駄も単純な無駄とはならなかった。

しかし、研究資料はあまりに多く、研究調査に日も夜も足りなかった。ある日、東大正門前から電車に乗った。そのころは乗換券を出していたので車掌は私の行先を聞いた。私は「そうそうれい」と答えた。車掌はまた聞きかえした。また同じく答えた。三度聞かれてはじめてはっと気がついて訂正した。その「そうそうれい」というのは、遺言法をふくむ唐令の一編の喪葬令のことである。あまり唐令のことばかり考えていたので思わぬ失敗をした。当時道を歩きながらでも唐令のことを考えていたりした。今、そんなことをしようものなら、たちまち自動車にはねとばされてしまう。

研究期間は三ヵ年では足りなかった。中田先生にはよくお叱りをうけたが、報告提出期日にまに合わなくなったときは、とくに大変なお叱りをうけた。それでも一ヵ年期間を延長していただき、その年内に印刷も完了することになった。六百字詰、二千枚に及ぶ原稿は三度書き直した。中田先生は再度これに目を通して諸般の注意を与えられた。唐令原文一千数百条のうち、回復されたものは約その半に達する。書名は『唐令拾遺』であって、もと、宮崎先生の命名にかかるものである。昭和八年三月刊。刊行のときは研究所は大塚に移転していた。

翌年の一月、当時の帝国学士院恩賜賞授与の報道が新聞に出た。その日、中田先生をおたずねすると、先生は二つのことをいわれた。「きみは有名にならないように」。先生はその内容についてはいわれなかったが、「有名」は往々——若いものにとってはとくに——身をあやまるもとである。実際的にみても、「有名」は世間から時間の浪費を強いられがちである。先生はまた「研究の邪魔になる仕事は一切ことわってしまうこと」といわれた。私はその後、永くこの二つのことを研究生活の指針とした。世間には私を買いかぶっている人がいて困る。たとえば「孫文」について、また「毛沢東」について書いてくれという（ともに単行本）。これは大へんな研究課題である。それを、いとやすやすとたのみにくるのは閉口である。竹内好さんの「毛沢東」以上のものが書けるあてがないものに筆をとらせたとて、結局は相互に迷惑するだけである。読者もまためいわくである。

『唐令拾遺』ができてから内藤湖南先生を京都の瓶原の山荘におたずねした。文献についてこまごまと御注意をうけたとき、『金石萃編』の安物（石印本）を使ったことについては、おほめにあずかった。しかし、これは前年に敦煌の唐令について教をうけにおたずねしたときの、内藤先生の賜教に従ったまでのことであった。

五　西域発見の古文献について

「先生がおっしゃったことはよくわかりましたが、お話のなかに、しばしば出てくるトンコウとは何のことですか」。戦前、東大文学部の美術史の講義が終った後のことであった。一人の学生がこのような意味の質問をした。この質問をうけた松本栄一さんは苦笑したと聞いている。

私は研究の当初から、敦煌には心がひかれていた。スタイン、ペリオが敦煌からもってきたおびただしい古文献のなかにも、私にとって数多くの研究資料がふくまれていて、『唐令拾遺』をはじめ、今日の著書論文に至るまで、敦煌とは深い縁がつながっている。松岡譲さんが『敦煌物語』を書かれたときも、早速、これを『歴史学研究』に紹介した。しかし、その当時は、敦煌は耳新しかった。戦後は幾度も敦煌展覧会が開かれるし、北川桃雄さんの『敦煌美術の旅』も出版されている。まして井上靖さんの『敦煌』は一世を風靡した感がある。おかげで、私も戦後、講義のときに敦煌の説明の手数が省けて助かっている。井上さんの『敦煌』は現実との距離は大きいようであるが、しかしそのことは井上さんの創作的価値を低めるものではない。

松本〔栄一〕さんが『敦煌画の研究』を著していたころ、私は『唐宋法律文書の研究』（昭和一一年刊）の報告を行った。それは日華事変発生の年である。この報告の計画は、今思えばめくら蛇におじずというべきで、敦煌資料はほとんど手にしていなかった。ただ、中村不折さんのところの吐魯番〔トルファン〕発見の資料などはしらべていた。二・二六事件の大雪の朝、研究室に入ってみると、スタイン敦煌文献の写真が幾点か、白鳥先生のお世話で、ロンドンからとどけられていた。また、ペリオ敦煌文献の写真は、吉川〔逸治〕さんの手によって、どんどんパリからおくられてきた。それらの力を得て、唐や宋の戸籍、奴隷売買文書、人質文書、保証文書、雇傭文書、家産分割文書など、各種の文書の基本的な研究を行うことができた。保証文書の研究は、中田先生の研究をうけつぐものである。均田制をめぐっての鈴木さんとの論争も、この著作を最後にして、まず一服ということになった。

　私の三番目の著作は、家族法や奴隷法のような問題を内容とする『支那身分法史』〔昭和一七年刊〕であった。これには、これまで取扱わなかったペリオ敦煌発見の唐または宋代の離婚状をもふくめて発表した。それは敦煌文献にくわしい那波〔利貞〕さんがパリで実査され、それを私に提供されたものである。これは三下り半とはちがい、修飾の多い文章である。しかし、内容は逐出し離婚か、またはそれに近いものである。それでその離婚状にも「放妻書」と書いてある。『支那身分法史』についても大分執筆に骨は折ったが、『中国の農村家族』にくらべて問題の引きしめ方が足りない。それでも和田先生は講義のときには、「これには何でも書いてある」といって紹介されたそうである。

　敦煌など西域発見の文献の研究については、神田〔喜一郎〕先生の『敦煌学五十年』を、誰にも一読をすすめたいが、最近の研究は五〇年の研究業績をさらに上まわってゆくようである。それは、一つには、スタイン敦煌文献の全体のマイクロフィルムが東洋文庫にもたらされたこと、二つには竜谷大学に所蔵せられる大谷探検隊収集の吐魯番文献が、収集後、半世紀にして、はじめて整理され、利用に供せられるに至ったことによる。スタイン文献には唐律令や格、また奴隷解放文書などのような新資料がある。大谷文献には唐代の土地（均田）制度や取引制度に関する大量の基本資料が目立っている。均田制についての鈴木さんとの論戦は、休戦後二〇年にして今日また見直されてきている。西域文献についての私の新しい研究報告は、『中国法制史研究』全四巻（昭和三四年至三九年）に収めてある。研究の時期は後になるが、ここに一言しておく。

六　ギルドと家族

私は中国には戦前から何回も旅行に出かけた。その最初の年の秋は、中国共産党軍が延安を目ざして六千マイルの長征をはじめた昭和九（一九三四）年にあたっている。私は泰山にも登り、大同の石仏も訪れたが、たいていは北京で暮して古文献の調査研究をした。しかし、東大の東洋文化研究所に移った昭和一七年から後は、私の注意はとくに中国の社会構造に向けられた。北京のギルド（同業の仲間的結合）にも深い関心をよせた。戦後まとめた『中国の社会とギルド』（昭和二六年一一月刊）は、このときの研究成果の一つである。ギルドの研究調査については、昭和一七、一八の両年は今堀〔誠二〕さんから多大の協力を得た。最後の昭和一九年には奥野〔信太郎〕さんと行をともにした。

北京でのギルド仲間の同郷性は、後では次第にくずれる傾向にあったが、清代、たとえば、金融業は山西のうちのある地方の人、鋳物師業も山西、豚の油業は山東、仕立屋業は浙江のそれぞれある地方の人ににぎられていた。生きた豚を商うものも、屠殺業も、豚肉屋もそれぞれギルドを作っていた。北京には、日本から技法を逆輸入した金蒔絵師仲間（描金行）の碑文も残されていた。仲間は品質や価格や賃銀の統制をはかっていたが、それはお客のためよりは、終局的には仲間の利益のためであった。同業仲間は、平素は守護神を中心とする平和な宗教的団体のように見える。しかし、いざ、権力に対する抗争となると、仲間の結束は堅くて、てこでも動かない場合が見られた。昭和一八年夏、私が北京にいたときには、官憲の統制に屈服しない豚屋仲間が、連合してストライキを実行した。それで市民は長い間、好物を口にすることができなかった。また、職人の経済的地位は低く、商人の支配に従属したようではある。しかし咸豊年間（一九世紀の半）すでに、北京靴工のように、賃銀闘争の歴史を残しているものがある。

アメリカ軍の東京空襲が行われるようになった昭和一九年の初冬、私は帰国した。空襲は翌年三月ごろにはいよいよはげしく、文献の疎開を実行しなければならなくなった。研究所には、開設当初、大木幹一さんから寄贈をうけた大量の漢籍があり、法制史研究の宝庫であった。その疎開の苦労はなみ大抵ではなかった。疎開先は会津喜多方地方であった。私の小石川の家と漢籍の多くは、五月二五日の空襲のとき泥土に帰した。ギルドおよび家族研究資料は、疎開によってあやうく難をまぬかれた。

私は昭和一五年以後、華北農村の法慣習調査資料（満鉄による）にもとづいて、末弘〔厳太郎〕先生の指導の下に、平野〔義太郎〕先生、福島さん、戒能さんらとともに、研究報告の執筆をうけもつことになった。資料は杉之原〔舜一〕先生をはじめ、旗田〔巍〕さんや内田〔智雄〕さんらの苦心協力になるものであった。調査のねらいは、調査の出発点にあたって末弘先生がいわれたように、「生きた法」であった。実効性のない制度の骸骨ではない。家族構成というにしても、それを現実に成り立たせている意識条件に立ち入り、社会内部の現実的構成をとらえねばならない。従って、調査の目的は、これまた末弘先生が当時から常にいわれていたように、立法、司法、行政の下請という意味のものではない。このような視点から、私のかつての『支那身分法史』は、その後『中国の農村家族』（昭和二七年八月刊）へと発展するようになった。

古くはもとより、当時の中国農業生産の特質は、人間の直接的肉体労働に依存することが圧倒的に多い点にあった。人力を極度に要する農業の集約的経営は、機械力によることもなく、家畜を使用してもそれだけにはたよれなかった。一般農民は、人間労働力に依存することが多かった。子は将来、自分に代って農家経営をうけもつものであり、養老保険であった。そのことは、紀元前のむかし、韓非子もすでにいっている。家長と家族、父と子、娘、養子、壻、嫁、ないし夫と妻などの諸関係は、このような労働力の把握、またはその支配をねらって規律立てられたことが多い。そこに家父長権力の基礎があった。嫁は家の働き手として家父長がえらぶものである。養子も労働力である。食べるに困ったものが、妻子を売ったことは、すでに紀元前、秦や漢の記録にある。妻の質入れや賃貸しもまた革命の前夜までつづく。質入れ期間中に生れた子は、質取主の子となる。子はまさに家畜の子と同じく、民法などでいう「天然果実」であった。中国農村にあっては、妻をやすやすとは逐出せなかった。たとえ、姦通したからとて、逐出したら損するのは、労働力をまるまる失い、しかも子が得られなくなる夫の側である。農村の経済破綻は妻の身を守ることにもなっていた。

このようにしてみると、主体的条件の確立（人間解放）だけをねらったとて、客体的条件の確立（土地解放）がなければ意味をなさないことがわかる。中国革命では、その当初から、新婚姻法と土地改革法とは、相ならんで実現化がはかられてきた。それにはそれだけの理由があったわけである。土地改革は、もとより単純に地主農民の間の問題だけではなかった。土地改革は、女についてばかりでなく、男についても婚姻の自由をうち立てた。それは、子を家父長支配から解放するすべての基礎条件となった。

もっとも以上のようにいったとて、私は必ずしも、旧農村の家族を没主体的に、つまり父子間の団体的所有関係（共産制）までも否定的に取扱おうとはしない。所有関係は、現実社会では幅のあることであった。家父長による任意な家産処分に対して、子が「盗買盗売」といったとしても、それを儒教の「孝」の原理をたてに、とかくいうのはおかどちがいである。家父長権力と子との力のせり合いをこそ、問題にすべきであろう。

七　歴史の見方について

中国における法の歴史を成りたたせた要因としては、民衆の現実的抵抗——ときには無言の抵抗——を度外視はできない。専制権力の下にあっては「人民の自由は法の敵である」(中田博士)。法は窮極においては支配者によって決定せられはする。しかし、支配者もその手段たる法の変更を余儀なくせられる。力の対抗、矛盾対立が法の歴史をおし進めてゆく原動力である。法を動かす力関係——社会内面における敵対矛盾の衝撃——は、中国の農奴の法の形成と変質の場合では、とくにあざやかにあらわれる。この農奴制にあらわれる法の変革は、中国の新しい革命の歴史につながる問題である。ヨーロッパ人流儀に、権利思想は中国になかったといったり、それを単に裏返しにしてあったといったのでは、この問題を理解することはできない。

私は中国農村慣習の調査研究について、末弘先生から次のような「力と力の相克論」をうかがったことがある。これは、当時、『法律時報』にも発表されている。「伝統的にして従って固定的傾向をもつ在来の秩序と日に日に生成発展して已まない新しい社会形成力との接触面に不連続線的渦流の形で発生し動きつつあるものこそ法的慣行存在の実相に外ならないのである」。そして、末弘先生は、力と力との相克の実相を動きのままに画き出すことの必要を説かれている。しかし、その必要なのは、法慣習調査だけの問題ではない。それは同時に法の歴史の問題である。私は戦前、このような大事な問題を、ぼんやり、先生からうかがっていただけであったが、戦争末期から、ことに戦後、日本における権威主義の崩壊を前にして、しみじみと歴史への反省を行わざるを得なかった。そして、そこから、末弘先生のいわれる意味をくみとり、私の中国の法の歴史の建て直しをはかったのである。小著『中国の農村家族』もまた、この建て直しのなかの問題であった。

そこで、私が当面ぶつかる問題は、中国では、周代（紀元前三世紀より前）に、ヨーロッパ中世における何等質の変らない封建制が行われ、それが周代をもって終末をつげたという説である。これは、加藤〔繁〕、和田両先生も説かれたところで、今もって同説を主張される向きもある。なるほど、政治制度の外形、つまり采邑の授受によって、上下に連続して階層的に構成された君臣関係をみれば、ヨーロッパのフューダリズムと同じように見える。しかし、それは外形の類似にすぎず、質的には異ったものである。そのことを早くからいわれたのは、日本では牧〔健二〕先生である。私もまたそれに従うものである。紀元前三世紀以前に封建制度をおき、その崩壊を説くような説は、歴史のさか立ちである。それでは中国革命期の封建主義へのたたかいさえも説明はできないであろう。

ヨーロッパ中世のフューダリズムに対して、中国にいわゆる「封建」の語をあてて封建制度といったことは、「封建」本来の用語を変化させた。その変化には『日本外史』などが、日本の幕藩体制を「封建」といったことが媒介となっている（上原〔専禄〕先生）。つまり、封建の用語内容の三段跳が行われたわけである。今日まで中国の歴史の見方に混乱を来たさせたのは、このような一種の誤訳の罪でもある。中国の「封建」は「郡県」と対比した意味での封建である。歴史的範疇としてとらえるべき封建制＝農奴制ではない。

中国の一〇世紀前後といえば、中国史の時代を分つ一大分水嶺の時期であった。一〇世紀から後の農奴について、その法状態がもっとも劣悪となり、地主の法上の優位がもっとも明確になったのは、一二、三世紀南宋以後のことである。しかし、一七世紀前後の明末清初となると、地主の法上の優位は消滅してゆく。この時期には地主農奴の間の抗争がひときわはげしくなる。地主は農奴への支配力を緩和せざるを得なくなる。また、この時期には、農奴の土地利用権が強まってゆく。永佃制の発展はその一つのあらわれである。地主との間の二重所有制（一田両主）関係が発展してゆくのもこの時期である（もちろん、それは、全国的なものとはいえない）。ときは、まさに、農奴の第一次解放期であった。今堀さんにいわせると、それは隷農制の成立期である。それから二、三世紀後、つまり二〇世紀の中国革命の段階は、農民＝農奴解放の決定的、最終的な段階であった。それに至るまで、中国の農民は、いくつもの決戦の山なみをふみ越えてきた。

中国の法と社会と歴史については、このような内部自生的な法の変動を見そこなってはならない。一説によると、中国の一〇世紀以後にあっては資本主義の著しい傾向があるとし、また、地主と農民とは対等者であって、その間に単純な経済的契約が行われたという。しかし、そもそも、そのいわれている「資本主義」とは何か、「契約」とは何かを問わねばならないであろう。無雑作に「資本主義」とか「単純な経済的契約」とかいって、地主による権力支配＝経済外的強制を無視してしまうことは、私は問題と思っている。

モンテスキューの『法の精神』などが、東洋社会停滞論を説いたことには、中国の現実の歴史が何よりの反証となっている。また、ウィットフォーゲルの「東洋的専制」の理論も、現実から浮び上っているといえよう。いつぞや、『中央公論』の巻頭論文に載ったアジアの歴史の見方なども、はなはだ問題のように思う。

八　大学での講義

私は大学の東洋文化研究所に属してはいたが、戦後昭和二三年度から、東京大学法学部で、東洋法制史の講義をする機会をもった。このときの講義が基礎になって『中国法制史』(岩波全書)ができた。戦時中は、とくに「東洋」に対する教説的、ドグマ的な説き方が支配的であっただけに、講義のきき手は「東洋法制史」よりも、そもそも「東洋」――自分の身を置く具体的生活環境――を、どのように見ているであろうか、懸念がないでもなかった。しかし、世間は「東洋」という自己の問題に目をそらしがちなのに、ここでは必ずしもそのようなことがなかった。聴講者は少ない年でも数十名、多い年には二百名にも達した。

もっとも、初年度あたりのことであったが、学生から聴講に誘われたある学生は、誘った学生にいったそうである、「とーよーほーせいしい！　そんな講義をきいて、その試験でも受かろうものなら、会社などでの採用試験のときに脳髄状態を疑われる。それで『優』でもとったらなおさらだ」と。ここにでている批判は「東洋」についての旧意識に対しては正しい。しかし、「東洋」をそんなものとばかり思っているのも、やはり一つの旧意識である。東洋法制史の講義では――東洋の法理、東洋の法史を説くこともさることながら――、まず、これら「東洋」の旧意識を克服してかからなければならない。私はその点に非常に心をくだいた。東洋の学問から人をしてそむかせてきたのについては、政治的要因もあるけれども、ドグマ的、教説的な学者もまた手つだってきたことはまちがいないと思う。単にいわゆる「漢字」「漢文」だけが人と学問とを隔ててきたと思ったら、大きなまちがいである。その研究方法の確立、不確立こそが、問題の分れ道である。このことを忘れていたら研究はそだたず、依然、人をしてそむかせるだけであろう。

九　おわりに

私は『中国法制史研究』全四巻を数年かかってやっと公にし、本年〔昭和三九年〕三月、定年退職した。本文は、昭和の初期から三五年ばかりの間の研究過程の問題を略述したものである。中国刑法の発達や、東アジアの法と歴史や、新しい中国の法思想についても書くはずであった。大学の助手制度の問題についても一言する予定であった。しかし、紙幅が足りないので、ここで筆をおくことにした。

V 書 評

1　天のまつりと帝王

——石橋丑雄『天壇』跋——

雲南《うんなん》の大理《だいり》の石を此所に積みて華表《くわへう》はなびく青雲《あをぐも》の中
白き石照るをかへすに眩《めまひ》して白日《はくじつ》の下《もと》夢《む》幻《げん》にあそぶ
白雲《しらくも》に交《まじ》はる壇《だん》の大理石幾何《きか》学的《がくてき》規矩《きく》直ちに空想を呼ぶ

土屋文明氏『韮菁集』北京雑詠より

雲南の白大理石を積み上げ、またそれを円形にしきつめた壮大な天壇の圜丘、数百年の樹齢をもつ柏《はく》や白檀の森がそれを遠まきにし、紺青のいらかの祈年殿がその側にそびえ立った圜丘——。ここはかつて天の命を受けたといわれる帝王が天をまつる場であった。武力的英雄は、その「力の支配」をつとめて隠蔽し、その隠蔽によって支配の安定と維持とをはかる。天をまつるという超越的な行為は、服従者から、帝王による「力の支配」の自覚を失わせる有力な方法であった。史記にいう「以て帝王の威を重くし」「今にして帝王の尊きを知る」ということ——つまり権力ではなくして権威にまもられた帝王の地位の優越性——は、何よりもまして帝王の天のまつりに示される。

白大理石の壮大な圜丘の上に、一ひらの雲もない夏の日の下では、照るをかえすに目まいするほどである。私が天壇を訪れたのはいつも土屋文明氏と同様に、夏の日のことであって、このような印象がやはりあざやかに残っている。しかし王朝のころでは、ここでの天のまつりは冬至に行うのであった。そのことは大明集礼でも大清通礼でも開巻第一に出ている。冬の日の印象はまた自ら別なものがあろう。それだけでなく、われわれは王朝の歴史のなかに再びひき返すことはできず、過去の環境のなかにまたひたることもできない。詩人が夢幻にあそぶといい、空想を呼ぶということの内容も、もとより歴史の過去の現実とはまた自ら別といわねばならない。天壇は、第一革命の後でも、憲法制定（いわゆる天壇憲法）や宣統帝の復位運動などをめぐって、しばしば現実政治のなかにまき込まれた。しかしこれもすでに四〇年前の昔のこととなった。

さて私が北京を思うときには、いつもきまった人々が連想されてくる。そしてそのなかに石橋さんがある。石橋さんは識見のゆたかな方なので、天壇の研究を発表されると聞いてさこそと思った。もっとも石橋さんは民間信仰についてはとくにくわしい。さしずめ私の如きもギルドの守護神などについては、石橋さんの知見によって大分恩恵を受けている。たとえば、手工業者の祖師の魯班や、農業神の青苗神をまつった北京西直門外の関帝廟に私を案内されたのは石橋さんである。北京外城の江南城隍廟には、俳優ギルドが奉仕している喜神殿があり、そこの神様の喜神には奥さんがあって、神殿のなかに枕が二つ置いてあることまで教えて下さったのも石橋さんである。従って、天をまつる荘重な帝王の礼の制度やまつりの場たる天壇の建築的構成の研究と、民間信仰の研究とが、石橋さんにおいて、どうつながるか疑問に思う人がいるかも知れない。しかし石橋さんは二つの問題の間には、やはりしっかりした橋をかけておられるようである。石橋さんは、モンゴリアをはじめ東アジアに行われてきたシャーマニズムという宗教的民俗についても、関心が深い。草原の英雄チンギスハンも「永劫の蒼天」から受ける影響力を深く信じていたといわれる。モンゴリア人は「蒼天」という言葉で神をあらわした。中国の天の思想もそれと無縁であるとはいえなかろう。中国の天の思想は歴史とともに変化していった。そしてそれは政治支配の合理化にも役立てられ（受命思想）、またそれと同時に民間信仰（その中心は玉皇大帝）のなかにも深く根をおろしていった。儒教と道教との二つの立場は、しかもたがいに排斥しあうことなく、旧中国の社会のなかに、ともに運命を託していったものである。石橋さんにとっては難なく問題の架橋ができている。

時は移りつつある。われわれは北京についても単に過去を追うことはできない。われわれは今日と明日の歴史に目を向けて進まねばならない。しかしそれは単純に北京の過去を捨てるということではない。北京といえば今はもうすっかり冬であろう。

2 中江丑吉『中国古代政治思想』
――中江氏における東洋社会の見方――

『中国古代政治思想』は、著者中江丑吉氏がその生前、同氏の知友以外には分たず殆ど公刊もされなかった遺稿集であって、五・四以来、特に深い関係をもった曹汝霖氏のほか、阪谷希一、伊藤武雄氏等一一名からなる中江氏遺稿出版委員会によって編纂され、今回公刊の運びとなったものである。中江氏の著作活動の時期は、大正一二、三年から昭和九年頃の間であり、その後は昭和一七年同氏逝去のときまでに論文としてまとめられたものはなかった。

本書の内容には「中国古代政治思想史」や「中国封建制度に就いて」が含まれているが、それらはともかくとして、尚書や春秋公羊伝のような、いわゆる経典そのものをあつかった部分が多く、一般には本書のもつ意味が理解されず、世のいわゆるシノロジストの研究同様、世間から相手にされずにしまうおそれがないでもない。中江氏は一体こんなことを研究していたのかと不思議がる人も多かろうし、まして今さらこれを公刊する意義がどこにあるかと疑う人もさぞかし多いであろう。現に中江氏自身そのある論文のはしがき（昭和九年一月執筆）の中で「何年か前の昔、異邦でなくなった老革命家から、よくそんな古い事に興味が持てますね、と心から不思議がられた事があった。これも同じく昔の事、一外交官から、三千年も四千年も昔の事が当代に何の益ありやと一喝されたのを、奇体に今だに彼の言葉通り覚えてゐる」と述べている。本書の跋によると、その老革命家とは片山潜氏、一外交官とは中江氏の義兄吉田茂氏のことであるという。このはしがきが書かれた昭和九年といえば、満州事変がおこって三年、五・一五事件後二年、日本軍が長城線を越えて華北及び熱河省に攻め込んだ翌年、二・二六事件にさきだつ二年の頃である。当時は学問は権力に奉仕する以外は有害かまたは有閑不急なものとしたり、じかに現実的なもの、ないしは現実的らしいだけが有用と見られる傾向が強かった時代であった。——否それは今日でもあまり変りがない——。そこで単に時間的に「過去」の問題は「過去」のものというだけで無用有閑不急の烙印がおされた。しかしじかの現実的なもの必ずしもわれわれを真実に支え、社会的に有用であるものと限らず、過去の問題また必ずしも現実性が少ないとはいえぬ。問題を時間的に区分することによって頭からその現実性存否を論じ、これが評価を云々することは本来誤りである。しかし中国のいわゆる古典や歴史を扱ったもののうちには——いわゆる旧来のシノロジーのように——自ら権力に奉仕し権力強化に役立てようとするか、或いは自ら社会と関係を断つことによって自己満足し、有閑とか無用とか不急とかいわれても何とも仕方がないものもあった。従って私はこうしたシノロジーのために弁護するつもりは少しもない。ただ私は中江氏の立場をいわゆるシノロジストと同列に見ようとは思わない。「当代に何の益ありや」どころか、大きな有用性をそこに見出すのである。

中江氏が古い時代の研究に力を注いでいたとはいえ、そのこと自身は決して現実の東洋社会に強い関心をもたぬということにはなっていない。それとはむしろ逆でさえある。たとえば、氏は「中国の封建制度に就いて」（昭和四年）のはじめに「自分は中国が日本に先立って資本主義社会との接触を得たに拘らず、何故に今日迄中国に近代国家が産出されないか」という回答を自ら科学的に行おうとしているあたり（二三五頁以下）、研究と現実の社会とのつながりを心にかけている人にしてはじめて見られる態度である。中江氏はこの問題についていう「所謂国民性、乃至は思想及び文化を固定的に又孤立的に取扱」い、或いはこれらを「政治論を以て片づける独断を」しりぞけねばならないと。そればかりでなく、氏はさらに進んで「粗笨な唯物主義に基礎を置く所の自然的環境論からする説明等、凡べて此を一括的に排斥する」（二三六頁）のである。世に国民性とか民族性といわるべきものがもしありとすれば、それは近代的ないし近代以前的な諸条件の下の一つの傾向なのであって、単純に固定的に「国民性」「民族性」があろう筈はなく、まして自然的環境によってその成立を説明すべくもない。中江氏はこのように古典や歴史を扱いながら、いわゆるシノロジストでは一向問題にも疑問にもなってこないような東洋の発展、東洋の特質の課題に深い関心を寄せ、またいわゆる「中国通」の間にあっては決して持っていない研究の方法態度でもって、そこから今日の問題、否明日の問題を引出そうとしていたのである。そこには場あたりな政治論など容れる余地はない。政治家も場あたりな論議をやめて虚心に当面する問題を見つめなければならない。

しかし中江氏が同じく中国を扱うにしても、開墾の困難な、しかも方法如何によって不毛に終りかねない中国の古い時代の研究に、なぜあれほどまでパッションをもったのであろう。もちろん、古い時代を扱うこと自体、必ずしも現実遊離にならぬことは前述の通りなのであるが、それにしても時間的に見てもっと現在またはそれに近接した時代だとて問題として選べないわけはなかったろう。しかしこれについて中江氏は次のような述懐をもらしている。老革命家から不思議がられたり、外交官に何の益ありやと一喝されたりしたのは、昔のことなのだが「況して『非常日本』の今日、自分の書いてる様なものが、到底一滴の重油、一片のアルミニューム程の役目も勤まらないのは勿論である。然し経学がまだ中国の社会で『万有学』として立ってゐた頃、もし中国人の誰れかがこんなものを書いたら、或ひは異端邪説の罪で、忽ち首を失くしてしまったかも知れないとも想像はつく。木の片や竹の屑視せられても、思ふ事が存分に書けるのは、本人には一番有難い事である」と（四四八頁）。それは単に儒教批判が思う存分できるという仕合せを、中国の昔にひきくらべていっているだけではない。中江氏にとって思う存分書けるという喜びは時間的な意味での現在にもてなかったに違いない。伊藤武雄氏の「北京の科学者中江丑吉」（『中国研究』第一二号）に従えば、中江氏の「後年の作は、古代社会を画きつつ近代国家に遺存する専制や独裁を、ファシズム、デモクラシイ社会に演繹しつつ論じておる」ということになるのである。かくて「乏しい乍ら自分の生活意識の一表示」(二八四頁)の場所を中江氏がもとめたのは古い時代においてであった。そして中江氏が昭和一〇年の頃から逝去の昭和一七年までまとまったものを作りあげていないのも、単に構想上の変化、研究方法上の行きつまり(伊藤武雄氏前出参照)だけでなく、思うことが書けない苦悶にぶつかるに至っていたからであろう。この点を同時代に生きた橘樸氏と比べたら更にわかるように思う。橘氏についても最近その遺稿『中国革命史論』(日本評論社刊)が公にされた。その一節には、中国の「国民革命を担当するには現在の無産階級はあまりに微力であり、無準備であり、殊にその数量において著しい不足が感ぜられた。……共産党員が唯一の頼みとしたものは悪質にして反社会的なる所謂ルンペンプロレタリアートではなかったか。……孫文は……あらゆる階級的存在を解消するために国民党独裁なる方法を案出した」(昭和三年)とあるが、これに象徴されるような内容の書は、時の権力との摩擦を生じることなく書くことができるであろう。しかし逆に時の権力に対する批判――いきどおり――心の内におさえ難きレジスタンス――は、もちろん波瀾なくしてすますことを得ない。日華事変、太平洋戦争――「太平洋戦争」とは中江氏生前の用語である(本書の跋、また伊藤氏前掲六五頁)――以後、とくに中江氏の憂悶を如何にすべき。われわれは、中江氏の書を読むことによって中江氏の筆にすることができなかった氏の憂悶を読みとらねばならない。本書はいわば中江氏の憂悶の書である。そして氏にとってこの憂悶に発することなくして中国史を貫く儒教の伝統的権威の批判をなし得ようか。中江氏はすでに大正一四年の論文で尚書などを根拠として中国古代社会で非権力者階級の地位が、君主から尊重されたとする者があるなら「其は全然夢想者流である」。一体人民の地位を尊重したのは、人民は「統治の目的物として、后《きみ》あれば民ありと言ふ上から」のことである。それはあたかも「家畜あれば其使用人あり、其使用人は使用目的上家畜を尊重しなければならぬといふのと同様だからである」(一一五頁)と見ている。中国古典では民意尊重という外形は具わっていても、その民意には何ら「抗争的力」がないとも説いている(一八五頁)。そして人民は自衛のためには毛詩羔裘における如く「逃亡の外はない」が、さりとて――「族団を以て単位とせる社会において」――逃亡の容易に行われないのはもとよりである(一八六頁)とする。この種の主張は同氏のその後の論文にもしばしばあらわれるのである。ところが中江氏の論文後、四半世紀も後の、しかも戦後の学界はどうか。依然として中国古典のデモクラシーの、やれ儒教のヒューマニズムのと説くものが何と多いではないか。それは全くあきれた現象である。

本書においてさらに特筆すべき点を他にあげるとするならば、一つはテオクラシーの問題であり(一九三頁以下)、二つはフューダリズムと中国の「封建」の問題であり(二三五頁以下)、三つは中国の都市の問題である(七九頁以下)。その内でも特に後の二つは、今日の学界の情勢に対して四半世紀も前から逆批評を行っている感があるものである。今日の日本の学界では周代のいわゆる封建を一つの政治制度としてとらえないで、その成り立ちを――血縁主義的な点はありながら、しかも――西欧のフューダリズムと同様、君臣間の Treudienstvertrag としてとらえようとする者がある。

先年私は人文科学委員会で「中国社会の家父長制と封建」という題で、中国にいわゆる封建はこのような契約関係を基軸とするフューダリズムでないことを主張したところが、京大教授貝塚茂樹氏から、内外の学者を前にして真正面から反対をうけた。もし私のいうことが誤りであって、今日から二千年以上も前の周代にすでにフューダリズムが成立しているとするなら、中国人は東洋的専制支配の下でその後永く苦しむ必要はなかったろうし、中国の近代革命もその質がよほど変っていたろう。私は貝塚教授の批評にはとても承服できない。中江氏の論は——テオクラシーについてイェリネックを参考しているように——この場合はマクス・ウェバーの説を参考としているが、ともかく今から二〇年以上も前すでに日本にも中江氏の論のあることは、私にとって頗る意を強くするに足りる。もっとも中江氏が中国の封建について論文を書いておられた昭和三年の頃、牧健二博士も期せずしてそれと同種の意見を発表されていることを一言しておかねばならない。ヨーロッパ中世の都市については「都市の空気は自由である」という諺がある。これに対して中国の都市にあっては、その久しい時間的経過の中にもついにかかる自由をもち得なかった。そこには市民はなく、また市民権 Bürgerrecht などあり得ようがなかった。もちろんそれは中江氏一人の説ではないが、ともかく中江氏もすでにそのことを主張しているのである（七九頁以下）。もっとも中江氏の場合、中国の古代都市についてそのことを論じているので、氏がその対比をヨーロッパ中世都市に求められた点は如何かと思われるのであるが、しかし我が学界の状況に対する逆批評として全然無意味とはいえない。最近、京大教授宮崎市定氏は中国「上代」社会に都市国家が成立し、市民は市民権をもっていたとする説を公表されている。私は宮崎教授の市民権説には賛成することができない。かかる新説の出現に対して私は中江氏と共に当惑するものである。

中江氏の本書には鋭い論鋒が随処に見られ、公羊学の推移にしても、単に一経学としての推移ばかりでなく、中国のもつ基礎社会の推移として受取っているのである。中江氏は中国の古典をその身近に引きよせ、その学問的視点から処理されて行ったのであって、単に古典のもつイデオロギーに、引きずりまわされるのでもなく、方法論だけを、から回りさせるのでもなく、その学風もまた学ぶべき点が多い。ただ私は中江氏の説に一から十まで賛成しているのではない。尚書や周礼のような古典そのものの理解の仕方や扱い方に往々にして難点のあるのは止むを得ないであろう。また、その東洋社会論についてはマジャールの説に殆ど釘づけにされているあたりは、今日の学界には必ずしも通用しない点があろう。同氏はいう「封建社会でないとするなら中国は如何なる社会であるか。曰く中国はアジア的社会である。中国がアジア的社会であるといふ意味に就いては、自分はマジャールの説明で満足する」(二三七頁)。このようにして氏が停滞的歴史観を組立てているところからは、中国の近代化及び近代をも超えんとする現実の革命の見方に影響の生じてくるのは、まぬがれないところであろう。しかしともあれ本書は近年日本学界の大きな収穫の一たるはいうまでもなく、今もって「古典的価値」以上に現実にものをいっている。その刊行の意義もまた大きいといわねばならない。

3　鈴江言一『孫文伝』

孫文が生れたのは太平天国の大動乱が辛くも収まった翌々年、つまり一八六六年（清の同治五年）であり、その六〇年の生涯をとじたのは国共合作を終えて辛亥革命後の新たな政治的段階に至ったとき、つまり一九二五年（中華民国一四年）であった。かくて孫文が生れたときは、中国はすでにヨーロッパ資本主義諸国による植民地化の運命が決定的となっていたのであり、孫文生涯の闘争は「中国労働者農民の友として同時に植民地被圧迫大衆の友として」のそれであった。このような孫文が中国になぜ出ねばならなかったか。その必然性、条件及び中国の置かれた世界的環境をえがき、そしてその与えられた条件と環境に抗し、終生中国の自由解放のために果敢にも立ち向った孫文の生涯を太い線で描いたのが故鈴江言一著『孫文伝』である。

本書は王枢之という名で今から二〇年前発表されたことがある『孫文伝』（改造社刊『偉人伝全集』二二巻）を底本としたものであって、当然「伏字」となっていた文章をおこし、新たに人名索引をつくり、伊藤武雄氏の執筆にかかる「鈴江言一とその時代」を加える等、新たな編集上の用意がなされている。鈴江氏と中江丑吉氏とは思想的にも交友的にも深い交渉があった結果、故中江丑吉著

『中国古代政治思想』の刊行に力を致された中江会が、鈴江氏『孫文伝』の刊行についても尽力されている。中江氏は中国の現実に深い関心を持てば持つほど、中国の古典にも沈潜し、憂悶を愈々深くするに至ったのであるが〔前節参照〕、そこに見る大いなる情熱と強い意志とは、鈴江氏の『孫文伝』にも見ることができる。「一九二七年を中心とする国民大革命時代を通じて、中国における日本人鈴江言一の存在は、きわめてユニークであった。彼が中国に存在した期間は、一九二〇年から四半世紀にわたる一九四四年までの、中国革命にとって広義のスツルム・ウント・ドラングの時期にあたっておる。彼はその間、寝てもさめても、中国の命運に眼をはなしたことなく、不断の研究に精進し、この上もなく中国と中国人を愛し、ひいて正常にして親しい日華関係の成立を念願し、そのためには、何時でも身を挺して、勇敢に実践にとび込んで行った、類いまれな日本人であった」（伊藤氏前掲）。しかも今回の戦争末期、官憲は無意味にも鈴江氏をとらえて北満の獄中に投じ、鈴江氏はここに病を得てついに再び起つことができなかった。

孫文の伝記は国の内外に亙って幾つあるかわからぬほど数多く出されている。そのうちで最も学問的といえるものの一つは、確かに鈴江氏の『孫文伝』である。ここで学問的というのは単に伝記の克明な資料のうらうちということだけではない。資料追求の点だけとりあげるとしても、この『孫文伝』は見上げたものであるが、問題に対する理解の深さ、中日戦争、太平洋戦争をこえてすすむ中国発展の方向に対する見透しの正しさが、これほどまでに描けているならば学問も大したものである。今日にあって再刊の意義また少なしとしない。四半世紀前の執筆にかかわらず今日の学界の水準から見て殆どひけ目がない。それどころか今日までの学界が鈴江氏の『孫文伝』の後、さらにいくばくかを加え得たであろうか。疑問でさえある。鈴江氏によれば「孫文が時代を作ったのではない」、「彼はただ時代の進行の中に生れた指導者即ち時代が必然的に促進した社会運動の歴史的進行の中に生れた一指導者であったにとどまる」（『孫文伝』一三頁）。孫文伝はもともと『偉人伝全集』のうちの一巻として書かれたのではあったが、鈴江氏は孫文をいわゆる「偉人」扱いにはしていない。そしてこの種の伝記となると「山水明媚の土地が人物を生む」、などといいがちなものであるが、そんな「勝手な説は吾人はいわない」（同書一〇三頁）とことわって次のようにいう、「しかし一つの土地に与えられた特殊な環境、即ちその土地の住民の生活を規定する経済的政治的諸条件が、必要な人物の出現に深い関係をもつことは事実である。この点において孫文の立志は、郷土生活に深い関係をもつ」。鈴江氏は孫文が、否、中国民衆がおかれた社会的条件、世界的環境をこそ注意して描こうとつとめているのである。中国の自由解放は、満州朝廷を倒しただけでは解放されなかった。孫文は一九一二年五月カントリー夫人にあてた手紙のうちでいう「大清王朝が過去のものであることは事実であります。ですが満州の退位は中国が完全に救われたことを意味することではありません。私共はまだまだ沢山な仕事があります。私共は中国が国際間に一強国として列しうるようにこの仕事を成就させねばならぬのです」（同書一八五頁）。まして満州朝廷を倒す力として結集した会党（紅帮の類）のようないわゆる秘密結社——閉鎖的な仲間集団——そのものからは、明日への前進を一歩も求めることはできなかった。孫文は辛亥革命成功後も革命の根源に向って終生の戦をいどまなければならなかった。それはいうまでもなく民族資本（鈴江氏によれば土着資本）の発展を阻止し「国内産業発展に対するあらゆるプログラムを絶望的ならしめ」、「新興ブルジョアジーの発展途上に横たわる絶対的な障碍物」（同上二五九頁以下）としての軍閥と、その軍閥と固く結びついた外国資本への抗争である。

産業の動力たる石炭の埋蔵量は中国はアメリカに次いで世界第二といわれながら、近代的採掘法による大経営の三分の二は一九二六年当時において外国資本に占められ、中国の産業資本の活動量はすこぶる微弱であった。殊に近代産業の原動力たる鉄に至っては、一九二七年当時近代経営の五分の四は日本におさえられ中国産業資本は殆ど全く除外されていた。中国の民族資本の発展、産業革命の途への指向なくして、中国の自由も解放も近代化も考えられない。孫文は外国資本をおさえ、民族資本発展のためにあらゆる力を動員する。鈴江氏はそのことを孫文伝においてするどく追求するのである。それで彼が結着した到達点は、国内の産業革命をめざしていることであって、農地改革といっても決して土地国有を意味するのではなく、また、「農工業の発展は国民の購買力を高め商業隆盛の新機を生む」という——そしてその前提として力説するところは「中国が国際的平等の地位を得」ること、つまり主体性のとり戻しに外ならない。それは孫文のいわゆる改組後の立場に著しくあらわれている。このことは日本が国内的な矛盾を国内的に解決することなしに、国民の経済的地位を低く釘づけにしたままで、外国にはけ口を求め、戦争の要因となったのとは逆に、国内産業の発展をめざし、国民の購買力をたかめることにねらいがつけられていたこととはよい対照をなしている。そして孫文のこのねらいは中国革命の基本線であり、いわゆる新民主主義革命につながっている。鈴江氏はもちろん新民主主義革命には論及し得べくもなかったが、それへの問題のつなぎをつけて、孫文の生涯の終幕をこのクライマックスにおいて描いている。

しかし鈴江氏は孫文について何から何まで美化しようとしてはいない。孫文が革命の出発点に足場としたばかりでなく、その後も因縁の深かった会党とのつながりは、鈴江氏はこれを孫文の「会党中毒」(同書二二〇頁、二五四頁)として批評する。ことに孫文の三民主義以下、孫文学説の思想的根柢というべき古い儒教的イデオロギーを徹底的に解剖批判する。鈴江氏によれば結局「孫文主義の厳格な批判は、彼の民主主義をすら根本から破壊する。それにも拘らず、吾人が彼を革命史上に労働者農民の友として見るのは、つまり彼の時代の彼の現実の闘争に対する、正確な認識を前提とするからである」(前掲序文四頁)。これは一応その通りであるといわねばならない。鈴江氏はさらにいう「多くの人々は孫文を、革命闘争における傑出した理論家をもって見る。特に国民党の名において政権を支持する人々によって、無批判にそう宣伝されている。しかし誤ってそう信じたなら、吾人は反動的に孫文に失望しなくてはならない。けだし彼はなんらの新しい理論をもたぬのみならず、彼の独創かの如く強調せられる部分は、特に誤謬と誇大とにみちているからである。孫文が孫文として歴史的な存在を認められるのは、彼の理論にあるのではない。それは中国革命が必然に経過すべき重大な過程、即ち民族革命から国民革命に至る数十年の過程において、孫文が戦闘的民主主義者として一貫せる指揮者だったことにある。尤も、彼をしてこの地位にあらしめたものは一面では、彼の度量と常に進歩的上昇的であるその特性、また自由と平和に対する熱誠と百折不撓の勇気とにはよるが」。「即ち孫文は純粋に中国的一現象である。いかなる時代、いかなる国においても、これ位の平凡さがかくまで自己満足的に幅を利かしたことはない。五権憲法も地権平均も彼の発明でも何でもない。アメリカ人やスイス人が早くから行っているレフェレンダムやイニシアティヴ、並びにヘンリー・ジョージの地代論を、一九世紀末及び二〇世紀における中国のブルジョア的常識をもって、極めて無雑作に、幼稚な中国にふさわしい新学説（？）を再生産したところの、即ち一つの民主主義的信条を固めあげたところの神託者である」と。

ここでたとえば孫文の三民主義の内容について見ても孫文は儒教を基礎とする中国人の伝統的思想に支配されている。今、鈴江氏の記述に従って三民主義の問題となるところを例示して見ると「民族主義は国族主義である。中国人には家族主義と宗族主義があり、この主義のためには鞏固な団結を示し、屢々身を犠牲に供して惜まない。だが中国人には国族主義がない。中国は秦漢以来一民族で一国を支持してきたから、実際の話、この国族主義は中国にのみ適用できるのである。吾人は家族主義宗族主義における中国人の力量を、まずこの国族主義に拡大しなくてはならぬ」(民族主義)。「忠孝、仁義、信義、和平は悉く中国の優れた道徳である。この外、中国固有の智がある。特に優れた政治学『格物致知、誠意正心、修身斉家、治国平天下』、即ち一個人の内より発揚して外に到る……に至っては世界無比である。民族精神が喪失してから、修身からはじめて斉家治国に及ぶこの精神は、読書人の口頭禅になってしまった。吾人はこれらの優れた道徳智識を回復すると共に、さらに固有の能力——例えば印刷術、磁器、釣橋、火薬、絹織物、羅針盤の発明等々に示されている——を回復した上に外国の長所をも加える」(同上)。「民権は人民の政治力である。人民が政治を管理することが民権である。神権君権時代をへて今日は民権時代になっている。満州朝廷の滅亡もこの潮流の力によるものである。民権思想はヨーロッパでは明末にはじめて起っているが、中国では二千年も前から主張されていた。孔子の『大道之行也、天下為公』、孟子の『民為貴、社稷次之、君為軽』、『天視自我民視、天聴自我民聴』等はそれである。今日世界潮流に逆らうものは失敗し順うものは必ず成功する」(民権主義)。「自由平等博愛は民権の基礎である。中国における専制君主と人民の間には、古来納税関係があったのみで、それ以外は人民は自由であった。故に自由は日常の空気と同様中国人の注意をひかない。ただ吾人はこれを個人のためでなく、国家のために争うのである。要するに自由は国家の自由を求める民族主義であり、平等は人民の政治的地位の平等を求める民権主義であり、博愛は四億人の幸福を求める民生主義である」(同上)。「また自分は五権憲法を主張する。それは立法、司法、行政の三権の外に監察、考試の二つを加えた五権をもって民権政治械関を構成することである。考試、監察の二権は中国独特のものであり、弾劾権をもった唐の諫議大夫や清の御史の如きは後者に属し、官吏登庸試験制度は前者に属する」(同上)。「また、今日の中国の社会状態は二千年前のそれと同じであって、大地主なく大多数の地方では平安無事で、誰も地主と事を起さなかった。しかるに欧米経済の侵入後土地問題が発生し、地主は土豪になった。一平方丈一元の地主も社会各方面の努力により、いながらにして一万倍の地主にもなった。同じ土地でも一年毎畝十元か二十元の地代に対し、甲地は一万数千元もする。民生主義の目的はかかる社会上の財産を平均することであり、その方法は地権平均である」(総理全集)。

孫文にあらわれた民族的自信はかくもたくましく、情熱はまたかくもはげしい。しかし血縁結合の力量があったとて、それが民族結合の力量につながるものと請合うわけにはいかない。世界無比と誇るいわゆる政治哲学が、政治家の個人的修養を説く限りにおいては、むしろ無難としても、それが直ちに治国平天下の可能な条件となるとは思えない。人民が政治の主体となることなく政治がいつまでも政治家の修養に依存する東洋社会は全くみじめである。孟子の説が民権につながるとするのもあまり早手回しであれば、自由が単に対抗の場から逃げているというだけでは政治はいつまでも自分のものにはなって来ない。政治にも法律にも素人である役人を生み出す考試の機構が、旧のままでは近代社会に縁のある筈もなく、監察を要する役人など人民にとっては有難いものではない。五権憲法というようなものはそう自慢にはならない。地主との抗争が孫文のいう如く欧米資本主義侵入以後のものなのか真面目にとりあげるほどもないであろう。しかし私共の考えねばならぬことは孫文が三民主義を成立せしめた社会的条件である。孫文が条件のわくを超えきれなかった点は率直に認めねばならないであろう。それと同時に三民主義を受取る相手、呼びかけられるさまざまな相手の立場にも考えを及ぼさなければならないであろう。実践を重んずる孫文は敵味方のあらゆる相手に作用する手だてを十分考えていたことであろう。私はむしろ孫文のこうした実践的立場をも考えたい。孫文は民衆及びすべての味方に働きかけこれを現実に引ぱって行く効果をねらっている。その意味で鈴江氏のように単に孫文の書かれた思想内容を解剖することからは、孫文のあいた創造の道を見とることはできない。鈴江氏は孫文の理論と実践とをきびしく分けて、実践についてのみ高い評価を与えた。しかし孫文の理論と実践とはこれを一本につながなければならない。実践からかけ離れた永遠の哲学も永遠の真理もない。孫文にあって見出されるのは「救国」ということである。孫文の三民主義において見るべきはその現実に果した、また果しつつある役割である。しかも三民主義の個々の内容は必ずしも孫文の終点ではない。孫文自身における、また、孫文後における三民主義の内容的発展こそまた大きな問題としなければならない。

4 A・スメドレー著 阿部知二訳『偉大なる道』上

——朱徳の生涯とその時代——

この書は一九五〇年、ロンドンに客死したスメドレーの遺稿であって、スメドレーが朱徳（中国人民解放軍の総司令官）の語るのに従って書きとめていった朱徳六〇歳の時までの物語が主軸になっている。それは著者スメドレーがいっているように、さながらに『水滸伝』をおもわせるほどの波瀾の物語文学の感をも呈している。その根源にはスメドレーのヒューマニズムが流れ、さらには朱徳の、なおさらには中国大革命そのもののヒューマニズムを、高くひびきわたらせている（序による）。この上巻はその内容がさき頃『世界』誌上に連載されていった際、読者間に大きな反響をよびおこしたが、今回それに修訂をほどこし新たに一章を加えて出版されたものである。

一九三七年、スメドレーは朱徳に面会した最初、朱徳が一笑するものと予期しつつ、政府側の諸新聞が匪賊呼ばわりしていることを話しかけた。そのとき楽天家とまでいわれていた朱徳の顔は一瞬、悲劇中の人物のように苦痛にゆがみこわばった。そしていった「匪賊の問題は階級の問題です」と。彼はこれまで「紅匪の頭目」「人殺し」などと呼ばれながら、多くの同志——農民、兵士たちとともに苦難の道をこえてきた。その身辺からいっても、その妻は虐殺され、弟たちも甥たちも次次と失われていった。

朱徳は四川省の嘉陵江の東、儀隴県地方で農民の三男として生まれた。朱徳の家では一家の繁栄のために、この子だけは役人にするつもりで教育した。ところが彼はその期待を全く裏切って「苦力でもできる」「体育というろくでもないことの先生」になってしまった。しかし「新しい中国は潔白でなければならない」。彼は古い孝道にそむいて役人となって堕落するより新しい道を自らえらんだ。しかし彼はまた「教師はおれの生きる道でない」とて、一九〇八年、あらためて雲南の軍官学校に入学する決心をする。彼は満州人と外圧から国家を解放するために、彼としての目的意識のもとにその方向を決定した。当時、普通の考え方では軍人になることは「世の屑の仲間入り」であった。親たちにもまたそれはとうてい我慢のできることではなかった。

朱徳がおいたった頃、その村には機織りなど旅職人が毎年きまったときにやってきた。そして彼等は中国の一大農民戦争としての太平天国戦争や、強大な外圧の最先端をきったアヘン戦争の話をしてきかせた。しかしそれらの旅職人も、あとではこなくなった。四川の村でも日本やイギリス商品の流入によって農村手工業はおとろえをみせるのである。地主の権力支配は強く、川の魚、畑の果実、山の木々に及ぶ。小作人の男女は何かにつけ地主のためにただ働きさせられ、またきまった地代の外に種々のつけとどけが要求される。地代をおさめぬものは牢にぶち込まれる。餓えた人の大軍は地主の家を襲う。それをふせぐためには、小作人はいつでもすぐさま駆り出される。「中国とは」朱徳がいうように、いわゆる民主性どころか「封建の国なのであった」。このように歴史的に形成され条件づけられた現実の生活環境と、それへの深い関心の上に立って、朱徳の階級的自覚は成長していった。

戦後、革命軍が到達する前の北京の電車のなかで、私の同僚の旗田〔巍〕さんは無銭乗車をとがめられたある将校が車掌にいう話をきいた。「じょうだんをいってはいかん。金があったら軍人にはならん。金がないから軍人になったのだ」と。「よい人は兵にならないし、よい鉄は釘につくらない」とか「食いつめてほかに生きる道がないときには兵になる」という諺は全くよくいったものと思う（仁井田編『中国』毎日新聞社刊）。しかしそれはほんとうに「紅匪」などといわれた階級の人たち、そして潔白であろうとする新しい人間としての軍人のことではなかった。

江西省の井岡山という戦略的山岳基地が反革命軍の重囲のなかにあったとき、革命軍は本書にもあるように「人民に対してはていねいで、できるだけ手助けすること」、「取引は正直であること」、「婦人にたわむれないこと」などの規律をよくまもりつつ勇敢に闘ったといわれる。それは上官は兵士をなぐらず、兵士も会議に参加し、経済状態も公開せられることなどにも見られるような精神的解放と、彼等が共同にもつ使命観、そのゆく手にひらかれた大きな展望があった故である。このような軍の状態はその後に持続する（仁井田前掲）。しかしそれはまた井岡山の当時に、にわかにできたのではなかった。そのことを私は本書のなかで読みとることができる。朱徳は軍官学校時代すでに兵の体刑廃止運動のかじをとっていたし、一九一六年四川省の南部で袁世凱の大軍をむかえうったとき、このように精神的に解放されていた彼の兵は勇敢に闘ったし、北伐時代の彼の「鉄軍」の軍規はもっとも厳粛であった。

革命が工農の合作によることは勿論であるが、農民と農民出身の兵との一貫した結合力によってそれは導かれていった。革命は太平天国の理想と失敗のあとに鑑み、湖南、江西の解放地区で、革命軍は土地改革の手を次々にうって、経済的地盤の確立をはかっていった。農民にはこのような方向より他に道がなかった。そして共同に解決すべき任務を荷う使命観、同じく直面している危機意識を媒介にして、これら華南の地帯の農民にとくにありがちな血縁的、地縁的対立が自覚的にこえられ、かつてはその身を守るに都合がよかった集団の閉鎖性、排他性も、今や無用化していった。毛沢東の井岡山の記録によると、誰がなんといってもやめようとしなかった同族部落間の械闘も、地つきのものの部落と外来者の部落との間の土客械闘も見事すてられていった。農民の間にも兵士の間にもたかまるこのような階級的自覚は、すべての困難をつきやぶっていった。革命基地の井岡山における朱徳と毛沢東、いわゆる朱毛の合体の前後は本書でのクライマクスであるばかりでなく、こうした革命意識のたかまりの頂点をなしている。

本書には「海の砂」のような哥老会の農民がしばしば革命への積極性をもって登場する。哥老会はいわゆる紅帮系統の仲間であって、仲間は横の兄弟関係で理解されている。その積極性の根源は、哥老会の構成が主として農民出身であったのはもとより、そのもつ横の仲間意識も無縁ではなかったようである。しかし積極性を哥老会――人のいわゆるおくれた秘密結社――が示したというより、それは農民自体の主体的指向なのであった。

一般にいって中国革命は、この書に見られるように、無名な中国農民の自覚的なまた自律的な運動であった。「海の砂」のように多くのそして無名な農民こそが革命の推進力であり、いわゆる「後れた」哥老会が推進力ではなかった。結集した農民の力、その兵隊としての力が、革命の原動力としてものをいっているのである。「中国の青年は山をも動かし河流をもかえる」、その農と兵との青年の協力一致が革命をなしとげていったのである。かくて革命がひろがる過程のうちではこうした哥老会の仲間結合もまたとくに必要がなくなってくる。たとえ哥老会が形式的に後までつづくとしても、仲間結集の意味は果されて、その実質的終末に向うようになっていった。これに対して本書では青帮――これも人のいわゆるおくれた秘密結社――は反革命の役割をもったものとして、幾度か指摘されている。この青帮は紅帮のような横の兄弟関係の構成をもつというよりは、かなり父子祖孫的上下の垂直的支配構成に力が入っていた。紅帮と青帮とは清朝への抵抗の場では手をたずさえ、ともに積極性をもった。しかし革命の過程の最後の段階で、二つのものはそれぞれ別の道をえらんだ。そのわかれは一は兄弟的、農民的であり、一は家父長的、郷紳的であったことと深いつながりがあったように思う。

朱徳はいう、「中国の青年は山をも動かし河流をもかえる」と。またいう、「中国の農民は地球の上でもっとも革命的だ」と。これらの言葉には永く革命のうちに生きぬいてきた人の実感がにじみ出ている。このような中国の青年、中国の農民は「長征」において、その後のたたかいにおいて、いかにあらわれるか、下巻の公刊が期待せられる。これだけの内容のものを残したスメドレー、その訳業がとりわけ困難であるにもかかわらず、すぐれた訳書を読者におくった阿部知二氏、訳業の協力者としての野原四郎氏ほか諸氏に厚く感謝の意を表する。

編者あとがき

日本の代表的な中国法学者、仁井田陞氏（一九〇四―一九六六年）の生涯は、終始アカデミックな態度で貫かれていたので、とくに劇的なものはない。それにもかかわらず、彼は、時代とともに、研究者の社会的責任をしだいに自覚し、ことに第二次世界大戦終結の前後、日本の権威主義の崩壊を体験し、それは自己の学問の問題意識の根底に大きな衝撃を与えた。彼自身、自己の学問を前期と後期に分かつ理由はここにある。同時にまた、彼自身、前期の研究なくしては、後期の研究もありえないとしている。その過程は、自らの表現によれば「マラソン選手」のように徐々ではあったが、その死にいたるまで一瞬も休まなかった。この超人的な健康のもち主であった、仁井田氏の突然の死はわれわれを驚かせた。彼の一周忌を期して刊行された第一遺稿集『中国の法と社会と歴史』（岩波書店、一九六七年）は、改めて多くの人々に、その死の大きな意味を痛感させた。

本年二周忌の前、われわれの間で第一遺稿集が、主として専門的なものを収録したのにたいし、一般的なものを中心とした、第二遺稿集を編集刊行しようではないかという企画が提案された。幸いに、東京大学出版会のＵＰ選書の趣意が、この企画に合致したので、その一つとして本書が刊行されることになった次第である。

本書に収録されたものは、仁井田氏の戦後の数多い論稿のうち、とくに一般的なもののうちから選択した。それは巻末の掲載誌一覧にみるように、いろいろな時期、いろいろな機会に発表したものを、内容別に分類、配列したものであって、とくに体系的に書かれたものではない。それにもかかわらず、読者は、これらの文章を通じて、戦後の仁井田氏の学問にたいする態度、方法を、専門的な論稿にましてヽよりヴィヴィッドに理解しうるであろう。

中国法史学をほとんど一人で科学にまでたかめていった仁井田氏は、その晩年にはつぎのような歴史観に達していた。

「歴史の研究は過去だけが問題なのではない。歴史は単なる過去の詮索ではなくて、現在をそして自己を、支えるものとしての歴史でなければならない。過去と現在ばかりでなく、未来も歴史の問題なのである。歴史的というのは、時間の上で古いことばかりではない。それと同時に現実的というのも時間の上で新しいことばかりではない」(本書二六八頁)。

このような主体的な歴史意識によって、当然、研究者の社会的責任の自覚と、現在世界史の矛盾の焦点としてのアジア、アフリカ、ラテン・アメリカの現実にその視野が開かれていった。彼は青年期、恩師中田薫博士の「有名になるな」と「外のことに手をだすな」という二つの教えを終生かたくまもったアカデミックな学者であったが、研究室以外の現実に無関心の学者ではなかった。この点は彼の専門的なものより、本書に収録した一般的なものにいっそうはっきり反映されている。

ただ仁井田氏の学問といえども、歴史的なものであるから、急速に変動しているアジア、アフリカ、ラテン・アメリカの現実の推移のなかで、古くなるものもあるであろう。（ただし、最近の日本の学界の傾向からみれば、その時期はまだ当分きそうもないようだが。）

それにもかかわらず、青年期から死にいたるまで、たえず、「真に歴史的なもの」とは何かを求めて、未来も歴史の問題であるとしたその批判的精神は、今後もながく、つぎの世代にうけつがるべきものであろう。

以下、収録した文章を簡単に解説しておきたい。

Ｉ「東洋とは何か」の１「東洋とは何か」、２「真に歴史的なもの」はともに、『世界の歴史』（毎日新聞社刊）の三、六巻に寄稿したものである。１は、主として、戦前の東洋観、アジア観の基礎的な考え方を、西洋との対比においてとらえ直し、新しい東洋観、アジア観の出発点を明らかにしたものである。いいかえれば、仁井田氏の学問的自己批判にあたる。２は、それをうけて、久しく停滞的といわれた中国が、一九四九年の解放以後、いかなる国家をつくったかを、法と社会の面から具体的にのべたものである。その場合、いわゆる新民主主義革命を、歴史家らしく「三重の革命」とした。この二篇は、相互に関連し、仁井田氏の戦後の一般的なものの中で代表的な論稿であるので最初においた。その叙述も学問的な高さにもかかわらず、平易である。３「中国古典をどう読むか」は、以上のうえにたつ中国の古典にたいするイデオロギー批判であり、戦後なお、新中国の意義を正しく知らず、安易な古典評価をやっている諸学者を批判している。1、2と併せてよむべきものである。4「孫文」、5「魯迅」は、ともに中国近代史上の代表的人物の短い伝記である。もともと、古代、中世史の研究から出発した仁井田氏が、近現代史まで視野をひろげ、的確な評価をしていることがわかる。

なお仁井田氏は、魯迅について、戦後の諸論稿でしばしば引用し、氏の中国観の変革に大きな役割を演じたことは、明らかに立証できる。とくに一九五三年、天皇家のいわゆる御講書初めに招かれたとき、「魯迅の作品、『藤野先生』と『阿Q正伝』」を講義している（第一遺稿集、『中国の法と社会と歴史』第三章）。これは本書の「魯迅」とまったく同一の立場にたち、少しも歪めていない。

Ⅱの1のa「中国近代革命の歴史的課題」とb「日本と中国との交流問題」は、ともに『世界』編集部のアンケートに答えたものである。すなわちaは「中国の現状をどうみるか」という課題であり、ちょうど、新中国成立（一九四九年一〇月）の約二ヵ月前にあたる。当時は、国民の間でも、学界でも、新中国にたいする評価は、きわめて不安定であったことは、アンケートに応じた他の筆者の見解にも反映している。そのなかで、仁井田氏は、自己の多年の学問的確信にもとづいて、中国革命の必然性とその本質について明快な見解をのべている。この立場は少数派であったが、その後も一貫していた。bは一九五五年七月、ジュネーブの四大国会議の結論としての「東西交流の促進」という課題について答えたものである。まず仁井田氏は、今回のジュネーブ会議が、欧米の代表だけの会合で、戦後その主体性を回復しつつあるアジア、アフリカの声が反映されていないことを指摘し、提出された課題を、日本の問題としてうけとめるためには、むしろ同年四月バンドンで行なわれた第一回アジア・アフリカ会議の進展に求むべきであるとした。この発想から、日本の問題としては、今後、中国、朝鮮との関係をどうするかにあるとし、このような新しい歴史的構想にもとづいて、日中交流の問題をとり上げたのである。編集部の問題提起とこのアンケートがくいちがう点を注目すべきであろう。

Ⅱの2のa「中国の旅の印象」、b「上海のごろつき退治」は、仁井田氏の新中国紀行文である。仁井田氏は、その専門の関係上、解放前の中国には五回も行っているが、解放後は、この一九五九年の訪中旅行が最初であり、最後でもあった。新中国はちょうど建国十周年目にあたり、その前年から、いわゆる社会主義建設の総路線や人民公社運動も開始された時期でもある。このとき、仁井田氏は、日本法律家代表団の一員として、十数年ぶりで新しい中国を訪ねたのである。ただ仁井田氏の場合は、他のメンバーとことなり、解放前の中国をよく知っているため、その観察は、おのずから過去の社会と新しい社会との比較検討がその文章の行間ににじみ出、単なる旅行記には見出せない、専門家としての深い観察がみられる。

Ⅱの3のa「中国の新しい法と道徳」、b「法と倫理」は、この一九五九年の訪中旅行の体験をもとにして、改めて新中国の法と社会を見直したもの、現代への理解が過去の再評価につながることを立証している。c「日本と中国の農村」は、主として、婚姻・家族法を中心として、日中両国の農村の法慣行を比較してのべたものである。

Ⅲ「法史夜話」は、法諺以下、中国法史学にかんする随想である。いずれも短編であるとはいえ、仁井田法史学の方法と力量をうかがわせるすぐれた読みものであろう。

Ⅳ「研究回想」——もともと、仁井田氏は、その巨大な業績にもかかわらず、きわめて謙虚で、自らを語ることは、まれであった。その意味でこの二篇は、仁井田氏の学問なり人柄を知る上で、きわめて貴重なものである。1「私の処女論文」は、若き日の仁井田氏がどのような動機で研究生活を開始したかを語り、2「中国の法と社会と歴史」は、大成した仁井田氏が勤務先を定年退職したときの記念講演の手稿である。そこには若き日と少しもかわらない、さかんな研究意欲がみちあふれているのに、驚くばかりである。「仁井田さんはいつまでも若い」というのが、友人、知己の定評であったが、この若さは、年齢と逆比例してすすんだことを、この二篇によって知ることができよう。なお、この手稿と同一題名のものが、第一遺稿集（第五章）に収録されているが、それはこの手稿をもとにして自由に話した講演のテープを起こしたものであるから、自然若干の出入がある。ことに、最初の東大入学までの青年期の回想に関わる部分は、技術上の失敗により、録音できなかったので、ぜひ、この手稿によって補われなければならない。

V「書評」としては、数多くの仁井田氏の書評のうち、四篇だけを収録した。もっとも、最初の「天のまつりと帝王」は、石橋丑雄『天壇』の跋として書かれたものだが、便宜上ここに入れたものである。これは仁井田氏のあまり知られていない文学的才能を示すものとして珍しいものである。中江丑吉、鈴江言一両氏は、日本の中国研究史上、忘るべからざる人物であり、その主著にたいして、仁井田氏がどのような評価をしたかは重要であり、興味もあるので、ここに収録したわけである。最後のスメドレー『偉大なる道』(上)の書評も、本書が国際的にみても貴重な文献であり、また仁井田氏自身、いろいろな論稿で本書を引用しているので、とくに収録した。ただ、この書評は、最初発表したときのものより、はるかに増補されている。それは、仁井田氏の所蔵本のこの書評には、多くの書き入れがあるので、それを全部組み込んだからである。

なお、本書全体を通じて、仁井田氏の所蔵原本の書き入れにもとづいて、訂正、削除を行なった個所が若干あること、および必要と思われる個所には、編者注として〔 〕で補ったことを、おことわりしておく。

本書が、はじめにのべたような事情により企画されてから、比較的短い時間にわれわれが編集しえたのは、仁井田礼子夫人が、夫君の公表された印刷物を細大もらさず保存されていたからである。そして、仁井田氏の業績一覧(『前近代アジアの法と社会』仁井田陞博士追悼記念論文集第一巻、五三七—

五五四頁、一九六七年、勁草書房刊）にも、もれているものが数十篇あることがわかった。このコレクションを夫人は、編者に提供され、自由に選択することを許されたのである。さらに、本書の校正も主として夫人の手によるものである。生けるときも、死せる後も、仁井田氏の最良の助手である礼子夫人の労をここに明記し、編集にあたったわれわれは深く感謝したい。

最後に、本書刊行にあたり、懇切な配慮をわずらわした東大出版会の諸氏にもお礼をのべたい。

一九六八年八月一六日

編者　福島正夫
　　　幼方直吉
　　　佐伯有一

解題

高見澤磨

本書には編者である福島正夫、幼方直吉、佐伯有一連名の「編者あとがき」（日付けは一九六八年八月一六日）があり、所収文章の解説もある。それぞれの文章についてはこちらを参照されたい。

本解説は、本書が出版されてから四五年を経た今日の目で本書及び仁井田の研究成果を読むときの留意点、あるいは不真面目に聞こえるかもしれないが、楽しみ方を論じたい。

奥付にあるように仁井田は一九〇四年に生まれて、一九三四年に学士院賞を受賞し、若くしてその業績が高く評価され、一九六六年に亡くなっている。本解説の筆者（以下、筆者）は、一九五八年生まれなので、書物の上でしか知らない。本書に「著者遺影」がなければどのような顔の人であったかもわからなかった。編者もまたすべて鬼籍にはいっている。福島については筆者が博士課程一年目に社会主義法研究会（当時。現在は「社会体制と法」研究会）において修士論文報告をしたときにコメントをいただき、幼方については、あるいはそのときの与会者でコメントをいただいたのかもしれないというほどの記憶しかない（後者についてはその記憶自体が誤っている可能性がある。礼を失することと甚だしいが、おゆるしいただきたい）。佐伯については、その東京大学在職最終年に修士課程一年の大学院生として東洋史の演習に参加し、また、東洋文化研究所所蔵の土地文書現物を読む研究会に参加しはじめ、その主任が佐伯であった。学生の教員に対する記憶というひきだしのうちにある。

東京大学東洋文化研究所では、あるいは他の研究機関でも同様かと思うが、前任者の学風を継ぐ者を採用するという人事政策を採っていない。たまたまそのように見えることがかりにあっても偶然の結果にすぎない。筆者の専攻は中国法であるが、仁井田、福島、分野によってはこれに池田温を加えるべきであるが、これらの先学の学風を継いでいるのではないし、これら先学と同様の成果を挙げよと言われても、努力する、としか答えようがない。故に、この解説は、作品の行間まで読み込むようなつきあいのあった弟子や後輩による、それ自体が作品として価値があるようなものでなく、教室で中国法（法制史も現代法も含む。以下、本解説においてはこの意味で用いる）の授業において主要な文献を紹介することの延長線上にあるものというほどに読まれたい。

中国法や中国史を専攻する人にとっては仁井田の名は当然に知っていることがらのひとつである。『東洋とは何か』という書名にひかれて本書を手にとった人にとっては、必ずしもそうではないだろう。まずは大雑把ながら仁井田の研究全体を説明し、それを前提として、本書の読み方、楽しみ方を試論する。

1　仁井田の中国法制史研究

仁井田の研究成果をどのように読むべきか。このテーマは、一般論として論じるには、筆者の能力を超えている。主として筆者が学部生であったときに滋賀秀三の東洋法制史の講義において紹介された日本における中国法制史研究の紹介のうち筆者なりに理解したことを基礎として、その後の学習・研究の中で感じたことをまとめるものである。

仁井田の研究は、戦前・戦中と戦後とで分かれる。前者においては、資料に基づく精緻な実証研究がその特徴である。後者においては、これを基礎としつつも自ら理解した唯物史観による枠組みを下敷きとして論述するという変化が見られる。

本書自体は、戦後の作品を集めたものであり、一九四九年から一九六五年までを範囲とする。しかし、「IV　研究回想」に収められた二編「私の処女論文―中国の古代法をたずねて―」「中国の法と社会と歴史―研究生活三十五年の回顧―」により、戦前・戦中の研究生活を知ることができる。

仁井田の研究は広範囲に及ぶ。また、上記退職の翌々年に亡くなっている。在職中に発表した研究を見直し、さらに発展させるという機会を失っている。故に個別には、今日の研究者から見て賛意を示すことができないことも少なくない。しかし、このことは仁井田の責任ではなく、批判的継承は、後に続く研究者の責任である。中国法研究、あるいは、法と関連する他の分野の中国研究や中国に言及する法学や政治学的分野でテーマを定めて学位論文や本格的学術論文を書こうとするとき（力をいれた演習報告も含む）、たいていの場合先行研究として仁井田の業績に言及することになる。

他方、これから中国法研究を志すという人にとって、または、そこまではいかなくとも中国や中国法に興味を感じる人にとって、先学による研究分野の分布や水準を知りたい、と思うはずである。中国法研究は、日本が世界水準にある分野のひとつであり、やや大げさな言い方をするならば、一九六〇年代における世界水準とは仁井田であった。仁井田の主要な作品に目を通せば、その時点における中国法制史研究の到達点を知ることができる。その上で一九七〇年代以降の新たな研究成果についての情報を積み上げていくというのが通り道のひとつである。本書はその手助けとなる。

仁井田の最初の大部の成果であり、世界の学界に影響を与えたのは、『唐令拾遺』（東方文化学院東京研究所、一九三三年。覆刻版、東京大学出版会、一九六四年）であった。これに続くのが、『唐宋法律文書の研究』（東方文化学院東京研究所、一九三七年。覆刻、大安、一九六七年）、『支那身分法史』（東方文化学院東京研究所、一九四二年。再版、座右寶刊行會、一九四三年。復刻版、『中国身分法史』として、東京大学出版会、一九八三年）である。これらが、戦前・戦中の仁井田の主な著作である。

中国においては唐代に律令制度の完成を見、日本を含む東アジアに大きな影響を与えたことは小学校の社会科以来習うことである。しかし、律の内容は後世に伝えられたものの令は散逸し、まとまったテキストとしては存在しない。そこで、歴史書に散在する令についての言及を、日本令は唐令を継受しているはずであるという仮説のもとに（日本の養老令は現存する）整理すれば唐令を復元できるはずである。このような気の遠くなるような作業の成果が『唐令拾遺』である。仁井田の法制史の師であった中田薫が着手した作業であり、その続きが東方文化学院東京研究所助手の任務として与えられた（このあたりのことは、上記「中国の法と社会と歴史」にある）。成文法があるときには、その条文を素直に読むことが法学の基本である。もし成文法があったらしいがどのようなものであったのかわからないというときには、資料をつきあわせて一応のテキストを定めることは法制史学の基本である。その王道を行く仕事であった。仁井田没後も律令制研究会のもとで続けられ、仁井田陞著、池田温編集代表『唐令拾遺補：附唐日両令対照一覧』（東京大学出版会、一九九七年）として成果が示された。この仕事は今でも続き、とくに寧波の天一閣という蔵書楼で宋代の天聖令が発見されると、それを材料として『唐令拾遺補』を見直すという作業が行われている。中田以来一〇〇年を超えるプロジェクトである。

『唐宋法律文書の研究』は契約文書を中心として西洋法史流の言い方をすれば私法史的な文書を研究した成果であり、『支那身分法史』は伝統中国の宗族・親族・家族・婚姻・部曲奴婢などの身分法を体系的にまとめた。これらの成果によって日本の中国法制史研究の水準を当時の世界最先端の水準にまで高めた。また、これらの成果は法制史だけではなく、社会経済史の分野にも影響を与えた。

戦中にはこれらの研究のほかにも、中国の伝統的な商工業者の組織（以下ギルドと呼ぶ。この名称が今日適切か否かはおいて、当時の用例にしたがう）の調査（北京）、華北農村慣行調査への参加や北京・天津で弁護士活動に従事しつつ、法制史を中心とした漢籍の収集を行っていた大木幹一の蔵書を一九四一年に新設された東京大学東洋文化研究所が受け入れることにも力を入れていた（仁井田は一九四二年東京大学東洋文化研究所教授に任ぜられている）。

戦後、これらは成果として形を示す。『中国の社会とギルド』（岩波書店、一九五一年）、『中国の農村家族』（東京大学出版会、一九五二年）などである。また、慣行調査の報告は整理されて、中国農村慣行調査刊行会編『中国農村慣行調査』（全六巻、岩波書店、一九五二〜一九五八年）となった。仁井田没後には、上記北京工商ギルド調査において収集された資料は、東京大学東洋文化研究所東洋学文献センター叢刊の『仁井田陞博士輯北京工商ギルド資料集』（全六冊、一九七五〜一九八三年）として整理されている。大木幹一のコレクションの受贈は戦中であり、まとまった図書目録がなくとも所内での利用は受贈後始まっていたのかもしれないが、目録が作成されて刊行されたのは「内編」（「政法第一類」から「政法第三類」までに分類された法制史関係の資料）が一九五六年（『東洋文化研究所紀要』第九冊）、「外編」（四部分類の経部・史部・子部・集部と叢書部に分類されたもの）が一九五七年（『東洋文化研究所紀要』第十三冊）である。一九五九年にはこれらは合体し、補正を経て大木幹一編『東京大学東洋文化研究所大木文庫分類目録』となっている。仁井田による「序」「大木文庫私記―とくに官箴・公牘と民衆とのかかわり―」「あとがき」が収められている。この目録は中国においても田涛編訳『日本国大木幹一所蔵　中国法学古籍目録』(法律出版社、一九九一年)として出版されている(上記の「大木文庫私記」は「大木文庫印象記」として中国語訳されて収められている)。大木文庫は世界的に見てもめずらしい中国法制史資料のコレクションであり、資料閲覧のために内外の研究者が東洋文化研究所を訪れ、筆者は居ながらにして多くの人と知り合うことができる。書籍現物を所蔵することの重要さとありがたさとを感じる。

諸論考は、『中国法制史研究』(全四冊、東京大学出版会。「刑法」、一九五九年。「土地法・取引法」、一九六〇年。「奴隷農奴法・家族村落法」、一九六二年。「法と慣習・法と道徳」、一九六四年)として集成している。概説書としては、『中国法制史』(岩波全書、一九五二年。増訂版、一九六三年。岩波全書セレクションとして二〇〇五年)がある。

遺稿集としては、本書は第二のものであって、第一遺稿集は『中国の法と社会と歴史』(岩波書店、一九六七年)である(本書の「編者あとがき」に若干の記載がある)。

戦後の単行書や論文は、前述のように戦前からの資料の忠実な読解を基礎としつつも、唯物史観的な論述が見られる。一九四九年に成立した中華人民共和国の法も研究対象となったことによって、中華人民共和国成立以前の中国の前近代性をいかに理解するかということに軸足が置かれるようになる。また、農村慣行調査や北京工商ギルド調査を通じ、また、研究所の若き同僚として福島がいたことにより、社会学的側面も見られる。唯物史観と社会学とは、戦後の、あるいは戦前以来の日本の社会科学の二本柱であり、仁井田は戦後その列に加わったという整理も可能かもしれないが、これは大きすぎるテーマであるので、今後さらに検討したい。

仁井田の蔵書のうち一九四五年五月の東京空襲まで自宅（小石川）にあったものはその空襲で失われた。しかし、研究所にあった資料は疎開により難を逃れた（あるいは結果論かもしれないが、東大本郷構内にあっても難を逃れたかもしれない。しかし、大切な書籍は疎開させたという判断は正しいと思う。空襲については本書二八一〜二八二頁参照）。一九六六年逝去後、蔵書と中国契約文書等の資料とは遺族により東洋文化研究所に寄贈され、仁井田文庫となった。書籍には「仁井田博士遺愛」の朱印が押され、漢籍については『東京大学東洋文化研究所漢籍分類目録』（一九七三〜一九七五年、一九八一年合冊訂正）に（仁）の記号が附された。その後東京大学東洋文化研究所附蔵東洋学文献センター叢刊の別輯二四『東京大学東洋文化研究所仁井田文庫漢籍目録　附和洋書』（一九九九年）として目録となった。本解説の主要参考文献のひとつはこの目録に附された池田温による「前言」である。あわせて参照されたい。また、北京の民商事関係契約文書四〇〇点あまりは寺田浩明が解説をほどこして『東洋文化研究所所蔵中国土地文書目録・解説（下）』（東京大学東洋学文献センター叢刊四八集、一九八六年）に目録が収められている。この両目録くらいから筆者にとっては同時代的なものとなる。土地文書については、冒頭にふれた土地文書を読む研究会に参加しており、また、博士課程においては、文書の内容をカードにまとめるアルバイト（事務補佐時間雇用職員）を二年間行った。仁井田文庫漢籍目録については、一九九七年に助教授として赴任していたので作業に参加した。

仁井田から寄贈されたもののうちには仁井田自身の著作がそれぞれ複数ある。いずれにも書き込みや附箋があり、講義や講演の際の覚書か将来書き改めるときのための作業であったかと思われる。これらは、書き込みの無い美品よりもはるかに価値のあるものであり、禁帯出で、我々所員も自分の研究室に置いて閲覧することはできない。いずれ研究会を組織してこれらの情報を整理し、公にすべきとは思っているが、これもまた冒頭に述べたように努力するということでご容赦願う。

2　本書の楽しみ方

仁井田や中国法制史への興味ではなく、書名に惹かれて本書を手にとった読者には幾分かの肩すかしの感があるかもしれない。

冒頭の「東洋とは何か」では、西洋の対照としてのオリエントやアジアを指す場合、中国やインドを指す場合、岡倉天心のいうアジアは一つとして提示する場合などの東洋は必ずしも唯一の答えではないとする。自由に対置される専制としての東洋、近代西洋と対決する東洋というあたりに何かの答えがありそうだが、ある程度論じたところでそれ以上のことは読者の思考にゆだねるような書き方となっている。なお、東洋文化研究所の英訳は、仁井田の時代から近年まで Institute of

Oriental Cultureであったが、現在ではInstitute for Advanced Studies on Asiaである。オリエンタルということばの語感の変化が背景にある。

これ以外の文章は、すべて中国について論じたものである。かといって、中国を以て東洋を考えよというのが本書の趣旨でもなければ仁井田の研究でもない。しかし、日本における東洋学やアジア研究においては研究者にしても、その成果にしても過半は中国についてであるので、自ずとこのようになってしまうのであろう。また、仮に地理上のアジアにおける共通点を見いだすとすれば、近代西洋との関係で、不平等条約を軸とする条約体制の中に置かれるか、植民地となるかを迫られ、必死の努力でこれらから脱しようとする近代西洋と対決する東洋という姿である。日本も中国も不平等条約を脱したが（日本は一九一一年、中国は一九四三年）、日本はそれを超えて東洋の解放者としてふるまいつつ侵略者となった。この歴史への反省が仁井田には、あるいは戦前から学術活動を行い、戦後もそれを担った人々にはあったのであろう。そうしたことを心情的な反省にとどまらず、学問的方法と実証とで示す態度の一端が本書には現れている。こうした時代の空気を味わうのも本書の読み方である。

学問的態度という点から本書を見ると、モンテスキュー、ヘーゲル、ウィットフォーゲルなどの中国観、東洋観への批判や中国の古典に対して読み手の読み込みを行うことに対しても禁欲的であることを求める部分（「中国古典をどうよむか」）は興味深い。

時代の空気という点では「II　新しい中国」にあるような新中国に対する肯定的な評価や期待は一九五〇年代から一九六〇年代前半までの日本の知識人の感覚を示すものである。なお、北京で交流した学者として潘漢典の名が現れる。特段の説明はないが、潘漢典は、中華民国時代の名門、東呉大学比較法研究所を卒業し、中華人民共和国を代表する基礎法学の研究者であり、マキアベリの『君主論』やイェリングの『権利のための闘争』の翻訳者、また、中国語圏における最も優れた英米法辞典である『元照英美法詞典』(台湾では元照出版公司、二〇〇三年。中国では簡体字版として法律出版社、二〇〇三年)の総審訂者である。一九八六年に東京大学法学部に客員として来日している。筆者は当時博士課程大学院生で、お世話を仰せつかり、勉強させていただいた。今回この解説を書くために再読し、なつかしい名前を見つけてしまった。

「孫文」「魯迅」などはわかりやすく、ひきしまった文章で紹介されているので、こうした書きぶりを楽しむということもできる。

3　本書の次の一歩

本書及び本書が言及する仁井田の作品やこの解説で触れたものを読んで、一九六〇年代における世界水準を味わった次の一歩であるが、まずは、坂野正高・田中正俊・衛藤瀋吉編『近代中国研究入門』(東京大学出版会、一九七四年)及び岡本隆司・吉澤誠一郎編『近代中国研究入門』(東京大学出版会、二〇一二年。一九七四年書の後継書）にある中国法関係のものを読み、また、石岡浩・川村康・七野敏光・中村正人『史料から見る中国法史』（法律文化社、二〇一二年）を読んでおおよその見取り図を頭にいれた後で滋賀秀三編『中国法制史　基本資料の研究』（東京大学出版会、一九九三年）を読み、さらにこれらが紹介するものに手を伸ばすというのがひとつの道であろう。本書の復刻を機にこのようにして中国法研究の仲間が増えるならば、または、読者が増えるならば喜ばしい。

（たかみざわ　おさむ・東京大学東洋文化研究所教授）

掲載誌一覧

（原題）　（掲載誌）

I

1　東洋とは何か　『世界の歴史』第三巻「東洋」（昭和二七〈一九五二〉年一二月刊、毎日新聞社）

2　真に歴史的なもの
――「東洋とは何か」の続きとして――　『世界の歴史』第六巻「歴史の見方」（昭和二九〈一九五四〉年五月刊、毎日新聞社）

3　中国古典をどう読むか
――論語と老子を中心として――　『思想の科学』第一巻二号（昭和二九〈一九五四〉年六月号、思想の科学研究会編集、講談社発行）

4　孫　文　仁井田陞編『人物世界史―東洋』（毎日ライブラリー、昭和二六〈一九五一〉年七月刊、毎日新聞社）

5　魯　迅　同　右

II

1-a　中国近代革命の歴史的課題　『世界』第四四号（昭和二四〈一九四九〉年八月号、特集「中国の現状をどうみるか」のうち、岩波書店）

1-b　日本と中国との交流問題　『世界』第一一八号（昭和三〇〈一九五五〉年一〇月号、特集「東西交流について――日本人の発言」のうち、岩波書店）

2-a　中国の旅の印象　『世界の旅・日本の旅』第九号（昭和三五〈一九六〇〉年四月号、修道社）

2-b　上海のごろつき退治　『大安』第六巻第一号（昭和三五〈一九六〇〉年一月号、株式会社大安）

3-a　中国の新しい法と道徳　国際法律家連絡協会・日本法律家訪中代表団著『中国の法と社会』（昭和三五〈一九六〇〉年七月刊、新読書社）

3-b　法と倫理――それを支えるものは何か、新しい中国の場合――　『法学セミナー』第四号（昭和三一〈一九五六〉年一月号、日本評論新社）

3-c　日本と中国の農村　『岩手の保健』第四〇号（昭和三〇〈一九五五〉年五月、岩手県国民健康保険団体連合会）

Ⅲ

1　法　諺――中国社会の場合――　『法学セミナー』第一三号（昭和三二〈一九五七〉年四月号、日本評論新社）

2　法三章　『法学セミナー』第一八号（昭和三二〈一九五七〉年九月号、同右）

3　二十四孝　『法学セミナー』第二五号（昭和三三〈一九五八〉年四月号、同右）

4　敦煌発見の奴隷解放文書　『法学セミナー』第三四号（昭和三四〈一九五九〉年一月号、同右）

5　中国の絞刑と凌遅処死　『法学セミナー』第四一号（昭和三四〈一九五九〉年八月号、同右）

6　紅楼夢のなかの庄園の小作と奴隷売買　――紅楼夢展によせて――　『大安』第一一巻第四号（昭和四〇〈一九六五〉年四月号、株式会社大安）

Ⅳ

1　私の処女論文　――中国の古代法をたずねて――　『法律時報』第三六巻第七号（昭和三九〈一九六四〉年七月号、日本評論社）

2　中国の法と社会と歴史　――研究生活三十五年の回顧――　『中央公論』（昭和三九〈一九六四〉年七月号、中央公論社）

Ⅴ

1　天のまつりと帝王　石橋丑雄著『天壇』跋（昭和三二〈一九五七〉年一二月刊、山本書店）

2　中江丑吉「中国古代政治思想」　――中江氏における東洋社会の見方――　『中国研究』第一三号（昭和二五〈一九五〇〉年九月号、中国研究所編集、日本評論社刊）

3　鈴江言一著「孫文伝」　『東洋文化』第四号（昭和二五〈一九五〇〉年一一月号、東京大学東洋文化研究所）

4　A・スメドレー著　阿部知二訳「偉大なる道」上　――朱徳の生涯とその時代――　『図書』第七〇号（昭和三〇〈一九五五〉年七月号、岩波書店）

著者略歴
1904年　仙台市に生まれる
1928年　東京大学法学部法律学科卒業
1934年　『唐令拾遺』により学士院恩賜賞受賞
1937年　法学博士
1942年　東京大学教授（東洋文化研究所員）
1964年　東京大学名誉教授
1966年　朝日賞受賞
1966年　逝去

主要著書
唐令拾遺　1933年
唐宋法律文書の研究　1937年
支那身分法史　1942年（中国身分法史として復刊）
中国の社会とギルド　1951年
中国法制史（岩波全書）　1952年
中国の農村家族　1952年
中国社会の法と倫理　1954年
中国法制史研究（刑法）　1959年
中国法制史研究（土地法・取引法）　1960年
中国法制史研究（奴隷農奴法・家族村落法）　1962年
中国法制史研究（法と慣習・法と道徳）　1964年
中国の法と社会と歴史　1967年

新装版 東洋とは何か　UPコレクション

1968年9月10日　初　版第1刷
2013年8月23日　新装版第1刷

〔検印廃止〕

著　者　仁井田《にいだ》陞《のぼる》

発行所　一般財団法人　東京大学出版会
代表者　渡辺　浩
113-8654 東京都文京区本郷7-3-1 東大構内
電話 03-3811-8814　Fax 03-3812-6958
振替 00160-6-59964

印刷所　大日本法令印刷株式会社
製本所　誠製本株式会社

ISBN 978-4-13-006507-8　Printed in Japan

「UPコレクション」刊行にあたって

学問の最先端における変化のスピードは、現代においてさらに増すばかりです。日進月歩（あるいはそれ以上）のイメージが強い物理学や化学などの自然科学だけでなく、社会科学、人文科学に至るまで、次々と新たな知見が生み出され、数か月後にはそれまでとは違う地平が広がっていることもめずらしくありません。

その一方で、学問には変わらないものも確実に存在します。それは過去の人間が積み重ねてきた膨大な地層ともいうべきもの、「古典」という姿で私たちの前に現れる成果です。

日々、めまぐるしく情報が流通するなかで、なぜ人びとは古典を大切にするのか。それは、この変わらないものが、新たに変わるためのヒントをつねに提供し、まだ見ぬ世界へ私たちを誘ってくれるからではないでしょうか。このダイナミズムは、学問の場でもっとも顕著にみられるものだと思います。

このたび東京大学出版会は、「UPコレクション」と題し、学問の場から、新たなものの見方・考え方を呼び起こしてくれる、古典としての評価の高い著作を新装復刊いたします。

「UPコレクション」の一冊一冊が、読者の皆さまにとって、学問への導きの書となり、また、これまで当然のこととしていた世界への認識を揺さぶるものになるでしょう。そうした刺激的な書物を生み出しつづけること、それが大学出版の役割だと考えています。

一般財団法人　東京大学出版会